CONTE verlag

Stefan Frank

KREDIT INFERNO

Ewige Schuldenkrise und monetäres Chaos

CONTE *politik*

Bibliografische Information der Deutschen Nationalbibliothek
Die Deutsche Nationalbibliothek verzeichnet diese Publikation in der Deutschen Nationalbibliografie; detaillierte bibliografische Daten sind im Internet über http://dnb.d-nb.de abrufbar.

ISBN 978-3-941657-59-5

Am Ludwigsberg 80-84
66113 Saarbrücken
Tel: (06 81) 416 24-28
Fax: (06 81) 416 24-44
E-Mail: info@conte-verlag.de
Verlagsinformationen im Internet unter www.conte-verlag.de
Website des Autors: www.stefan-frank-texte.de

Satz: Jonathan Dawo
Druck und Bindung: PRISMA Verlagsdruckerei GmbH, Saarbrücken

Inhalt

Für meine Mutter Ursula (1942 – 2009)

Einleitung

Vorweg gesagt, es gibt keinen Grund zur Sorge, denn: »Spanien ist nicht Griechenland« (Elena Salgado, Spaniens Finanzministerin, Februar 2010); »Portugal ist nicht Griechenland« (»The Economist«, April 2010); »Griechenland ist nicht Irland« (George Papaconstantinou, Griechenlands Finanzminister, November 2010); »Spanien ist weder Irland noch Portugal« (Elena Salgado, November 2010); »Irland befindet sich nicht auf griechischem Territorium« (Irlands Finanzminister Brian Lenihan, November 2010); »Weder Spanien noch Portugal sind Irland« (Angel Gurria, Generalsekretär der OECD, November 2010); »Italien ist nicht Spanien« (Ed Parker, Direktor der Ratingagentur Fitch, Juni 2012); »Spanien ist nicht Uganda« (Spaniens Ministerpräsident Mariano Rajoy, Juni 2012) und »Uganda will nicht Spanien sein« (Ugandas Außenminister Henry Okello Oryem, Juni 2012). Diese Zitate, die der Investmentbanker Alex Banbury von Hamilton Capital zusammengestellt und an die Presse geschickt hat, zeigen, wie die Hauptakteure der Eurokomödie denken: »Meine Finanzlage ist schlimm, aber verwechseln Sie das bitte nicht mit der Krise der anderen.«

Auch was die Strategien angeht, kann man, wenn man alle Aussagen auswertet, die europäische Spitzenpolitiker in den letzten Jahren gemacht haben, bestimmte Muster erkennen. Eine Lösung der Probleme erhoffen sie sich von:

a) Visionen und Ehrgeiz
b) mutigen Reformen
c) der Zeit (denn sie heilt alle Wunden)
d) Deutschland
e) China

f) mehr Europa
g) Wachstum und Innovation
h) einem Wunder

Da alle europäischen Krisenstaaten katholisch sind und in Anbetracht der bemerkenswerten Marienerscheinungen, die sich in solchen Ländern immer wieder ereignen, hat Antwort h) wohl am meisten für sich. Die oft zu hörenden psychologisch-esoterischen Anleitungen andererseits zeugen davon, dass der Bankrott von Europas Staaten und Banken vor allem als Glaubenskrise wahrgenommen wird, als eine Insolvenz der Hoffnung.

Während die erste Grundweisheit des Rheinischen Buddhismus – »Et kütt, wie et kütt« – auch in Zukunft ihre Gültigkeit behalten wird, scheint dies für die zweite – »Et hätt noch immer joot jejange« – nicht mehr uneingeschränkt zu gelten. Viele erhoffen sich Rettung von mehr blindem Vertrauen: Man solle doch jetzt endlich große Schritte machen, in welche Richtung auch immer. Diese Reaktion ist ein antrainierter Reflex: Während des schuldenfinanzierten Booms in Südeuropa schien Naivität der Garant des Glücks zu sein. Hätte das nicht so weitergehen können? War es das Obst vom Baum der Erkenntnis, das uns die Plagen eingebrockt hat? Muss man das Reich des ewigen Kredits empfangen wie ein Kind, wenn man hineinkommen will?

»Warum haben wir davon nichts gewusst?«, fragten viele in aller Unschuld, als sich 2008 nicht mehr leugnen ließ, dass die Bankenkrise, mit der man es zu tun hatte, die Folge einer gigantischen Kreditblase war. Die Antwort muss der so Fragende in sich selbst suchen: vielleicht aus Gleichgültigkeit oder aus blindem Glauben an den Staat. Würde es Probleme geben, würden die Regierung und die Notenbank es uns wissen lassen, war die vorherrschende Denkungsart. Sagen diese Institutionen, dass alles in Ordnung sei, glauben es die, die glauben wollen. Sagen sie, dass sie weiter Geld ausgeben sollen, tun Sie es. Sagen sie, dass »Rezessionen« durch »schlechte Stimmung« und »mangelndes Verbrauchervertrauen« entstehen, sollten Sie also lieber gut gelaunt sein und keine Fragen stellen. Solange die Zinsen niedrig bleiben und die Regierung für Sie ihr Geld ausgibt, kann nichts anbrennen.

So weit die verbreitete Einstellung. Natürlich waren bei weitem nicht alle naiv. Darum entstand in den letzten Jahren eine Kassandra-Theorie: Es wurde der Eindruck erweckt, als wäre das Wissen über die Krise, zu der der von Politikern und Notenbanken eingeschlagene Weg notwendigerweise führen musste, eine Geheimlehre, in die nur wenige Auserwählte (sogenannte Crash-Propheten) eingeweiht gewesen wären. Die Wahrheit ist, dass man mit Zeitungs- und Internetartikeln (vor allem englischsprachigen) aus den Jahren 1999 bis 2006, in denen die Kreditblase analysiert wurde, mehrere Alben füllen könnte, und sogar auf T-Shirts wurde vor ihr gewarnt. Im August 2005 berichtete die Nachrichtenagentur Reuters über das sich am besten verkaufende Witz-T-Shirt der Firma T-shirtHumor.com: »Das neueste Motiv ›Mr. Housing Bubble‹ scheint die Stimmung besorgter amerikanischer Immobilieninvestoren zu treffen und ist in weniger als einer Woche zum Bestseller der Firma geworden. Die Parodie auf die jahrzehntealte Verpackung des Mr.-Bubble-Schaumbads offeriert einen ›kostenlosen Hypothekenballon in jeder Packung‹. Aber die grinsende hausförmige Blase warnt auch: ›Wenn ich platze, bist du geliefert.‹«[1]

Alan Greenspan, dem Vorsitzenden des »Offenmarktausschusses« der Federal Reserve, fiel es schwer, dem T-Shirt zu widersprechen: »Nein«, zitierte ihn der Fernsehsender CBS im Sommer 2005, »es sei definitiv keine Blase. Jedoch bedeute dies nicht unbedingt, dass es nicht blasenartig sei: ›Obwohl eine Blase der Immobilienpreise für die Nation als ganze nicht wahrscheinlich erscheint, gibt es zumindest in einigen lokalen Märkten Anzeichen von Schaum.‹«[2]

Wenn die Ökonomen ihre Arbeit nicht tun, muss eben die Polizei sie erledigen. Schon im Jahr 2002 warnte das FBI vor großflächigem Schwindel mit Hypothekenkrediten. Zwei Jahre später, im Jahr 2004, sah die polizeiliche Ermittlungsbehörde den Crash kommen: »›Es be-

1 http://www.usatoday.com/money/perfi/housing/2005-08-16-housing-bubble_x.htm (alle Übersetzungen sind, sofern nichts anderes angegeben, Übersetzungen des Verfassers)
2 CBS News Transcripts, 10.6.2005.

steht das Potenzial einer Epidemie‹, sagte Chris Swecker, der die Kriminalabteilung des FBI in Washington leitet. ›Wir meinen, dass wir ein Problem verhindern können, das ebenso gravierende Konsequenzen haben könnte wie die S&L-Krise [die große amerikanische Sparkassenkrise der achtziger Jahre, die dem Staat Verluste in zweistelliger Milliardenhöhe zufügte; S..F.].‹«[3] Wenn sogar das FBI in einer offiziellen Erklärung vor der Finanzkrise gewarnt hat, dann muss man wohl sagen: Notenbanker sind dümmer als die Polizei erlaubt.

Der Erfolg derer, die vor der Notenbankpolitik warnen, ist aber heute genauso gering wie damals. Nicht etwa, weil die Entscheidungsträger die dissidente Meinung nicht zur Kenntnis nähmen; erst recht nicht, weil sie irgendwelche Argumente vorbringen würden, sie zu widerlegen. Das Prinzip von Ursache und Wirkung funktioniert andersherum: Entscheidungen über die Geldpolitik, die Einführung einer neuen Währung oder Maßnahmen, die eingeleitet werden, um die durch die falsche Politik verursachten Probleme zu »lösen« (d. h. zu verschleppen), werden nicht auf der Basis ökonomischer Analysen oder einer Theorie des Konjunkturzyklus getroffen. Dass auf jedes ökonomische Problem mit einer Ausweitung der Kredite geantwortet wird, steht von Anfang an fest. Die akademische Maschinerie wird nur angeworfen, um die Begründung zu liefern. Sie produziert die »Erkenntnisse« (etwa über »Produktivitätswunder«, »neue Paradigmen«, »fehlende Nachfrage« oder die »Stabilität der gemeinsamen Währung«), mit denen der bereits eingeschlagene Kurs legitimiert wird. Notenbanker sind keine Denker, sondern Cheerleader. Dass die Opposition gegen die Greenspans, Bernankes, Trichets und Draghis der Welt in der Vergangenheit marginal war, verglichen mit ihren Fans, hat auch handfeste Gründe – die Notenbanken sind für Experten der Geldpolitik die mit Abstand größten Arbeitgeber.[4] Überhaupt gibt es nur wenige publizierende

3 »FBI warns of mortgage fraud ›epidemic‹« – CNN News Transcript, 17.9.2004.

4 Im Jahr 2002 beschäftigte die US-Notenbank etwa 495 vollzeitangestellte Ökonomen engagierte 120 führende akademische Ökonomen als Berater und Gastwissenschaftler und hielt über 30 Konferenzen ab, die zusätzlich zu ihrem eigenen Stab mehr als 300 Akademiker aufs Podium brachten. Etwa 74 Prozent aller in den USA von dort ansässigen Ökonomen veröffentlichten Artikel über Geldpolitik erscheinen in Zeitschriften, die von der FED herausgegeben werden oder an denen sie mitarbeitet. Die Redaktionen der maßgeblichen Periodika »Journal of Monetary Economics« und »Journal of Money Credit and Banking« sind zu 90 Prozent mit der FED nahestehenden Ökonomen

Ökonomen, die nicht Angestellte des Staates sind. Das heißt nicht, dass Professoren bei der Bewertung der Notenbanken nicht objektiv sein können; ihre Kritik würde aber den Mut verlangen, auf eine Karriere in den staatlichen Institutionen zu verzichten.

Dass der Glaube an die magische Kraft von Krediten nicht nachlassen würde, war abzusehen. »Eine Lehre gezogen haben die Verantwortlichen aus dem Debakel nicht«, schrieb ich im April 2009. »Dieselben Maßnahmen, die die Probleme verursacht haben, sollen sie nun lösen. Eine neue Blase ist entstanden, die Blase der Rettungspakete und Konjunkturprogramme. Überall auf der Welt eskalieren die Staatsdefizite. Sinkenden Steuereinnahmen stehen rasant wachsende Ausgaben zur Aufrechterhaltung der Rettungsblase gegenüber. Wie der Börsenhype 2000 und der folgende Immobilienwahn könnte auch diese Blase länger halten, als man es vernünftigerweise für möglich halten sollte – doch gibt es bereits Anzeichen, dass den ersten Staaten die Luft ausgeht (...) Man wirft den Banken vor, sie hätten Risiken übernommen, die ihre Finanzkraft weit überstiegen – und nun machen die Staaten genau das Gleiche (...) Wenn es überhaupt möglich sein sollte, diese Korrektur durch staatliche Intervention noch einmal zu verschieben, dann nur durch eine noch größere Schuldenblase, die zu einer noch gewaltigeren Krise in der Zukunft führen würde, und zum Preis einer Geldentwertung und eines drohenden Staatsbankrotts.«[5]

Das ist leider eingetroffen. Die Weltwirtschaft ist heute fragiler als 2009, da in der Zwischenzeit viele Billionen an neuen Schulden geschaffen wurden, statt die Schuldenlast zu reduzieren, wie es geboten gewesen wäre. Der Trend hält an. *Inflation* ist das wichtigste Phänomen unserer Zeit, der Schlüssel zum Verständnis aller ökonomischen Probleme, von ihr vor allem handelt dieses Buch. Gemeint ist nicht das, was Nachrichtensprecher mit dem Wort bezeichnen, die eigentlich von der Teuerung sprechen, wenn sie Inflation sagen. Inflation ist der Vorgang der Geldvermehrung aus dem Nichts, sie erzeugt die Zyklen von Boom

---

besetzt. Vgl. Lawrence H. White: »The Federal Reserve System`s Influence on Research in Monetary Economics«. »Econ Journal Watch«, Volume 2, Number 2, August 2005, S. 325-354.

5 Stefan Frank: Die Weltvernichtungsmaschine. Vom Kreditboom zur Wirtschaftskrise. Saarbrücken 2009, S. 200.

und Krise. Für den Staat ist »Inflation« eine Arznei, die er der Wirtschaft so konsequent verabreicht wie mittelalterliche Quacksalber den Aderlass. Das tut er in immer höheren Dosen, auch wenn sich längst gezeigt hat, dass sie keine erwünschte Wirkung zeitigt, sondern nur viele giftige Nebenwirkungen. Dabei wird immer wieder der Bock zum Gärtner gemacht. Dem Staat wird seltsamerweise zugetraut, die Krise zu lindern, obwohl er sie selbst verursacht hat.

Mit der völligen Abschaffung der Goldbindung des US-Dollars und der Freigabe der Wechselkurse Anfang der siebziger Jahre wurden die Notenbanken zu zentralen Wirtschaftsplanungsbüros. Sie legen die Refinanzierungsbedingungen der Geschäftsbanken fest, regulieren über den An- und Verkauf von Staatsanleihen die am Markt verfügbare Liquidität und steuern so die Konjunktur. Hinge der Zins von Angebot und Nachfrage ab, würde eine stärkere Kreditvergabe zu tendenziell steigenden Zinsen führen und Schuldenexzesse wie in Spanien und Griechenland im Keim ersticken. Doch in einem System, in dem der Staat nach Gutdünken den Zins festsetzt und damit auch das Volumen der vergebenen Kredite lenkt, hängt alles von politischen Entscheidungen ab. In den letzten zehn Jahren machten die Notenbanken Kredite extrem billig und schufen so die Basis für den Immobilienboom, der zur jetzigen Krise führte. Hätten die Banken denn aber nicht aus Angst vor Verlusten auf exzessive Kreditvergabe verzichten müssen? Nein, denn *Staatsgarantien und -hilfen* schützen sie vor den Folgen riskanten Handelns, befördern so den Leichtsinn und ermöglichen eine ungezügelte Kreditexpansion.

Niedrige Zinsen führten nicht nur zu einer immer weiter wachsenden Verschuldung; sie machten es der Bevölkerung auch immer schwerer, Ersparnisse zu bilden. Die Notenbanken drücken die Zinsen auf ein so niedriges Niveau, dass Sparer, die größere Risiken meiden wollen, nicht einmal mehr ihr Kapital erhalten können. So liegen die Renditen aller Bundesanleihen (ehemals die bevorzugten Papiere der »Witwen und Waisen« und offiziell »mündelsicher«) unter der offiziellen Inflationsrate. Auf diese Art angelegtes Geld verliert Jahr für Jahr an Kaufkraft, es handelt sich also um eine versteckte und nicht gesetzlich beschlossene Steuer. Wer nicht möchte, dass seine Ersparnisse von der Geldentwertung aufgefressen werden, muss ein höheres Kreditrisiko eingehen; die *»toxic assets«* der amerikanischen Hypothekenblase fanden nicht zuletzt deshalb in Europa reißenden Absatz, weil Fondsmanager von Lebensversicherungen für ihre Kunden eine gesetzliche Garantieverzinsung erzielen müssen[6], die mit herkömmlichen Mitteln nicht mehr zu erreichen ist.

Auch sonst hat der Staat alles in seiner Macht Liegende getan, um die jetzige Krise zu ermöglichen. Die beiden vom US-Kongress geschaffenen und im staatlichen Auftrag handelnden Baufinanzierer Fannie Mae und Freddie Mac, die sogenannten GSEs (*Government-Sponsored Enterprise*), waren der Turbo des Immobilienbooms. Versehen mit staatlichen Privilegien – darunter vor allem die Möglichkeit, sich zu ähnlich günstigen Konditionen Geld zu leihen wie der Staat – kauften sie Hypotheken im Volumen von fünf Billionen Dollar auf. Ein großer Teil davon wurde überhaupt nur geschaffen, weil klar war, dass die beiden GSEs sie aufkaufen würden. Zwei Ereignisse im Leben der GSEs korrespondieren nicht zufällig mit wichtigen Wegmarken der Weltwirtschaft. Im Herbst 1999 forderte die Regierung unter Präsident Bill Clinton die GSEs auf, ihre Ansprüche beim Aufkauf von Hypothekenkrediten weiter zu senken, um noch mehr Menschen mit niedrigen Einkommen in den – zweifelhaften – Genuss des Immobilienbesitzes zu bringen (*Subprime Loans*).[7] Den Republikanern unter ihrem Präsidentschaftskandidaten George W. Bush war das noch zu wenig; in Erfüllung seines im Wahlkampf 2000 gegebenen Versprechens billiger Hypothekenkredite verabschiedete der Kongress 2004 den *American Dream Downpayment Act*, der Hypothekenkredite ohne jegliche Anzahlung (*Zero Downpayment*) staatlich förderte. Die Begründung, dass die von der Regierung angeordnete Kreditausweitung zu »erschwinglichen« Immobilien führe, hätte nicht weiter entfernt von der Wahrheit sein können. Je mehr Kredite die GSEs in den Hypothekenmarkt

6 Sie wurde vom Gesetzgeber ebenfalls Jahr für Jahr gesenkt und liegt derzeit bei 1,75 Prozent p.a.

7 Die »New York Times« warnte seinerzeit: »Indem es sich, wenn auch zögerlich, in dieses neue Gebiet der Kreditvergabe bewegt, geht Fannie Mae deutlich höhere Risiken ein, die in wirtschaftlich guten Zeiten keine Probleme verursachen mögen. Aber in einem Abschwung könnte das von der Regierung subventionierte Unternehmen in Schwierigkeiten geraten und eine Rettung durch die Regierung erforderlich machen, ähnlich der der Sparkassen in den 1980er Jahren. – »Fannie Mae Eases Credit To Aid Mortgage Lending«, »New York Times«, 30.9.1999.

pumpten, desto höher stiegen die Immobilienpreise, desto weiter also entfernten sich die Preise von dem, was Durchschnittsverdiener sich mit ihrem Gehalt leisten konnten. Das Einzige, was die Regierung erreichte, war, eine Blase zu erzeugen und die Bevölkerung massenhaft in Überschuldung zu treiben. Zwischen 1999 und 2008 explodierte das Volumen der Hypothekenkredite von 4,4 Billionen US-Dollar auf 10,5 Billionen. Im Spätsommer 2008 stand die Regierung vor dem von ihr angerichteten Scherbenhaufen: Fannie Mae und Freddie Mac, auf die mehr als die Hälfte dieser ausstehenden Hypothekenkredite entfielen, waren pleite und mussten in vollständigen Staatsbesitz überführt werden. Sie waren ein vom Staat ins Leben gerufener Golem, über den am Ende niemand mehr die Kontrolle hatte.

Was ist mit den Ratingagenturen? Niemand bestreitet ihre Mitverantwortung für die Immobilienfinanzierungsblase. Ihre Bewertungen sollten Risiken quantifizieren, Vergleiche ermöglichen zwischen individuellen Wertpapieren, verschiedenen Klassen von Wertpapieren und zwischen den wechselnden Risiken eines Investments im Lauf der Zeit. Verbriefte Hypotheken, die mit einem AAA-Rating versehen wurden, sollten ebenso sicher sein wie eine Unternehmensanleihe mit derselben Bewertung. Die Ratingagenturen waren wesentlich für das reibungslose Funktionieren des Marktes für hypothekenbesicherte Wertpapiere. Die Emittenten benötigten ihre Genehmigung für das Strukturieren ihrer Geschäfte; Banken brauchten sie, um die Menge des Kapitals zu bestimmen, das sie halten mussten; die Urteile der Ratingagenturen wurden in Sicherungsvereinbarungen und andere Finanzkontrakte eingearbeitet. Zwischen 2000 und 2007 vervierfachten sich die Einkünfte aus der Bewertung solcher Finanzinstrumente.[8] Zwar erklärten die Ratingagenturen standardmäßig, dass ihre Ratings bloße Meinungsäußerungen seien und keine Aufforderung zum Kauf oder Verkauf von Wertpapieren darstellten; doch in Wirklichkeit waren sie in der Rolle des Schiedsrichters, legten fest, was erlaubt war und was verboten. Den späteren *Toxic Assets* erteilten sie gegen gute Bezahlung ihren Segen. Wer aber gab ihnen eigentlich dieses Privileg und dazu ein bequemes

8 *The Financial Crisis Inquiry Report. Final Report of the National Commission on the Causes of the Financial and Economic Crisis in the United States.* New York 2011, S. 118.

Oligopol, weitgehend vor Marktkonkurrenz geschützt? Es war und ist *der Staat*, der mit allerlei Vorschriften, in denen auf die Ratings Bezug genommen wird, ihre »Meinungsäußerungen« zu Gold macht. Alles, was man den Ratingagenturen – mit Recht – vorwirft, muss man dem Staat vorwerfen, der ihnen überhaupt erst die Macht gab.

In Europa war alles noch schlimmer. Die Gründung der europäischen Währungsunion – ein politisch motiviertes Projekt, dessen Ziel die Vorbereitung einer politischen Union war – führte zu einem einheitlichen Zinsniveau, das sich an Ländern wie Deutschland und Frankreich orientierte und die Blasen in Südeuropa erzeugte. Die niedrigsten Zinsen in der Geschichte dieser Länder zogen die höchste gesamtgesellschaftliche Verschuldung und die tiefste Wirtschaftskrise nach sich.

Die irre Idee, dass mehr Wohlstand entstünde, wenn die Zahlen im Computersystem, die wir als »Geld« bezeichnen, immer größer werden, ist kennzeichnend für die Ära, in der wir leben, und die ideologische Ursache der Krise. Es wäre völlig falsch anzunehmen, dass das Desaster in irgendeiner Weise unvermeidlich gewesen wäre. Hätten die Notenbanken in den Jahren 2001 und 2002 die Rezession ihren Gang gehen lassen, statt absichtlich eine Immobilienblase zu erzeugen, gäbe es diese Krise nicht. Aber aus Fehlern lernen können Notenbanker nicht. Warum nicht? Weil sie es nicht nötig haben. Denn das ist die tragische Absurdität: Die Notenbanken, deren Handeln so großen Einfluss auf das Leben von Milliarden Menschen hat, brauchen sich nicht zu verantworten oder zu erklären. Sie können nach Belieben schalten und walten, ohne unter irgendeinem Druck zu stehen, Erfolge vorweisen zu müssen. Ihre Inflationspolitik hat zu einer historischen Katastrophe geführt, und statt ihr Scheitern einzuräumen, weisen sie jegliche Verantwortung von sich[9] und machen genauso weiter wie bisher. Dieses Buch soll den Leser in die Lage versetzen, die Bedingungen besser zu verstehen, unter denen Banken, Notenbanken und Regierungen

---

9 *»Einige behaupten, die Niedrigzinspolitik der FED in den frühen 2000ern habe zur Immobilienblase beigetragen und so die Krise ausgelöst«, sagte Bernanke Anfang 2012 vor Studenten der George Washington University. »Die meisten Beweise sprechen dagegen«, zitiert ihn die Nachrichtenagentur Bloomberg. »Zur Verteidigung der FED wies Bernanke auf Immobilienbooms in anderen Ländern hin« (Bloomberg, 22.3.2012).-Das ist offensichtlich die Notenbankversion von »Lukas und Oliver haben auch mit Stöcken geworfen.«*

handeln und Katastrophen erzeugen. Am Anfang stehen Betrachtungen über Psychologie und Demagogie: Wie staatliche Fehlanreize zu immer größeren Risiken und Schulden geführt haben und wie die politisch Verantwortlichen versuchen, sich nun als Opfer von »Spekulanten« zu präsentieren. Dann geht es um die ökonomischen Grundlagen

»Zum Schluss wird die Frage aufgeworfen, was eigentlich noch schlimmer werden kann. So viel sei verraten: Schlimmer geht immer.«

der Krise. Das Teilreservesystem ermöglicht es den Banken, Geld aus dem Nichts zu schöpfen, und erzeugt so den Zyklus von Inflation und Deflation, Boom und Krise. Der *Bank Run*, den Regierungen und Notenbanken für ausgerottet hielten, ist nach Europa zurückgekehrt, als Ansturm auf das gesamte Banksystem einiger Länder. Ein Ausflug in die frühe Geschichte des monetären Diskurses zeigt, dass schon Kopernikus mehr von den Gefahren der Inflation verstand als heutige Notenbanker. Der nächste Abschnitt befasst sich mit Auslandsschulden: Was unterscheidet sie von inländischer Kreditexpansion, und in welchen Fällen erzeugen sie Krisen? Danach werden einige historische Währungsunionen vorgestellt und die besonderen ökonomischen Probleme behandelt, die aus Währungsankern und -unionen entstehen können. Es wird gezeigt, wie schon im Vorfeld der Euroeinführung der Grundstein für die spätere Krise gelegt wurde und wie diese sich entwickelt hat. Ähnlichkeiten zu früheren Krisen in Lateinamerika und Asien werden herausgestellt. Die Frage wird diskutiert, inwiefern »mangelnde Wettbewerbsfähigkeit« die Ursache der Probleme Südeuropas ist, und ob Währungsabwertung ein probates Mittel zur Lösung dieses Problems darstellt. Im Folgenden steht das Verhältnis von Staat und Banken im Mittelpunkt: wie die Banken die Staatsschuld finanzieren und vom Staat dabei unterstützt werden. Es wird die Frage gestellt, ob die Eigenkapitalvorschriften (Basel II und III) für die Krise mitverantwortlich gemacht werden können. Da der Keynesianismus in seiner heutigen Erscheinungsform, dem Turbokeynesianismus, die unangefochten hegemoniale Lehre ist, werfen wir einen Blick auf seine Ursprünge und Vorläufer und diskutieren den vom Nobelpreisträger Paul Krugman vorgelegten Plan einer Rettung der Weltwirtschaft durch eine vorgetäuschte Invasion aus dem Weltall. Zum Schluss wird die Frage aufgeworfen, was eigentlich noch schlimmer werden kann. So viel sei verraten: Schlimmer geht immer.

Die Tragik der Allmende: Warum die Banken »gierig« sind und der Euro nicht funktioniert

Wenn über die Ursachen der Finanzkrise gesprochen wird, fällt häufig das Schlagwort von der »Gier der Banken«. Warum aber sollten Banker eigentlich gieriger sein als andere Leute? Weil sie sonst nicht Banker geworden wären? Na gut, stellen wir die Frage anders: Warum waren sie früher weniger gierig, als sie es seit Ende der neunziger Jahre (dem Zeitpunkt, wo die Debatte über die »Gier der Banken« begann) angeblich sind? Gier hängt von der Gelegenheit ab. Sie tritt vor allem dann auf, wenn ein begehrtes Gut zu einem ungewöhnlich niedrigen Preis feilgeboten wird. Wenn z. B. ein Elektromarkt mit Superschnäppchen wirbt. Oder wenn der Staat, wie in den vergangenen 15 Jahren, Kredite so billig macht, dass er denen, die sie nehmen, Profitmöglichkeiten schafft, die es vorher nicht gab. Die Chips, mit denen man mit etwas Glück große Gewinne machen kann, sind fast umsonst. Staatliche Garantien und Haftungen für Banken bedeuten: Wenn ein Spieler auf die falsche Farbe gesetzt hat, übernimmt der Staat den Verlust. Wer wäre da nicht »gierig«? In einigen Fällen stand es von vornherein fest, dass der Staat in der Not beistehen würde. Da hat er den größten Schaden angerichtet. Auch in Deutschland wurden die schlimmsten Verstöße gegen Verstand und Sorgfaltspflicht von staatlichen und halbstaatlichen Banken verübt. Es gibt keine Landesbank, die nicht Milliarden in den Sand gesetzt hat. Das Management der HSH Nordbank entfaltete dabei sogar ausgesprochen kriminelle Energie, was Richter und Staatsanwälte noch jahrelang beschäftigen wird. Die WestLB und die SachsenLB waren schon ruiniert, bevor die Krise überhaupt richtig angefangen hatte. Gleiches gilt für die Düsseldorfer IKB, die in den Jahren vor 2007 eine für ein relativ kleines Institut erstaunliche Bekanntheit an den Finanzplätzen in aller Welt erlangte: als eine Bank, die sich darum riss, Schundkredite zu kaufen, die sonst keiner haben wollte. 2007 war sie bankrott, ein Jahr früher als Lehman Brothers. Der größte Aktionär der IKB: die bundeseigene Kreditanstalt für Wiederaufbau (KfW), welche sich wiederum einen Namen als »dümmste Bank Deutschlands« (»Bild«) machte, dadurch das sie im September 2008 300 Millionen Euro an Lehman Brothers überwies, als die Investmentbank bereits pleite war.

Die implizite Bürgschaft, also das dumme Gerede von »systemrelevanten« Banken, die *»to big to fail«* sind, ist genauso verhängnisvoll und verleitet die fraglichen Institute ebenfalls zum Eingehen großer Wagnisse. Eine Notenbank ist nichts anderes als das Versprechen, dass andere nach einem Kreditboom die Zeche für die missglückten Spekulationen zahlen. Es ist darum kein Wunder, dass die meisten – und die schwersten – Krisen sich ereigneten, nachdem Notenbanken Mitte der zwanziger Jahre des 20. Jahrhunderts begannen, aktiv in die Finanzmärkte einzugreifen. Verglichen mit den von Notenbanken provozierten Weltkrisen war die letzte Finanzkrise der Vor-Notenbank-Ära, die von 1907, bloß ein spätsommerliches Unwetter.

Der Staat hat sich aber auch auf andere Weise verstrickt. Die Übernahme eines Risikos ist eine Leistung, die bezahlt werden muss. Darin besteht das Geschäft der Versicherer, und dafür bekommt man an der Terminbörse Prämien. Will sich jemand gegen das Risiko eines fallenden Dollars oder steigender Zinsen absichern, tauscht er entweder das Risiko gegen ein anderes (Swap-Geschäft), oder er zahlt demjenigen, der das Risiko übernimmt, eine vereinbarte Prämie. Der Staat ist der Einzige, der so dumm ist, Risiken zu übernehmen, ohne dafür etwas zu bekommen. Damit stellt er die Regeln des Spiels auf den Kopf und animiert die Spieler zu ruinösen Strategien, die dann, wenn sie scheitern, als »Gier« gegeißelt, aber gleichwohl vom Staat durch »Rettungspakete« belohnt werden. Ein gutes Beispiel ist die amerikanische AIG. Von dem weltgrößten Versicherer, bei dem Banken aus aller Welt ihre mehr oder weniger dubiosen Kredite gegen Ausfall versicherten, nahm man an, dass der Staat seine Existenz im Notfall sichern – also seine

Schulden bezahlen – würde, was er dann auch getan hat. Auch von den Großbanken, die ausnahmslos »systemrelevant« sein sollen, konnte man vermuten, dass der Staat sie nicht pleitegehen lassen würde. All diese Banken mit expliziter oder impliziter Staatsgarantie übernahmen durch ihr Handeln Risiken und strichen dafür Prämien ein. Aber in Wirklichkeit war es der Steuerzahler, der, ohne es zu ahnen, die Risiken übernahm – und ohne eine Prämie dafür zu bekommen. Die genannten Unternehmen hatten nicht deshalb AAA-Ratings, mit denen sie für ihre eigenen Schulden oder die anderer bürgen konnten, weil die Ratingagenturen ihre Bilanzen gewissenhaft geprüft und für solide befunden hätten – sondern wegen der impliziten Staatshaftung: Die Bank XY ist zu groß, als dass der Staat sie pleitegehen lassen würde, also wird sie es nicht und bekommt folglich das beste Rating. Es ist, als hätten die Banken Gebühren für den Transport einer Last kassiert, obwohl sie selbst dabei vom Steuerzahler getragen wurden. Es entstanden Werte, die der Staat umsonst oder weit unter ihrem Preis weggab. Er hat Waren verschenkt. Das musste zwangsläufig das nach sich ziehen, was der Ökologe Garret Hardin *Tragedy of the Commons* (»Tragik der Allmende«) nannte.

Was heißt das? Wenn es eine Weide gibt, die allen offensteht (Allmende), so Hardin, ist zu erwarten, dass jeder Hirte versuchen wird, so viel Vieh wie möglich darauf zu halten.

»Eine solche Einrichtung kann jahrhundertelang recht zufriedenstellend funktionieren, da Stammeskriege, Wilderer und Seuchen die Zahl von Mensch und Tier weit unter der Kapazität des Weidelandes halten. Schließlich aber kommt der Tag des Erwachens, der Tag, an dem das lange erwünschte Ziel der gesellschaftlichen Stabilität Wirklichkeit wird. An diesem Punkt muss die inhärente Logik der Allmende unbarmherzig zur Tragödie führen.«[10]

Denn als vernünftiges Wesen wird jeder Hirte versuchen, seinen Gewinn zu maximieren. Er wird fragen, was der Nutzen für ihn ist, wenn er seine Herde um ein weiteres Tier vergrößert. Er kann ein weiteres Tier halten und erhält alle Einnahmen aus dem Verkauf des zusätzli-

---

10 Garret Hardin: »The Tragedy of the Commons« In: »Science«, 13.12.1968 (http://www.sciencemag.org/content/162/3859/1243.full)

chen Tiers. Die negative Komponente folgt aus der zusätzlichen Überweidung, die durch das weitere Tier erfolgt. Da jedoch die Folgen der Überweidung von allen Hirten zu tragen sind, ist der Nachteil für jeden einzelnen Hirten, der eine Entscheidung trifft, sehr gering im Verhältnis zum Nutzen.

»Die Abschaffung der Staatshaftungen und -garantien für private Unternehmen ist der einzige Ausweg aus dem Dilemma.«

»Indem er die einzelnen Komponenten addiert, wird der rationale Hirte schließen, dass der einzig vernünftige Weg für ihn ist, der Herde ein weiteres Tier hinzuzufügen. Und noch eins, und noch eins ... Aber das ist die Schlussfolgerung, auf die alle rationalen Hirten kommen, die sich eine Allmende teilen. Darin liegt die Tragik.« [11]

Ganz ähnlich ist das Verhältnis der Banken zur staatlichen Weidefläche. Aus Sicht der Banken war es rational, immer mehr Kreditrisiken anzuhäufen, da die etwaigen Verluste sozialisiert würden, der Gewinn aber unter den führenden Mitarbeitern der Bank aufgeteilt wird. Ein solches System der Allmende kann nur Unheil anrichten. Die Abschaffung der Staatshaftungen und -garantien für private Unternehmen ist der einzige Ausweg aus dem Dilemma. Oder aber hätte der Staat sein Eigentumsrecht an der Weide behaupten und einen Preis verlangen können? Hätte er auf diese Weise während des Booms womöglich zig Milliarden Euro eingenommen und gleichzeitig die schlimmsten Auswüchse verhindert? Es ist leicht zu sehen, warum das keine realistische Idee ist: Man kann nicht eine Ware verkaufen und gleichzeitig verschenken. Alle nehmen sie dann lieber geschenkt. Um die Staatsgarantien zu einem angemessenen, dem Risiko entsprechenden Preis verkaufen zu können, hätte er glaubhaft machen müssen, dass er alle Banken, die den Preis nicht zahlen, im Ernstfall gnadenlos pleitegehen lässt. Das

11 Ebd.

glaubt ihm keiner, und heute weniger denn je. Vor allem aber – und das ist der eigentliche Kern des Problems, die Ursache der Finanzkrise – gibt es auf Seiten des Staates niemanden, der überhaupt ein Interesse daran hätte, dessen Eigentumsrechte durchzusetzen. Denn »der Staat« handelt ja nicht; es sind Individuen, die, für kürzere oder längere Zeit, damit betraut sind, die Staatskasse zu verwalten. Der Schaden aber ist nicht ihr eigener. Da der Staat außer den Briefmarken, die er an Sammler verkauft, nichts produziert, kann man ihm auch nichts wegnehmen. Für alle Geschenke, die der Staat macht, zahlen die jetzigen und zukünftigen Steuerzahler.

Eine Ebene tiefer setzt sich die Tragik der Allmende fort: Wenn die Bank keine Verantwortung trägt, warum dann der einzelne Händler? Die Regel, wonach hohe Renditen nur mit einem entsprechend hohen Verlustrisiko zu erzielen sind, gilt ausgerechnet für die Personen nicht, die die höchsten Risiken eingehen. Alan Blinder, ein früherer Vizechef der Federal Reserve, hat es einmal so auf den Punkt gebracht:

»Nehmen Sie einen typischen Händler einer Bank, Investmentbank, eines Hedgefonds oder was auch immer. Die darwinistische Auslese stellt sicher, dass es sich bei diesem Menschenschlag im Allgemeinen um smarte junge Leute handelt, mit mehr als dem durchschnittlichen Appetit sowohl auf Geld als auch auf Risiko. Unglücklicherweise verschlimmert ihr Vergütungsplan diese natürlichen Tendenzen, indem er den folgenden Anreiz schafft, alles auf eine Karte zu setzen, wenn sie ihre Finanzwetten platzieren: Kopf: Du wirst reicher als Krösus; Zahl: Du bekommst keinen Bonus, erhältst stattdessen das Vierfache des Durchschnittslohns und musst dich vielleicht (oder auch nicht) nach einem neuen Job umsehen.«[12]

Angesichts solch verzerrter Anreize ist es klar, dass die smarten jungen Leute versuchen, möglichst viele Wetten zu platzieren. Für den Chef und seine Topangestellten stellt sich die Lage noch verlockender dar:

»Für sie heißt es oft: Kopf, du wirst reicher, als Krösus sich je hätte träumen lassen. Zahl, du bekommst einen goldenen Fallschirm, der dich immer noch reicher macht als Krösus. Also wollen auch sie die Münzen

12 Alan Blinder: »Crazy Compensation and the Crisis«, »Wall Street Journal«, 28.5.2009.

werfen. Aus der Sicht der Aktionäre – der Leute, die das Geld bereitstellen müssen – ist das Wahnsinn. Für sie sieht das Glücksspiel so aus: Kopf, wir bekommen einen Teil der Gewinne; Zahl, uns treffen fast alle Verluste. Die Schlussfolgerung ist klar: Händler und Manager wollen beide viel mehr Münzen – bei höherem Einsatz – werfen, als die Aktionäre das täten, wenn sie irgendwas zu sagen hätten, was nicht der Fall ist. Die Wurzel des Problems ist wirklich einfach: Gib smarten Leuten einen Anreiz, alles auf eine Karte zu setzen, und sie werden alles auf eine Karte setzen.«[13]

In den von Alan Blinder angesprochenen Prozess der »darwinistischen Auslese« haben die Zentralbanken – und vor allem die US-Notenbank – in dem Jahrzehnt vor der Finanzkrise massiv eingegriffen: Indem sie jedes Mal, wenn die Aktienkurse einbrachen, die Zinsen senkten und so durch Inflation all denen, die riskante Wetten laufen hatten, den Arsch retteten, bestraften sie gleichzeitig die Vorsichtigen. Denn ihre Vorsicht hätte sich erst in der krisenhaften Marktbereinigung bezahlt gemacht (die die Intelligenten und Vorsichtigen erahnen konnten) dadurch dass sie die Unvorsichtigkeit der anderen bloßgestellt hätte. Aber die Vorsichtigen wurden nicht belohnt, sondern der Früchte ihres umsichtigen Handelns beraubt. Die Marktbereinigungen wurden von den Notenbanken verhindert, womit sie gleichzeitig dafür sorgten, dass die, die sehr hohe Risiken eingingen, über viele Jahre höhere Renditen aufweisen konnten als die Vorsichtigen. In einem Lebensraum, in dem die Topangestellten der Banken die Früchte ihrer Spekulation pflücken durften, aber von den Notenbanken vor den Folgen ihres leichtsinnigen Verhaltens geschützt wurden, konnten die am besten an diese Umgebung Angepassten – die, die die höchsten Risiken eingingen, die Hasardeure – überall nach oben kommen und die Vorsichtigen verdrängen. »Das Problem ist nicht die Gier, sondern der Schutz vor deren möglichen Konsequenzen.« Die Notenbanken haben die »Gierigen«, die rücksichtslos handelten, lange Zeit belohnt, beschützt und gehätschelt. »Das unausweichliche Dilemma eines Papiergeldproduzenten«, schreibt der in Angers lehrende Ökonom Jörg

13 Ebd.

Guido Hülsmann richtig, »liegt (...) darin, dass seine bloße Existenz allen anderen Marktteilnehmern Anlass zu verantwortungslosem Wagemut (*Moral Hazard*) gibt.«[14] (Dabei gibt es natürlich verschiedene Stufen. Eine Gesellschaft kann das Glück haben, eine Notenbank zu besitzen, die die Leitzinsen auf einem Niveau hält, das Verschuldung nicht belohnt - oder sie kann mit einem Greenspan, Bernanke oder Draghi geschlagen sein.

Das Phänomen des *moral hazard* betrifft aber nicht nur die Händler der Banken, sondern ganze Staaten. Durch die Gründung der Europäischen Währungsunion kam es ebenfalls zu einer *tragedy of the commons*: Alle Staaten des Währungsraums zahlten eine Weile lang denselben Zins für ihre Schulden; die Sparsamen und die Verschwender erhielten dieselbe Behandlung. Wieder führte dies zu Gier, zu einer Gier nach Krediten. [15] Einen solchen Wettlauf darum, wer in einem gemeinsamen Währungsraum die meisten Schulden macht, gab es auch nach dem Auseinanderbrechen der Sowjetunion 1991. Zwar durfte nur die Notenbank in Moskau Rubelnoten drucken, doch es gab auf dem Gebiet der ehemaligen Union nun 15 Zentralbanken, die alle Bankreserven schaffen konnten. Um eine Kreditaufblähung zu verhindern, hätten die Geldpolitik koordiniert und strikte Regeln durchgesetzt werden müssen. Das war nicht der Fall, und so gab es auch hier eine klassische *tragedy of the commons*: Jede Regierung hatte den ganzen Vorteil der von ihr geschaffenen Schulden, aber nur einen Teil der Inflationskosten, die sich über die ganze Rubelzone verteilten. Vor allem die Ukraine, Weißrussland und Georgien hatten bald riesige Haushaltsdefizite. Die »Inflationsrate« des Rubels - wenn man den freien Fall einer Währung denn noch so nennen will - wurde 1992 auf über 2000 Prozent geschätzt. Russland versuchte, sich vor Ansteckung zu schützen, indem es die Ausgabe von Rubelnoten an die anderen Republiken

---

14 Jörg Guido Hülsmann: *Die Ethik der Geldproduktion*, Waltrop 2007, S. 197.

15 Der psychologische Mechanismus: »*Nur wenn ein Land höhere Defizite hat als die anderen, kann es den Nutzen daraus ziehen. Man muss die Druckerpresse schneller laufen lassen als die Konkurrenten, wenn man von der daraus resultierenden Umverteilung profitieren will.*« – Philipp Bagus: *Tragedy of the Euro*, Auburn 2010, S. 91. Dies hielt so lange an, bis die Sparer merkten, dass es doch notwendig ist, zwischen den Ländern zu unterscheiden, die auch in fünf oder zehn Jahren noch bestimmt ihre Schulden werden bezahlen können, und denen, bei denen dies nicht mehr völlig sicher zu sein scheint – und deren Schuldtitel deshalb weniger begehrt sind, was sich in höheren Zinsen niederschlägt.

limitierte und den länderübergreifenden Interbankenzahlungsverkehr beschränkte, der von Moskau aus kontrolliert wurde. Die baltischen Republiken führten daraufhin ihre eigenen Währungen ein, die Ukraine gab zunächst staatliche Schuld- bzw. Gutscheine heraus, Ende 1992 führte sie ebenfalls eine eigene Währung, den Karbovanets, ein und kam damit einem Rauswurf aus der Rubelzone zuvor. Auch Russland reformierte sein Währungssystem, damit war das Ende der Union auch auf dem monetären Gebiet besiegelt. Die Währungen der anderen ehemaligen Sowjetrepubliken wurden in Russland fortan nicht mehr angenommen. »Wir werden keine Karbovanets oder Hryvna akzeptieren, so wie wir auch keine polnischen Zloty oder tschechoslowakischen Kronen akzeptieren«, sagte der russische Notenbankchef Matyukhin in einem Interview, »das ist keine Diskriminierung, sondern der Wunsch, den ökonomischen Gesetzen zu folgen.«[16] Man beachte, dass die Russen die Auflösung der Währungsunion als eine logische Entscheidung betrachteten und nicht wie deutsche Politiker Reden darüber hielten, welche Kosten damit verbunden sein könnten.

Eine *tragedy of the commons* in Reinform gäbe es, wenn dem Wunsch einiger Politiker nach Einführung sogenannter Eurobonds entsprochen würde, also die Eurostaaten gemeinsam Schulden machen, das Geld aber separat ausgeben. Jede Regierung hätte einen Anreiz, so viel Geld wie möglich auszugeben, da die Kosten in Form immer höherer Zinsen von allen zu tragen wären. Ein weiteres Rezept für den Untergang. Dass die Krisenstaaten davon profitieren würden, ist übrigens sehr zweifelhaft. Bislang wurde das Thema »Eurobonds« von seinen Gegnern vor allem als ein ordnungspolitisches oder als ein moralisches Problem dargestellt; viele Kommentatoren haben auf die Nachteile hingewiesen, die weniger stark verschuldete Länder wie Deutschland durch die gemeinschaftliche Verschuldung hätten. Sie müssten höhere Zinsen bezahlen, während die Schuldenexzesse anderer Länder belohnt würden, so die Argumentation. Wenig oder gar nichts ist hingegen über die Nachteile für die angeblich Begünstigten dieser Geschichte gesagt worden, die bedrängten Staaten Südeuropas und

16 BBC Summary of World Broadcasts, 29.4.1992.

Irland. Es scheint vielen so, als hätten diese Länder durch die gemeinschaftliche Verschuldung einen reinen Gewinn, da sie dann – so hofft man – niedrigere Zinsen zahlen würden. Weit gefehlt! Sie würden im Gegenteil für die nationalen, regionalen und lokalen Anleihen, die sie ja weiterhin begeben müssten (da der Eurobond nicht sämtliche Staatsausgaben decken würde, sondern nur als ergänzende Einnahmequelle gedacht ist) weitaus höhere Zinsen zahlen. Denn der wichtigste Grund, der stark verschuldete Staaten davon abhält, den Bankrott zu erklären, ist die berechtigte Angst davor, dadurch den Kredit buchstäblich zu verspielen (»Wer einmal lügt, dem glaubt man nich.«), an den Rentenmärkten in Zukunft keine Anleihen mehr platzieren zu können. Wenn ein Staat aber über die Eurobonds noch einen anderen Eingang zu den Anleihemärkten – also eine Art Hintertür – bekäme, sänke diese Angst und mit ihr die Motivation, die Schulden zurückzuzahlen. Das wissen natürlich auch die Sparer. Aus ihrer Sicht steigt darum durch die Eurobonds das Risiko eines Zahlungsausfalls der nationalen Anleihen deutlich an, sie könnten die Einführung der gemeinschaftlichen Anleihen sogar als Vorbereitung eines anschließenden Bankrotts einzelner Länder ansehen (was sie ja möglicherweise auch ist). Die Staaten, die jetzt hohe Zinsen zahlen müssen, könnten dann überhaupt keine eigenen Anleihen mehr platzieren – sie würden dauerhaft zu Taschengeldempfängern. Der zweifelhafte Vorteil würde teuer erkauft mit dem völligen Verlust der Souveränität. Eurobonds kann es darum erst geben, wenn sich die Bevölkerung Europas irgendwann in der Zukunft dazu entschließen würde, freiwillig alle Einzelstaaten zugunsten eines von einer Zentralregierung geleiteten europäischen Superstaates aufzuheben. So weit wird es aber wahrscheinlich niemals kommen. Denn heute denken die meisten Bürger in Europa: Wenn eine politische Union genauso gut funktioniert wie der Euro, dann Gute Nacht.

Zockende Wölfe: Das Reden über die Krise

Im derzeitigen Krisentaumel und Rettungsgetümmel werden ökonomische Entwicklungen mehr und mehr von ideologischem Täterätä begleitet, vor dem man nicht die Ohren verschließen kann. Die von den Notenbanken betriebene Inflation geht mit einer Rhetorik einher, die die widersprüchlichen Ziele verfolgt, die Bevölkerung einerseits in Sicherheit zu wiegen, ihr andererseits aber auch die angebliche Notwendigkeit immer radikalerer staatlicher Maßnahmen plausibel zu machen. Ihre Komponenten sind:

1. Verharmlosung und Leugnung von Problemen. Dies war vor allem in den ersten Jahren der Krise eine bevorzugte Masche. Ein beliebtes Schlagwort lautete, man solle »keine Krise herbeireden«. Das schien zweierlei zu implizieren: Dass Krisen gar kein reales Phänomen seien, sondern etwas, das man sich bloß einredet (eine Art Autosuggestion); und dass diejenigen, die über Probleme sprechen, für deren Existenz haftbar gemacht werden können – es gäbe sie ja dieser Logik zufolge nicht, wenn nur alle konsequent geschwiegen hätten.

2. Verneinen von absehbaren Entwicklungen der nahen Zukunft wider besseres Wissen. Damit wurde Walter Ulbricht berühmt (»Niemand hat die Absicht, eine Mauer zu errichten«). Der ehemalige Eurogruppen-Chef Jean-Claude Juncker und andere europäische Spitzenpolitiker stehen ihm nicht nach: »Ich habe nicht den leisesten Verdacht, dass Griechenland bankrottgehen kann – wer darauf spekuliert, täuscht sich«[17], sagte Juncker im Dezember 2009. Auch die Europäische Zentralbank (EZB) sehe keine Gefahr für eine Staatspleite Griechenlands, hieß es bald darauf aus Frankfurt: Dies sei »kein Thema«, so EZB-Chef

17 »Spiegel«, 7.12.2009.

Jean-Claude Trichet.[18] Bundeskanzlerin Merkel versicherte: »Ich glaube, dass Griechenland akut – und das hat der griechische Ministerpräsident mir immer wieder gesagt – keine geldlichen Forderungen an die Europäische Gemeinschaft hat. Es gibt keine drohende Zahlungsunfähigkeit. Und insofern sage ich noch mal: Ich sehe die Erwartungen nicht so.«[19]

3. Demagogie. Für etwaige Probleme werden böswillige »Spekulanten« verantwortlich gemacht. Alle Inflationsprogramme (»Rettungsschirme«, »Hilfspakete«, »Brandmauern« etc.), mit denen die Folgen früherer Schuldenexzesse verdeckt werden sollen, werden als Maßnahmen verkauft, die zum Schutz vor den behaupteten Angriffen der »Spekulanten« notwendig seien.

4. Emphatische Warnungen vor dem »Sparen«, während gleichzeitig immer neue Schuldenrekorde aufgestellt werden.

Da es in der Logik von Politikern in Europa kein reales Schulden- und Solvenzproblem gibt – und schon gar keins, für das die Regierungen die Verantwortung tragen –, müssen externe Schuldige, also Sündenböcke, gefunden werden. Die so oft ohne hinreichenden Grund benutzte Vokabel »Hexenjagd« ist in diesem Fall einmal der treffende Begriff. Den Hexenwahn des 16. und 17. Jahrhunderts zeichnete aus, dass für reale Probleme wie Missernten, Krankheit, Viehseuchen, Unfruchtbarkeit der Frau oder Impotenz des Mannes willkürlich externe Schuldige benannt wurden, denen zusammen mit der Schuld eine schier unglaubliche, übernatürliche Macht zugeschrieben wurde, mit deren Hilfe sie angeblich das Unheil durch »Verhexung« verursacht haben sollten. Nicht selten wurde dazu auch noch behauptet, dass die »Hexen« einen Profit aus dem Schaden des braven Bauern zögen: Ein Feld sei deshalb verdorrt und die Kuh gebe deshalb keine Milch, weil eine Hexe den Ertrag zu sich umgeleitet hätte.

Der ehemalige griechische Ministerpräsident George Papandreou war naturgemäß einer der Ersten, die die angeblichen Angriffe der Fi-

18 AFP, 8.4.2010.

19 Interview im Deutschlandradio, 21.3.2010 (http://www.dradio.de/dlf/sendungen/idw_dlf/1147571/)

nanzhexen anprangerten: Sein Land sei bei der von ihm behaupteten »Attacke auf die Eurozone« als das »schwache Glied« ausgewählt worden, von »Spekulanten« und »politischen Feinden«. »Wir werden ins Visier genommen, vor allem von denen mit einem Hintergedanken«[20], sagte er auf dem Weltwirtschaftsforum in Davos im Januar 2010. Bald sprangen alle auf den Zug auf. »Die Spekulanten sind unsere Gegner«[21], spekulierte Bundeskanzlerin Angela Merkel. Deutschlands Chef-Finanzaufseher Jochen Sanio sprach von einem »Angriffskrieg gegen die Eurozone«. Der französische Präsident Nicolas Sarkozy rief zur »Generalmobilmachung« gegen die unbekannte Macht auf, Schwedens Finanzminister Anders Borg tutete zur Wolfsjagd: »Wenn wir dieses Rudel nicht stoppen, werden sie die schwächsten Länder zerreißen.«[22] Europas Probleme, so der Tenor, seien nicht hausgemacht, sondern Folge der Angriffe eines unsichtbaren äußeren Feinds. Dazu gehören die Ratingagenturen, weswegen immer wieder die Forderung nach der Gründung einer *europäischen* Ratingagentur erhoben wird (die es übrigens, was im Eifer des Gefechts übersehen wird, schon gibt, in Deutschland z. B. die Euler Hermes Rating GmbH), was wohl heißen soll, dass schlechte Bonitätsbewertungen aus amerikanischer Missgunst geboren seien, während eine europäische Agentur selbstverständlich ausschließlich gute, europafreundliche Noten vergeben würde – eine Art Waldorfschulzeugnis für Finanzminister.

Auffällig ist, dass es immer wieder die Terminbörsen und eben die »Spekulanten« und »Zocker« sind, die im Mittelpunkt von Theorien über eine Verschwörung gegen Europa stehen. Das hat eine lange unselige Tradition, die in Deutschland bis in die 1870er Jahre zurückreicht (damals hatten die gigantischen Reparationszahlungen Frankreichs in Deutschland einen inflationären Wirtschafts- und Börsenboom verursacht, dem 1873 ein jäher Absturz folgte), als der Journalist Otto Glagau in der Zeitschrift *Die Gartenlaube* seine antisemitischen Traktate über den »Börsenschwindel der Juden« veröffentlichte, der arglose Deutsche um ihre Ersparnisse gebracht hätte. Der berühmte deutsche Soziologe

20 »Funds flee Greece as Germany warns of ›fatal‹ Eurozone crisis«, »The Telegraph«, 28.1.2010.
21 »Tagesspiegel«, 11.5.2010.
22 »Hamburger Abendblatt«, 10.5.2010.

und Antisemit Werner Sombart (1863—1941) schreibt 1991 in seinem Buch *Die Juden und das Wirtschaftsleben*:

»Wurden die Juden als die Beherrscher des Wechselhandels die Begründer der modernen Effektenbörse, so müssen wir doch nun hier die viel bedeutsamere Tatsache feststellen, dass sie der Börse und dem Börsenhandel auch ihr eigenartiges Gepräge aufgedrückt haben. Dies aber dadurch, dass sie offenbar die ›Väter des Termingeschäfts‹, die Schöpfer der Technik des börsenmäßigen Handels, wenn man will, also auch die Väter der Börsenspekulation gewesen sind.«[23]

Die Wörter »Krise« in einen Zusammenhang mit »Terminbörse«, »Spekulant« und »Zocker« zu bringen, ist für viele eine Versuchung, der sie immer wieder nachgeben müssen, selbst wenn (bzw. *gerade* wenn) sie keinerlei Fakten vorweisen können, die ihre wilden Thesen plausibel machen. Richtig angetan haben es manchen die Kreditversicherungen bzw. *Credit Default Swaps* (CDS). Auch der Autor dieser Zeilen hat vor den mit diesen Instrumenten verbundenen Risiken gewarnt[24], aber das war im Sommer 2007, als sie aufgrund der damaligen Situation eine echte Gefahr darstellten. Heute sind sie ein bloß eingebildetes Problem. Der Fall Griechenland zeigt das anschaulich: Was war bislang das wichtigere Element der Griechenlandkrise? Die Auslandsschulden von mehr als 400 Milliarden Euro, von denen der größte Teil in den Wind geschrieben werden muss, oder die Kreditversicherungen, die Banken untereinander abgeschlossen haben und die nach der griechischen »Umschuldung« im Frühjahr 2012 zu einer Auszahlung von insgesamt 2,89 Milliarden US-Dollar[25] – also gut zwei Milliarden Euro, verteilt auf viele Parteien – führten? In den Jahren 2010, 2011 und 2012 erschien eine schier unübersehbare Fülle von Zeitungsartikeln, in denen die Ansicht vertreten wurde, die CDS seien das tatsächliche Risiko; zudem trügen sie dazu bei, so die Autoren, dass der eigentlich untadelige Ruf Griechenlands an den Finanzmärkten durch skrupellose »Zocker« ramponiert werde. So schrieb die *Welt* am 8. März 2010 unter

---

23 Werner Sombart: *Die Juden und das Wirtschaftsleben*, Leipzig 1911, S. 100.
24 Stefan Frank: *What's new, economy? Die Transformation der Weltwirtschaft*, Hamburg 2007, S. 15.
25 Siehe: http://www.dtcc.com/news/press/releases/2012/dtcc_successfully_completes_greek_cds.php

der Überschrift »Wie Spekulanten ganze Staaten in die Knie zwingen«: *»Für die Spekulationen gegen Griechenland haben Anleger vor allem Kreditversicherungen genutzt, sogenannte* Credit Default Swaps *(CDS). Kreditversicherungen sind in den vergangenen Monaten zum Lieblingsspielzeug der Spekulanten, vor allem von Hedgefonds, geworden (...) Das hat zu absurden Preissteigerungen geführt: Wer im August 2009 griechische Staatsanleihen im Wert von zehn Mio. Euro hielt, musste damals für eine Ausfallversicherung 100 000 Euro zahlen. Bis heute hat sich diese Prämie auf 400 000 Euro vervierfacht. Zum Vergleich: Um Bundesanleihen im Wert von zehn Mio. Euro zu versichern, wären nur CDS im Wert von 44 000 Euro nötig.«*

Vier Prozent Versicherungsprämie für die Absicherung griechischer Staatsanleihen, das fand der Autor »absurd«. Den »Zockern« gegenübergestellt werden sogenannte »Opfer«, denn wer »Opfer« sagt, hat immer ein gutes Argument, scheinen viele zu meinen:

»Mittlerweile jedoch sind die CDS zu Zockerpapieren verkommen, mit denen man sich nicht vor einem Zahlungsausfall schützt, sondern diesen geradezu herbeiwettet. Das jüngste Opfer ist Griechenland, das immer größere Schwierigkeiten hat, Anleihen zu einigermaßen erträglichen Konditionen auf den Märkten zu verkaufen.«[26]

Für *Spiegel online* gehört sogar, man glaubt es kaum, die – doch wohl in der Tat skrupellose – Investmentbank Lehman Brothers zu den Opfern der Spekulanten: »Es ist dasselbe Prinzip, das im September 2008 der amerikanischen Investmentbank Lehman Brothers den Rest gab. Doch dieses Mal ist das Opfer keine Bank, sondern ein ganzer Staat: Griechenland.«[27] Es drohe »durch einen massiven Angriff von Spekulanten in den Ruin getrieben zu werden« – nicht etwa dadurch, dass die Zocker im Athener Finanzministerium zu viele Schulden gemacht haben. Dann wird es völlig irre: »Bezeichnenderweise« seien an den Spekulationen »vor allem jene Banken beteiligt, die Griechenlands Haushalt andererseits stabilisieren, indem sie dem Staat seine Anleihen abkaufen. Mit anderen Worten: Die Banken sind an der hohen Ver-

26 »Zocker an die Kandare!«, »Süddeutsche Zeitung«, 25.2.2010.

27 »Riskante Kreditversicherungen. Großbanken spekulieren mit Griechenkrise«, »Spiegel online«, 25.2.2010.

schuldung Griechenlands beteiligt – und wetten nun auf eine Pleite des Staats.«[28]

Ein Mensch mit einem bisschen Verstand würde es so ausdrücken: Die Banken haben der griechischen Regierung Geld geliehen und sichern sich nun gegen einen Verlust ab. Als moralisch noch bedeutsamer scheint allerdings der Vorwurf zu gelten, die CDS-Käufer besäßen die entsprechenden Anleihen oft gar nicht. Eine Kinokarte kaufen, ohne den Film zu gucken? Das finden Redner aller politischen Lager unerhört und möchten es gern verbieten.

»Dass Leute CDS besitzen dürfen, obwohl sie die dazugehörigen Staatsanleihen nicht halten, macht keinen Sinn. Das ist so, wie wenn ich eine Versicherung für einen Pkw kaufe, den ich nicht habe, und dann hoffe, dass der Fahrzeughalter einen Unfall hat«, sagt Attac-Aktivistin Karin Küblböck.[29] So sieht es auch CDU-Aktivistin Angela Merkel: *»Und wo wir noch nicht so weit sind, wie wir uns das wünschen, das sind die sogenannten* Credit Default Swaps, *also diese Versicherungen. Und hier haben wir die Kommission gebeten. Und die Kommission hat gesagt, im Juni legen wir dafür für Europa Vorschläge vor, dass zum Beispiel solche nackten Kreditversicherungen, das heißt, wenn ich etwas versichere, was ich gar nicht besitze, nicht mehr möglich sind.«*[30]

Ihr Finanzminister Wolfgang Schäuble möchte, dass CDS-Geschäfte verboten werden, wenn kein »ökonomisch sinnvoller Sicherungszweck« erkennbar ist.[31] Wer befindet darüber, ob ein Zweck »ökonomisch sinnvoll« ist? Vielleicht hat jemand CDS auf griechische Staatsanleihen gekauft, weil er Kredite an die Stadt Athen oder an ein griechisches Unternehmen vergeben hat. Dafür existieren keine Ausfallversicherungen, so dass er stattdessen die zweitbeste Option wählt, um sein Risiko zu mindern. Wenn Politiker Gesetze erlassen, die es verhindern oder erschweren, ein Kreditausfallrisiko zu versichern, steigt das Risiko. Das wird zu höheren Kreditzinsen für viele Schuldner führen oder sogar dazu, dass sie gar keine Kredite mehr bekommen, weil

28 Ebd.
29 Interview »Hedgefonds haben keinen gesellschaftlichen Nutzen«, »Der Standard« (Wien), 21.5.2010.
30 Interview im Deutschlandradio, 21.3.2010, a. a. O.
31 DDP, 25.2.2010.

das Risiko zu hoch ist. Würden Politiker nachdenken, bevor sie reden, würden sie also darauf kommen, dass es keine gute Idee ist, den Abschluss von Kreditversicherungen zu erschweren. Aber auch hier gibt es wieder einen Wahn ohne Fakten (was ja wohl das Merkmal jeden Wahns ist). Anders als es im Journalismus sonst Usus ist, werden in den zahlreichen Berichten über das »Zocken« mit CDS nie konkrete Fälle genannt. Auf das »Interview mit einem Zocker, der sich an der Eurokrise dumm und dämlich verdient hat« wartet man vergebens; stattdessen werden immer wieder *fingierte* Beispiele ausgebreitet, bei denen durch den Kauf von *Credit Default Swaps* scheinbar schnell und risikolos hohe Gewinne erzielt werden. »Ein Beispiel zeigt, wie das Kalkül kurzfristig orientierter Investoren funktioniert«, beginnt eine dieser fiktiven Geschichten (»Hedgefonds zocken mit der Griechenpleite«[32]). Anschließend führt der Autor frei erfundene und völlig unrealistische Beispielrechnungen an, die alle gemein haben, dass die Käufer von CDS immer nur Gewinne unterschiedlicher Höhe verbuchen, Verluste scheinen gar nicht möglich zu sein. Dabei hätte jeder Verbraucherberater dem Autor erklären können, dass ein überdurchschnittlich hoher Gewinn ohne entsprechendes Verlustrisiko an den Börsen nicht zu haben ist. Zu der naiven Darstellung passt, dass in derartigen Artikeln immer nur von den CDS-*Käufern* die Rede ist: welche Motive sie haben und auf welche Weise sie wie viel verdienen mögen. Aber auf jeden Käufer kommt genau ein Verkäufer. Von ihnen und ihren Motiven hört man nie. Wie ist das zu erklären, wo sie doch diejenigen sind, die die angeblich so unermesslichen Gewinne der CDS-Käufer auszuzahlen haben? Was sind das für Leute, die so freigiebig Geld verschenken? Kann man sich bei ihnen melden, wenn man seinen Trödel loswerden möchte? Die Frage nach den CDS-Verkäufern wird nicht gestellt, denn sie würde zu Fakten lenken, womit die Gefahr der Information nicht ausgeschlossen wäre. Die, die vor den angeblichen Gefahren der *Credit Default Swaps* warnen, beschäftigen sich aber lieber mit reinen Phantasmen. So auch, wenn sie wieder einmal schreiben können, dass »niemand« wisse, wie groß das Volumen der CDS-Kontrakte sei – wo man ja bloß auf der

32 http://www.spiegel.de/wirtschaft/unternehmen/0,1518,810470,00.html

Website der *Depository Trust & Clearing Corporation* (DTCC)[33] nachzuschauen bräuchte – womit dann aber dem Märchen von den riesigen und unüberschaubaren Gefahren der Boden entzogen wäre. Die DTCC informiert übrigens auf Wunsch auch die nationalen Aufsichtsbehörden darüber, wer welche CDS hält. Es könnte also, wenn Fakten etwas zählen würden, niemand mehr behaupten, dass dies »niemand« wisse, wie immer wieder zu lesen ist.

Ebenfalls reine Fiktion: »*Tatsächlich destabilisieren die* Credit Default Swaps *die Lage in dem verschuldeten Staat. Denn allein schon durch den Massenkauf der Papiere schießt ihr Preis in die Höhe. Dies sieht dann so aus, als ob sich die reale Lage in Griechenland verschlimmert hätte – was gar nicht unbedingt der Fall sein muss.*«[34]

Allein durch einen »Massenkauf« von CDS – zu dem notwendigerweise ein »Massen*verkauf*« in gleicher Höhe gehören muss – steigt der Preis überhaupt nicht. Es ist wie mit Kfz-Policen: Sie werden teurer, wenn es mehr Verkehrsunfälle gibt – und nicht etwa, wenn mehr Versicherungsverträge abgeschlossen werden. Es gibt keinen Zusammenhang zwischen dem Handelsvolumen und der Richtung der Kursbewegung, ebenso wenig wie bei Aktien. So ist es auch kein Widerspruch, dass die Zahl der CDS auf deutsche Staatsanleihen im Frühjahr 2012 sechsmal höher war als die derjenigen auf griechische. Wäre das nicht Stoff für reißerische Artikel über einen bevorstehenden Spekulantenangriff auf Deutschland? Weit entfernt davon, Verursacher eines Schadens zu sein, erwiesen die Händler und Spekulanten, die als Erste Griechenlands Probleme erkannten und diese Information in die CDS-Kurse einpreisten, der Gesellschaft einen wertvollen Dienst. Ähnlich dem Erlöschen der Kerze im Gärkeller des Winzers waren die steigenden CDS-Preise Ende 2009 das früheste Warnsignal, lange bevor irgendein Staatsmann bereit war, Schwierigkeiten einzugestehen. Doch statt dankbar zu sein, erschießen Politiker lieber den Überbringer der schlechten Nachricht.

33 http://www.dtcc.com/products/derivserv/data_table_i.php?tbid=6
34 »Griechenlandkrise: EU-Kommission startet Jagd auf Eurozocker«, »Spiegel online«, 4.3.2010.

Krisen entstehen daraus, dass die Wirklichkeit anders ist, als viele während des Booms angenommen haben. Sie haben sich getäuscht. Die Krise ist die Desillusionierung. Doch die Rebellen wider die Vernunft möchten gern eine weitere Halluzination ins Spiel bringen, das angebliche Sparen. Aufbegehrt wird gegen ein »Spardiktat«, das nur in der Phantasie existiert; in bemerkenswert gleichlautender Diktion wird landauf, landab vor einem »Kaputtsparen« gewarnt. Das Kuriose: Die Illusion des Sparens wird nur dadurch erzeugt, dass immer wieder vom Sparen geredet wird. Wenn das Reden über das Sparen und das Sparen selbst ein und dasselbe wären, wäre es leicht, reich zu werden. In einer an das Neusprech in Orwells Staat Oceania erinnernden Weise wurde dem Wort »sparen« einfach ein ganz anderer Sinn gegeben. Sparen heißt ja eigentlich: weniger ausgeben, als man einnimmt. Der Sinn, in dem das Wort heute benutzt wird, ist aber ungefähr der: Die Regierung knobelt aus, wie viel neue Schulden sie im nächsten Jahr machen will. Sagen wir, man einigt sich auf 50 Milliarden. Statt gleich zu sagen: »Wir erhöhen die Schulden um 50 Milliarden Euro«, sagt sie: »Wir würden die Schulden gern um 70 Milliarden Euro erhöhen, haben uns aber entschlossen, nur 50 Milliarden Euro neue Schulden zu machen.« In der Presse wird gemeldet, nach zähem Ringen habe man sich auf »Einsparungen« von 20 Milliarden Euro geeinigt. Das ruft Empörung hervor unter denen, die sich stets noch mehr Schulden wünschen: »20 Milliarden? – Potz Blitz!« Schulden in *Billionen*höhe können sie nicht einschüchtern, aber wenn sie das Wort »Milliarden« in einem Satz mit »Einsparungen« lesen, warnen sie vor dem »Kaputtsparen«. Und was wird nicht alles angeblich kaputtgespart! Laut Google u. a.: die Zukunft, Europa, der FC Schalke 04, Bad Nauheim, die ökologische Landwirtschaft, das Theater, Thüringens Bildung, Zürich, der Wetterau-Kreis, die Gemeinde Rommerskirchen, Folkmusik und Kleinkunst in Berlin-Pankow u. v. a. m. Das Wort ist so verbreitet, dass es schon Eingang in den Online-Duden und in eine Online-Konjugiertabelle gefunden hat[35]

35 http://verben.woxikon.de/verbformen/kaputtsparen.php

(Futur II Konjunktiv II: Ich würde kaputtgespart haben, du würdest kaputtgespart haben, er/sie/es würde kaputtgespart haben …). Und der ganze Lärm dreht sich ja, wie gesagt, nur um eingebildetes Sparen. Was wäre wohl los, wenn wirklich gespart würde?

So weit will es *niemand* kommen lassen. Darum schlug EZB-Präsident Draghi schon vier Monate nach dem offiziellen (Lippen-) Bekenntnis zum Sparen (»Fiskalpakt«) einen sogenannten »Wachstumspakt« vor. Wer die Sprache der Eurokraten kennt, weiß, was das bedeutet: mehr Geld ausgeben. Sie würden allerdings niemals einfach nur sagen: »Wir geben von nun an noch mehr Geld aus«, sondern nennen es »Investieren«, obwohl es sich ebenso wenig um Investitionen handelt, wie wenn sich Mario Draghi einen neuen Flachbildfernseher kauft. Den Schuldenfans sollte man einmal folgende Frage stellen: Gibt es für die Billionen Euro, die die Eurostaaten in den nächsten zehn Jahren an Zinsen zahlen werden, keine bessere Verwendungsmöglichkeit? Nur wer auf diese Frage antwortet: »Nein, absolut nicht, das ist das Beste, was man mit Steuergeldern machen kann«, darf weitere Schulden fordern, ohne sich logisch zu widersprechen.

Wie bizarr die Wahrnehmung einiger Zeitgenossen ist, zeigt auch die von SPD-Chef Sigmar Gabriel und anderen erhobene Forderung nach einem »Marshallplan für Südeuropa«. Der Marshallplan war ein 12-Milliarden-Dollar-Programm, verteilt über vier Jahre. Nach heutigem Geldwert entspricht das etwa 75 Milliarden Euro bzw. knapp 20 Milliarden Euro pro Jahr. Die verschiedenen »Eurorettungsschirme« und Griechenlandhilfen überschreiten bereits die Billionengrenze, also mehr als das Zwanzigfache der Summe. Und Südeuropa hat auch keinen Krieg durchgemacht, sondern einen durch einen schier unendlichen Geldfluss verursachten Boom, der tausend Marshallplänen entspricht. Der Unterschied zu einem Krieg könnte kaum größer sein. Die Infrastruktur ist nicht ausgebombt, sondern nagelneu (es gibt höchstens einige Investitionsruinen, wie Flughäfen ohne Passagiere, Sportarenen ohne Sportler und Brücken ins Nirgendwo). Nicht zu wenig, sondern zu viel Geld hat Südeuropa zerstört. Gabriel und einige andere Leute scheinen in einer Art Paralleluniversum zu leben. Denn Sparen müssen in Europa allein die Bürger, während die Staaten sich weiter verschulden und damit den Grundstein dafür legen, ihren Untertanen in Zukunft noch höhere Steuern abzuverlangen.

Wie das Banksystem Boom und Krise produziert

»Viel Geld geht in den Geldhimmel.«
Björgólfur Thor Björgólfsson, Islands erster Milliardär

Das Bedauerlichste an der Debatte über die Banken- und Staatsschuldenkrise ist die völlige Ignoranz gegenüber ihrer eigentlichen Ursache: dem derzeitigen Geld- und Bankensystem. Nicht, dass es Ungenauigkeiten und Irrtümer gäbe, ist zu tadeln. Unverzeihlich ist, dass über dieses Thema konsequent geschwiegen wird. Eine öffentliche Debatte findet schlichtweg nicht statt. Dabei ist es die Funktionsweise der Banken, die Bankenpleite und den Zyklus von Boom und Krise überhaupt erst möglich – und unvermeidlich – macht. Es ist dieses System, das das Rettungsgedöns und die Verbreitung von Panik nach sich zieht. »Wenn wir die Bank nicht retten, verlieren wir alle unser Geld.« Dieser so oder so ähnlich immer wieder zu hörende Satz beschreibt auf eine sehr vage Art, worum es geht: Ein System, bei dem die Banken Geld aus dem Nichts schaffen können, das dann, wenn es wieder ins Nichts zurückgeht, die Einlagen der Sparer vernichtet und eine große Krise heraufbeschwört.

Schauen wir uns an, wie dies vor sich geht, und beginnen mit dem Geld. Was ist Geld? Die Frage scheint leicht zu beantworten. Ein Hundert-Euro-Schein ist Geld, eine Zwei-Euro-Münze auch. Einlagen auf einem Girokonto ebenso? Mit dieser Frage begeben wir uns bereits in die Höhle des Mysteriums, an die Schwelle von Geld und Schein. Laut der Bundesbank ist Geld »das in einer Gesellschaft allgemein anerkannte Tausch- und Zahlungsmittel, das unterschiedliche Geldformen annehmen kann«.[36] Unterschiedliche Formen also, davon wird noch zu reden

36 Bundesbank-Glossar (http://www.bundesbank.de/Navigation/DE/Service/Glossar/Functions/glossar.html?lv2=32032&lv3=62222)

sein. Das Wort »Tauschmittel« erinnert uns daran, dass Geld aus dem Tausch heraus entstanden ist. Die doppelte Koinzidenz, dass zwei Personen jeweils das Gut haben, das die andere begehrt, kommt selten zustande. Zudem lassen sich viele Güter nicht teilen; man kann nicht den tausendsten Teil eines Hauses eintauschen. Darum kamen Menschen früh auf die Idee, im Tausch nicht nur Güter zu akzeptieren, für die sie selbst Verwendung hatten, sondern auch solche, von denen sie wussten, dass ein anderer ihnen dafür das geben würde, was sie benötigten. Einer möchte also beispielsweise Kleidung gegen Nahrung tauschen, akzeptiert aber auch einige besonders schöne Muscheln, weil er jemanden kennt, der ihm für die Muscheln die Nahrung gibt. Aus dem Tauschakt heraus – und nicht etwa auf Geheiß eines Herrschers – entstand so das Geld. Weiter heißt es in der Definition der Bundesbank: »Als Geld bezeichnet man üblicherweise die Verbindlichkeit einer Bank gegenüber einer Nichtbank, also z. B. Bargeld oder eine Einlage.«[37] Was wir Geld nennen, sind also in Wahrheit bloß Forderungen – und damit die Schulden anderer. Wie aber kommt das Geld in die Welt? Und wohin verschwindet es? Geht es nach seinem Ableben tatsächlich in den »Geldhimmel«?

Gehen wir zur Klärung dieser Frage zurück in die Zeit, als Geld noch klingende Münze war. Im Mittelalter – und auch noch lange danach – zirkulierte eine große Zahl minderwertiger Münzen, verschieden nach Provenienz, Maß und Gewicht und darum nur mühsam miteinander vergleich- und verrechenbar. Dieses Durcheinander machte den Beruf des Geldwechslers erforderlich, sein wichtigstes Werkzeug war die Waage. Im 14. und 15. Jahrhundert entstanden in den großen Städten Europas Dependancen der oberitalienischen Banken (denn dort tauchte diese hehre Institution zuerst auf) und hier und da auch ein paar nichtitalienische Bankhäuser. Wo es sie gab, waren sie eine große Erleichterung für den Handel. Indem man sich auf bestimmte Münzen einigte und große Zahlungen nur in Bankgeld vornahm – also durch eine Eintragung im Buch der Bank –, wurde der Zahlungsverkehr wesentlich einfacher und sicherer.[38] Auf den großen Messen gab es darum

37 Ebd.

38 Nicolaus Kopernikus schreibt in seiner Münzdenkschrift von 1526: *»Für die Einführung der Münze hat es nun einen zwingenden Grund gegeben. Zwar könnten nämlich alle Güter gegen entsprechende Ge-*

schon früh Schreiber, die Geschäfte in ein Buch eintrugen, so dass frühestens am Ende der Messe Geld seinen Besitzer wechselte.

Beim Fernhandel vermehren sich noch einmal alle Probleme, die bei der Zahlung mit Münzen auftauchen können; das Risiko von Irrtum, Betrug, Raub oder anderweitigem Verlust war beträchtlich. Gerade hier zeigten sich die Vorteile des bargeldlosen Zahlungsverkehrs. Dazu gab es verschiedene Möglichkeiten. Eine war die der Kompensation. Angenommen, der Kölner Händler A hat aus Mainz 100 Dukaten zu bekommen, der Kölner Händler B muss hingegen 100 Dukaten dorthin zahlen. Statt dass das Gold hin- und hergekarrt wird, geht es auch so: A erhält das Geld von B und gibt ihm dafür eine Anweisung an den Schuldner von A in Mainz, in der dieser aufgefordert wird, das Geld nicht an A, sondern an den Mainzer Gläubiger von B zu zahlen. Auf diese Weise, durch die gegenseitige Aufrechnung von Forderungen, konnten auch überregional oder sogar europaweit Schulden in einer gemeinsamen Bilanz beglichen werden, ohne dass laufend Gold hätte übertragen werden müssen (vorausgesetzt es bestand Klarheit darüber, in welcher Währung die Schuld zu bezahlen war und dass diese Währung sich bis zum Zahltag nicht verändert). So entstand der *Wechsel* bzw. Handelswechsel, ein Umlaufmittel, das kein Geld ist, aber *als Geld fungiert.*[39] Eine andere Möglichkeit bestand darin, dass der Schuldner eine Anweisung an die Bank schrieb, bei der er ein Guthaben hatte. Auch diese Anweisung konnte denselben Dienst tun wie das Geld selbst.

Vom einheitlichen Geld zum Buchgeld – das sich der Empfänger auszahlen lassen konnte, aber nicht musste – war es also gedanklich (und in der Realität) nur ein kleiner Schritt. Die Erfindung lag sozusagen auf

---

wichtsmengen Gold und Silber getauscht werden, weil nach Übereinkunft aller Menschen Gold und Silber überall als wertvoll angesehen werden. Da es aber sehr unbequem war, stets die Prüfgewichte herbeizuschaffen, und weil man auch den Reinheitsgrad des Goldes und Silbers nicht unmittelbar erkennen kann, haben die Menschen beschlossen, Münzen mit allgemeinverbindlichem Zeichen zu prägen, das bezeugen sollte, dass die richtige Gold- oder Silbermenge enthalten ist, und das Vertrauen zur amtlichen Beurkundung wecken sollte.« (Erich Sommerfeld: *Die Geldlehre des Nicolaus Copernicus. Texte, Übersetzungen, Kommentare,* Berlin 2003, S. 49.)

39 »Da Wechsel hauptsächlich in der Kaufmannswelt herumlaufen«, schreibt der englische Ökonom Henry Thornton 1802, »so werden sie von dem übrigen Teil des Publikums wenig bemerkt. Allein der Umlauf vorhandener Wechsel mag dennoch zu jeder Zeit viel größer sein, als alle Arten von Banknoten und alle umlaufenden Guineen zusammengenommen.« (Henry Thornton: *Der Papier-Credit von Großbritannien. Nach seiner Natur und seinen Wirkungen untersucht,* Halle 1803, S. 48) Was wir im Alltag »Geld« nennen, ist nur ein verschwindend geringer Teil der Geldmenge, das gilt heute mehr denn je.

der Hand. Bis hierhin wäre die Evolution des Bankwesens für alle Parteien ein reiner Segen gewesen, der den Handel – und damit die gesamte Wirtschaft – beflügelte. Und so war es auch lange Zeit. Einige Banken wie die Amsterdamsche Wisselbank (die noch für Adam Smith das Beispiel einer Bank schlechthin war) trotzten jahrhundertelang allen Krisen und waren niemals gefährdet. Warum? Weil sie nur Geld verliehen, das sie auch tatsächlich besaßen.[40] Wie Adam Smith schreibt, war in Amsterdam »kein Glauben fester als der, wonach es für jeden Gulden, der als Bankgeld zirkuliert, einen korrespondierenden Gold- oder Silbergulden im Tresor der Bank gibt«.[41] Ihr Geschäft machte die Bank damit, dass die von ihr ausgestellten Zertifikate ein wenig teurer waren als das Gold, das sie repräsentierten, und dadurch, dass sie für vier Prozent borgte und für fünf Prozent verlieh. Sie tat dies *fristenkongruent*; das heißt, dass sie nur dann einen Kredit über eine Laufzeit von einem Jahr vergab, wenn es gleichzeitig einen Kunden gab, der bereit war, der Bank sein Geld für denselben Zeitraum zur Verfügung zu stellen. Ohne dieses auch als »Goldene Bankregel« bekannte Prinzip wäre die 100-Prozent-Deckung der umlaufenden Banknoten nicht zu gewährleisten gewesen. Heutige Banken aber funktionieren ganz anders. Die Fristen*inkongruenz* (*Maturity Mismatch*), das kurzfristige Borgen und langfristige Verleihen, ist das alles beherrschende Geschäftsprinzip, und nur dadurch können Finanzkrisen überhaupt entstehen.

Das Teilreservesystem

Wie hat sich dieses System entwickelt und wem nützt es? Im England des 17. Jahrhunderts konnten Geschäftsleute ihr Vermögen im Tower von London aufbewahren. Da sollte es eigentlich sicher sein, könnte man meinen. Aber Karl I. benötigte 1640 Geld für seinen Krieg gegen

---

40 In Hollands sogenanntem Katastrophenjahr 1672, als England und Frankreich den Vereinigten Niederlanden den Krieg erklärten und ein Mob die beiden Staatslenker Johan und Cornelis de Witt lynchte, wurde die Bank von Bürgern gestürmt, die um ihre Ersparnisse bangten. Doch sie fanden den Goldschatz intakt; sogar die Spuren, die ein großes Feuer im Jahr 1652 hinterlassen hatte, waren auf einigen Münzen noch zu sehen.
41 Adam Smith: *An Inquiry into the Nature and Causes of the Wealth of Nations*, Edinburgh 1843, S.198.

die Schotten. Da er als nicht sehr kreditwürdig galt, konnte er es nicht auftreiben. Sein Ausweg aus der Schuldenkrise: Er beschlagnahmte alles im Tower lagernde Silber und Gold. Nach dieser Erfahrung deponierten die Händler ihr Geld lieber bei Goldschmieden, die dafür Zertifikate ausgaben, ähnlich denen, die man heute erhält, wenn man Kleider in die chemische Reinigung gibt. Der Unterschied zur Wäscherei war, dass viele, die ihr Gold bei den Goldschmieden hinterlegten, keine Veranlassung sahen, es wieder abzuholen, da sich bald herausstellte, dass die von ehrbaren Goldschmieden ausgestellten Zertifikate von vielen Händlern anstandslos anstelle von Münzen akzeptiert wurden und obendrein das bequemere Zahlungsmittel waren. Dass die *goldsmith notes*, wie die Scheine genannt wurden, sich als Zahlungsmittel fest etablierten, kann man daran ablesen, dass zahlreiche vom Parlament verabschiedete Gesetze auf sie Bezug nahmen, und noch im Jahr 1746 waren die meisten Londoner Bankiers Mitglied der Goldsmiths' Company.[42]

Das System konnte natürlich nur deshalb funktionieren, weil es eine einheitliche Goldmünze gab, so dass man sicher wusste, was man für einen solchen Zettel bekommt. Da die Münzen alle gleich waren, war es auch nicht wichtig, exakt dieselbe Münze zurückzubekommen, sondern bloß *denselben* Betrag in *gleicher* Währung (*tantundem* lautet der Fachbegriff). Das wiederum brachte die Goldschmiede auf eine Idee: Würde es nicht reichen, bloß einen *Teil* des Goldes vorrätig zu halten? Schnell hatten sie nämlich bemerkt, dass der größte Teil des Goldes dauerhaft bei ihnen lagerte, so dass die Besitzer es gar nicht bemerken würden, wenn sie ihn gegen Zinsen verliehen. Wenn sie kämen und ihr Gold zurückverlangten, wäre ja immer noch genug da, um sie auszuzahlen.

Das neue Zettelgeld wurde vom Publikum angenommen und ermunterte die Goldschmiede, ihrerseits mit Zinsen um Goldeinlagen zu werben, um das Geschäft zu vergrößern. Bald kam es vor, dass sich jemand statt des Goldes lieber gleich Zertifikate leihen wollte, um seine Rechnungen zu bezahlen. Sollte der Goldschmied das Gold verleihen, es wieder zurücknehmen und dafür ein Zertifikat ausstellen? Vorteil-

---

42 Vgl. William Stanley Jevons: *Money and the Mechanism of Exchange*, London 1876, S. 56.

hafter war es, einfach einen Zettel zu schreiben. Da ihrer Erfahrung nach selten mehr als zehn Prozent des Goldes gleichzeitig abgehoben wurden, reichten hundert Pfund in Gold, um tausend Papierpfund zu verleihen und dafür Zinsen zu kassieren. In Anbetracht dieser profitablen Transaktionen ist es nicht überraschend, dass die Goldschmiede mit ungeheurer Geschwindigkeit reich wurden. Sie waren die ersten, die man »Banker« nannte.[43]

---

43 Wie es damals zuging, beschreibt Roger North, der Sohn des Börsenmaklers und Ökonomen Dudley North (1641—1691). Als Dudley North von einem längeren Aufenthalt in der Türkei nach London zurückkehrte, fand er *»vieles anders vor, als es zu seiner Zeit gewesen war. Fast alle Händler brachten ihr Geld zu den Goldschmieden und zahlten selbst fast nur in Scheinen, so, als wenn alle ihre Handel* in Banco *wären. Er betrachtete dies als eine törichte, aus Faulheit rührende Methode, die anfällig für große Unfälle sei, und konnte sich niemals völlig damit abfinden. Er nämlich hatte einen Lehrling, einen gewissen Fairclough, Sohn eines alten presbyterianischen Wucherers, und ließ alle Zahlungen durch diesen Kassenhalter in seinem eigenen Zahlhaus vornehmen, wie die Kaufleute es zu tun pflegten. Schließlich aber sah auch er sich gezwungen, die Dienste von Benjamin Hinton, einem Mann der Lombard Street, in Anspruch zu nehmen; und indem er auf diese Weise gegen sein Gewissen handelte, wurde er durch den Verlust von ungefähr 50 Pfund bestraft. Aber andere verloren durch diesen Mann große Summen, und sein Ruin sorgte an der Börse für erheblichen Tumult. Ich erinnere mich, wie er* [North; S.F] *einmal nach Hause kam und sich über seinen eigenen hohen Rang wunderte; denn die Bankgoldschmiede waren huldigend zu ihm an die Börse gekommen und hatten um die Ehre gebeten – sie wären stolz, ihm zu dienen usw; all das für nichts anderes, als um sein Geld aufzubewahren. Dieses Drängen verstärkte seine Abneigung gegen diese Praxis. Und als ein Bekannter ihn fragte, wo er sein Geld aufbewahre, antwortete er: Zu Hause, wo sonst? Man wunderte sich über ihn, wie über einen, der sein eigenes Interesse nicht kennt. Aber später in seinem Leben, als er die City verlassen hatte und mehr mit Krediten und Hypotheken handelte als mit Waren, milderte er seine Ansicht und benutzte die Filiale von Sir Francis Child am Temple Bar für die Zahlung aller großen Summen.«* (Roger North: *The Life of the Honourable Sir Dudley North*, London 1744, S.148.) Dudley North selbst bemerkte in einem kurz vor seinem Tod veröffentlichten Buch: *»Der Händler und der Gentleman haben ihr Geld zum größten Teil bei den Goldschmieden und Schreibern; und diese, statt zehntausend Pfund des auf Sicht auszahlbaren Geldes in bar bei sich zu haben, wie es ihre Bücher ausweisen, dass sie es sollten, haben selten mehr als tausend, hängen also von einem Gang des Handels ab, bei dem Geld genauso schnell hereinkommt, wie es abgehoben wird. Woraus ich folgere, dass das eigentliche Geld dieser Nation viel weniger ist, als die öffentliche Meinung es darstellt.«* (Dudley North: *Discourses Upon Trade: Principally Directed to the Cases of the Interest, Coynage, Clipping, Increase of Money*, Baltimore 1907, S. 21.)

Wie sich das Teilreservesystem in der – stark vereinfachten – Bankbilanz darstellt, zeigt das folgende Beispiel.[44] Zuerst die Bilanz, bevor der Goldschmied Inflation betreibt:

Aktiva		**Passiva**	
Gold	£ 50 000	Goldzertifikate	£ 50 000
Aktiva insgesamt	£ 50 000	Passiva insgesamt	£ 50 000

Es sind 50 000 £ in Zertifikaten in Umlauf, ihnen steht eine gleich große Menge an physischem Gold gegenüber, die Reserve. Es gibt eine 100-Prozent-Reserve, alle Zertifikate könnten gleichzeitig in Gold umgetauscht werden. Solange die Zertifikate in Umlauf sind, dient das Gold als Reserve, hat aber keine Geldfunktion. Die Geldmenge bleibt stets konstant – ob in Form von Gold oder Zertifikaten, spielt keine Rolle, da ja immer nur eines von beidem in Umlauf ist: *entweder* das Gold *oder* das entsprechende Zertifikat (wird Gold abgeholt, wird das entsprechende Zertifikat vernichtet; wird Gold eingezahlt, wird ein neues Zertifikat ausgestellt).

Jetzt aber kommt ein revolutionärer Schritt, der alles verändert: Unser Goldschmied, der immer noch Gold im Wert von £ 50 000 als Reserve hält, vergibt ein Darlehen über £ 80 000 – natürlich nicht in Gold (denn so viel hat er ja nicht und kann es auch nicht herstellen), sondern in den Zertifikaten, die er selbst schreibt. Das stellt sich in der Bilanz so dar:

44 Die doppelte Buchführung, bei der jeder Geschäftsvorfall in zwei Konten erfasst wird, wurde mutmaßlich von italienischen Bankiers im 14. Jahrhundert erfunden. Auf der linken, der Aktivseite, steht, wie etwas investiert wurde, auf der rechten, der Passivseite, wo das Geld herkommt. Das Wort »Bilanz« heißt übersetzt »Waage« und drückt aus, dass die linke und die rechte Seite immer gleich groß sein müssen. Auf diese Weise werden Fehler schneller entdeckt als bei der vorher üblichen einfachen Buchführung. In Goethes *Wilhelm Meister* (Erstes Buch, 10. Kap.) heißt es: »Welche Vorteile gewährt die doppelte Buchhaltung dem Kaufmanne! Es ist eine der schönsten Erfindungen des menschlichen Geistes, und ein jeder gute Haushalter sollte sie in seiner Wirtschaft einführen.«

Aktiva		Passiva	
Gold	£ 50 000	Goldzertifikate	£ 130 000
Schuldschein des Kunden	£ 80 000		
Aktiva insgesamt	£ 130 000	Passiva insgesamt	£ 130 000

Durch die Ausgabe ungedeckter Zettel ist aus der *100-Prozent-Reserve* eine *Teilreserve* geworden (in diesem Fall wäre es eine 38-Prozent-Reserve). Die Geldmenge hat sich erhöht. Dies ist eine Veränderung, die das ganze Wirtschaftssystem umkrempelt: Die Geldmenge ist nun nicht mehr fix, sondern elastisch, sie wächst und schrumpft mit der Kreditvergabe des Goldschmieds.

»Unser heutiges Geldsystem basiert ebenfalls auf ungedeckten Zetteln. An die Stelle des Goldes ist das sogenannte Zentralbankgeld getreten, das so heißt, weil nur die Notenbank es schaffen kann.«

Unser heutiges Geldsystem basiert ebenfalls auf ungedeckten Zetteln. An die Stelle des Goldes ist das sogenannte Zentralbankgeld getreten, das so heißt, weil nur die Notenbank es schaffen kann. Es besteht in Bargeld und den Guthaben der Banken bei der Zentralbank. Auf dieser Basis von Zentralbankgeld schaffen Banken Pyramiden (bzw. umgedrehte Pyramiden) aus von ihnen selbst geschaffenem Buchgeld (auch Giralgeld oder Bankgeld genannt). Mit der Kreditvergabe schaffen sie neues Geld. Wenn ein Kunde einen Kredit über 10 000 Euro erhält, schreibt die Bank den Betrag seinem Konto gut, ohne dass sie die Summe auftreiben müsste. Das Geld entsteht aus dem Nichts. Das bedeutet aber nicht, dass es der Bank egal sein könnte, ob der Kredit zurückgezahlt wird, sie im Falle der Nichtrückzahlung keinen Schaden hätte. Denn der Prozess endet an dieser Stelle nicht. Der Kunde will den ihm von der Bank gutgeschriebenen Kredit ja nicht auf seinem Konto lassen. Er hebt ihn ab und tätigt damit einen Kauf. Das Geld fällt also einem Dritten in die Hände, der die Bank jederzeit mit der Forderung nach Zentralbankgeld konfrontieren kann – das ist der Grund, warum Banken Reserven halten müssen. Diese Reserven reichen aber niemals aus, um alle von der Bank gegebenen Versprechungen gleichzeitig zu erfüllen. Teilreserve bedeutet: Nur dann, wenn alles den von den Banken erwarteten Gang geht und immer nur ein winzig kleiner Teil Zentralbankgeld abgerufen wird, kann die Bank ihren Verpflichtungen nachkommen. Wenn etwas Unvorhergesehenes passiert, also etwa viele Kunden gleichzeitig ihr Geld abheben wollen, ist die Bank pleite. So entstehen durch das Teilreservesystem Banken- und Wirtschaftskrisen.

Gleichzeitig führt das Teilreservesystem zu einer stetig wachsenden Geldmenge. Denn was passiert, wenn das von der Bank geschaffene Geld ausgegeben wird und zu einer anderen Bank gelangt? Die Bank behandelt das Geld als eine *neue Einlage*, auf die sie Kredite vergeben kann. Das ist der sogenannte *Geldschöpfungsmultiplikator*.

Ein Beispiel: Nehmen wir an, es wäre Politik der Bank, immer eine 50-Prozent-Reserve zu halten. Bei einer Einlage von 100 Euro kann die Bank 50 Euro als Kredit vergeben. Werden die 50 Euro wieder bei ihr eingezahlt, betrachtet sie dies als neue Einlage und kann ein weiteres Darlehen über 25 Euro vergeben, in einem weiteren Schritt dann 12,50 usw. Auf diese Weise können bei einer 50-Prozent-Reserve aus einem Euro ursprünglicher Einlage *maximal* zwei Euro Bankgeld werden. (In der Realität wäre dieser Wert etwas niedriger als zwei, weil ja auch Bargeld in Umlauf ist.)

Der Geldschöpfungsmultiplikator liegt in diesem Fall also bei zwei.[45] Werden 75 Prozent der Einlagen verliehen, beträgt der Multiplikator vier, werden 90 Prozent verliehen, zehn (der Geldschöpfungsmultipli-

45 Die Formel hierfür lautet in ihrer einfachsten Form (ohne Berücksichtigung des Bargeldumlaufs und gesetzlicher Reserveanforderungen): x = 1:(1-r). Hier ist x der Multiplikator, r die Reserveratio, dargestellt als Dezimalbruch, also 0,5 bei einer 50-Prozent-Reserve. Setzen wir die Zahl ein, kommen wir auf x = 1: (1-0,5), also x = 2.

kator ist also der reziproke Wert der Reserveration). Bei einer 100-Prozent-Reserve (wie im Falle der Amsterdamschen Wisselbank) gäbe es überhaupt keinen Multiplikator, die Geldmenge bliebe konstant. Und was, wenn alle Einlagen verliehen werden, also gar keine Reserve gehalten wird? Dann ist der Multiplikator *unendlich*. Mit einem Pfund, Dollar oder Euro ließe sich dann eine unendlich große Geldmenge schaffen, deren jeweilige Höhe allein von der Umlaufgeschwindigkeit abhinge: Sie wüchse desto rascher, je schneller das verliehene Geld wieder bei der Bank eingezahlt und neu verliehen wird.

Gäbe es für die Bank oder den Goldschmied einen Weg, Darlehen zu vergeben, ohne die Geldmenge zu vergrößern? Natürlich. Die erste Möglichkeit, die in den Sinn kommt, ist, dass er bei den Kunden darum wirbt, dass sie freiwillig für einen bestimmten Zeitraum auf ihr Geld verzichten, der Bankier nur diese freiwilligen Ersparnisse verleiht und sich mit der Zinsdifferenz begnügt. Auch dadurch würde er, wenn er vorsichtig ist und es kein Unglück gibt, sein Kapital vermehren. Er könnte auch einen Partner in sein Geschäft aufnehmen, der Vermögen mitbringt und so das Kapital der Bank vergrößert; die Bank könnte Anleihen oder Aktien emittieren. All dies schafft keine Inflation, denn die gesamte Geldmenge vergrößert sich dadurch nicht. Für jedes Darlehen, das der eine erhält, verzichtet ein anderer bis zur Rückzahlung auf den entsprechenden Konsum.[46]

Beim Teilreservesystem hingegen haben etliche Personen *gleichzeitig* Ansprüche auf ein und denselben Taler, Euro oder Dollar. Die oben genannte »Goldene Bankregel«, wonach kurzfristigen Verbindlichkeiten auch kurzfristig liquide Mittel gegenüberstehen und langfristige Anlagen mit langfristigem Kapital unterlegt sein müssen, wird grundsätzlich missachtet, die Banken arbeiten nach der Methode »kurzfristig borgen,

46 Der verbreitete Glaube, dass eine Bank nur so viel an Krediten vergeben könne, wie sie sich vorher geliehen hat, entsteht daraus, dass die Banken auch im Teilreservesystem etwas Zentralbankgeld brauchen und darum um Spargelder werben. Sie operieren beständig mit beiden Sorten Geld – dem Zentralbankgeld und dem von ihnen selbst geschaffenen Buchgeld –, wobei aber beide voneinander getrennt sind und völlig unterschiedliche Zwecke erfüllen. Das Zentralbankgeld benötigt die Bank zur Auszahlung von Bargeld, für Zahlungen ans Ausland, für Zahlungen an andere Banken, sofern diese keinen Kredit gewähren, und für den Verkehr mit der Zentralbank und das Erfüllen der dortigen Mindestreservepflicht.

langfristig verleihen«. Dadurch erst entstehen Bankenkrisen, bei einer Befolgung der Goldenen Bankregel gäbe es sie nicht. Ursprünglich war das Bankgeschäft ein Handel mit Ersparnissen; »würde dieser Handel in guter Ordnung betrieben, würden die Banken immer nur den Credit verkaufen, welchen sie haben, so würde derselbe ebenso nützlich für das Publikum sein als für die Bankunternehmer«, schrieb der deutsche Statistiker und Volkswirt Otto Hübner 1853:

»Wenn wir demungeachtet die alten Banken, welche sich vom Depositen- und Girogeschäfte entfernten, untergehen sahen, so liegt der Grund eben darin, dass sie jene Regel außer Acht ließen und Credit verkauften, welchen sie selbst nicht hatten. Der Credit, welchen eine Bank geben kann, ohne Gefahr zu laufen, ihre Verbindlichkeiten nicht erfüllen zu können, muss nicht nur im Betrage, sondern auch in der Qualität dem Credite entsprechen, welchen sie genießt.«[47]

Warum machen die Banken das nicht? Weil das jetzige System für sie extrem profitabel war, solange es keine Krise gab. Der Nutzen des Teilreservesystems für die Bank besteht darin, dass die Kunden der Bank *zinslose* Darlehen gewähren. Die Gefahr, die dies für die Bank birgt, ist umso größer, je mehr Konkurrenten sie hat, zu denen das Geld abfließen kann (darum die Tendenz zur Oligopolbildung im Bankgeschäft). Gäbe es nur eine einzige Bank, über die ausnahmslos alle Zahlungen durch Überweisung getätigt würden, und würde ferner niemals Bargeld abgehoben und auch kein Geld ins Ausland überwiesen, dann könnte diese Bank eine unendlich große Menge an Buchgeld schaffen. Sie würde keine Reserve benötigen, da es ja keine Löcher gäbe, durch die Geld aus dem System herausfließen könnte. Sie könnte den Konten ihrer Kunden beliebig hohe Summen gutschreiben und hätte trotzdem nie ein Liquiditätsproblem, da ja alle Zahlungen in dem Geld getätigt würden, das sie selbst schafft.

Anders sieht es aus, wenn es eine Vielzahl an Banken gibt. Offensichtlich wäre es dem Ruf einer Bank abträglich, wenn sie ihren Kunden verbieten würde, Geld an jemanden zu überweisen, der nicht ebenfalls Kunde derselben Bank ist. Dafür aber, dass die fremde Bank ihrem

47 Otto Hübner: *Die Banken*, Bd.1, Leipzig 1853, S.28.

Kunden auf dessen Konto eine Summe gutschreibt, will sie entweder »echtes« Geld sehen (früher: Gold oder Noten der Notenbank, heute: Zentralbankgeld), oder aber sie gewährt der anderen Bank einen Kredit in entsprechender Höhe – und schafft damit Inflationsmöglichkeiten. Der Pfiff hierbei: Da viele Zahlungen zwischen den Kunden der verschiedenen Banken hin- und hergehen, gleichen sie einander zu einem großen Teil aus, so dass nur die Differenz übertragen werden muss, die einen Bruchteil des gesamten Volumens beträgt. Somit lässt sich mit einem überschaubaren Betrag an Zentralbankgeld ein Vielfaches an Buchgeld schaffen, ohne dass eine Bank Pleite geht. Das ist übrigens keine neue Erfindung, sondern wurde schon vor über 200 Jahren beschrieben:

»Es ist unter Bankern zu einer etablierten Praxis geworden, einander nicht vor vier Uhr zur Zahlung aufzufordern; und dann die Belastungen, die jeder gegen die anderen hat, gegenseitig aufzurechnen oder auszutauschen und nur die Differenz zu begleichen; wie groß der Umlauf an Noten auch sein mag, ermöglicht es diese Erfindung nach Aussage des Aufsehers des Clearing-Hauses, mit durchschnittlich 220 000 Pfund in Noten die Bilanz von täglichen Transaktionen im Umfang von 4,7 Millionen Pfund auszugleichen. Dieser Umstand erlaubte es den Bankern, ihren Bestand an Noten deutlich zu reduzieren und diese produktiv in Wechseln und anderen Wertpapieren anzulegen.«[48]

Die potenziellen Geldabflüsse zu anderen Instituten sind noch geringer, wenn sich die Banken bei der Kreditvermehrung abstimmen, also im Gleichschritt inflationieren. Es gebe in Edinburgh fünf oder sechs Banken, schrieb ein gewisser James Pennington 1828, ständig fielen die Noten der einen Bank in die Hände der anderen.

»Würde irgendeine dieser Banken die Menge ihrer Noten in unangemessener Weise ausweiten, würde eine größere Zahl von ihnen in die Hände der benachbarten Banken fallen, und die betreffende Bank müsste bei der wöchentlichen Verrechnung einen größeren Betrag an London-Geld zahlen.« [49]

---

48 Charles Bosanquet: *Practical Observations on the Report of the Bullion-Committee*, London 1810, S. 54.

49 *Paper communicated by Mr. Pennington*, Appendix zu Thomas Tooke: *A Letter to Lord Grenville on*

Darum sei jede dieser Banken ein Hemmnis für die anderen, seien sie alle gezwungen, ihr Geschäft mit Sorgfalt und Umsicht zu führen. In normalen Zeiten sei das kein Problem, da der Buchkredit einer Bank sich nie auf einen Schlag enorm vergrößere, sondern gleichzeitig mit dem der anderen:

»Es geschieht langsam und schrittweise, dass die Bankiers dann, wenn der Kredit hoch steht und die Erwartungen hoch fliegen, unter Bedingungen, die ungewöhnliche Spekulation ermuntern, ihre Zirkulation stark ausweiten; jeder von ihnen davon überzeugt, dass die Wettbewerber in einer solchen Periode denselben Kurs verfolgen, so dass es bei der gegenseitigen Aufrechnung nicht dazu kommt, dass große Summen gezahlt werden müssen.«[50]

Viele Banken hätten nun auch Konten bei der Bank of England, schrieb der englische Ökonom Charles Bosanquet 1810, wo sie, sofern sie dafür sorgen, dass sie immer genug gute Papiere haben, jederzeit innerhalb eines Tages Geld bekommen können.

»Zusätzlich laufen akkreditierte Broker nun stündlich durch die Lombard Street, nehmen das überschüssige Geld des einen Bankers und leihen es einem anderen, in jeder Summe, für einen beliebigen Zeitraum, eine Woche, einen Tag oder auf unbestimmte Zeit, zurückzahlbar auf Verlangen. So fein ist die Waage nun eingestellt, dass unter den größten Parteien des Geldmarktes ein um drei Uhr vergebenes Banknotendarlehen, das um vier Uhr im Clearing-Haus zurückzuzahlen ist, nicht ungewöhnlich oder unwichtig ist. Das Gesagte macht offensichtlich, dass die Bankhäuser in London wie Zisternen sind, die durch kommunizierende Röhren miteinander verbunden sind, so dass der Überschuss der einen sofort seinen Weg zu der nächsten findet.«[51]

Das ist, aus Sicht der Banken, der Normalfall. Am Markt für sehr kurzfristige Kredite (Geldmarkt) können sie sich jederzeit neues Geld besorgen, wenn sie jemanden auszuzahlen haben und gerade nicht über die notwendige Liquidität verfügen. Was aber, wenn eine Bank

---

the Effects Ascribed to the Resumption of Cash Payments on the Value of the Currency, London 1829, S. 121ff.

50 Ebd.

51 Charles Bosanquet: a. a. O., S. 55.

von den anderen Banken keinen Kredit mehr bekommt, weil die ihr nicht trauen? Dann kann eine Bank schnell ruiniert sein. Das ist kein Unglück, sondern ein großer Vorteil, denn die Angst davor ist das Einzige, was der Buchgeldschöpfung eine Grenze setzt und die Bank an übermäßiger Ausweitung des Kredits hindert. Indem Notenbanken und Regierungen immer mehr Vorrichtungen ersonnen und eingesetzt haben, um zu verhindern, dass eine einzelne Bank Pleite macht, haben sie gleichzeitig im gesamten Banksystem die Bremse entfernt.

»Moneyness«: Die große Fata Morgana

Es gehört zu den Charakteristika des Teilreservesystems, dass der eine Geld haben kann, das ein anderer gleichzeitig ebenfalls besitzt. Wie ist das möglich? »Die einzige Antwort auf die Frage nach der Ursache dieser Erscheinung«, sagt Joseph Schumpeter,

»besteht in dem Hinweis darauf, dass es keinen anderen Fall gibt, in dem der Anspruch auf einen Gegenstand innerhalb gewisser Grenzen dem gleichen Zweck dienen kann wie dieser Gegenstand selbst: Auf einem Anspruch auf ein Pferd kann man nicht reiten; mit einem Anspruch auf Geld aber kann man Zahlungen leisten.«[52]

Das schrieb er vor 70 Jahren, lange vor der durch das Ende von Bretton Woods in Gang gesetzten »Finanzrevolution« (ein Sammelbegriff für die Entwicklung immer neuer Finanztechniken), die in den siebziger Jahren begann.[53] Sie hat mit der »Industriellen Revolution« und der »Agrarrevolution« etwas gemein: Ging es in den anderen beiden Fällen darum, Boden, Rohstoffe und Arbeitskraft möglichst effizient einzusetzen, um pro Einheit den größtmöglichen Ertrag zu erzielen, war es das Wesen der »Finanziellen Revolution«, aus einer Einheit offizieller Zahlungsmittel die maximale Zahl an Krediten und anderen Umlaufmitteln zu schaffen. Der Unterschied ist freilich der, dass Geld die einzige Ware ist, deren wirtschaftlicher Nutzen für die Gesellschaft durch Schaffung zusätzlicher Einheiten nicht steigt; jede gegebene Geldmenge erfüllt ihren Zweck, da sich ihr Wert der Nachfrage anpasst: die Güterpreise steigen oder fallen.

Neben den von Schumpeter genannten Ansprüchen auf Geld gibt es Ansprüche auf Ansprüche auf Geld – die Kette ließe sich fortführen.

52 Joseph A. Schumpeter: *Geschichte der ökonomischen Analyse*, Bd. 1, Stuttgart 2009, S. 406.
53 Dies ist ein Thema meines Buches *Die Weltvernichtungsmaschine, a. a. O.*

Auch sie können »innerhalb gewisser Grenzen dem gleichen Zweck dienen wie dieser Gegenstand selbst«. »Innerhalb gewisser Grenzen« deshalb, weil man mit *Asset-Backed Securities* (ABS), *Collateralized Debt Obligations* (CDO) oder Staatsanleihen nicht im Supermarkt bezahlen kann. Ansonsten aber ist Geld das, was als Geld gilt. Ein wichtiges Charakteristikum ist seine Beweglichkeit und Tauschbarkeit – seine Fungibilität. Was bedeutet das? Erinnern wir uns an all die Verbriefungstechniken, von denen wir seit 2007 so viel gehört haben: Forderungen aus Kreditkarten- und Hypothekengeschäften etwa, die in einem »Pool« gesammelt, ähnlich wie bei einem Aktienfonds gestückelt wurden und dem Käufer regelmäßige Zinseinkommen bescheren sollten. Der entscheidende Punkt dabei war: Sie führten dazu, dass alle möglichen Schulden beinahe als bares Geld betrachtet wurden. Und wenn etwas als Geld akzeptiert wird, dann *ist* es Geld. Was ist im Laufe der Geschichte nicht alles Geld gewesen? Vieh, Muscheln, Steine, Tabakblätter, Zigaretten, Felle usw. Das Revolutionäre an dem neuen Finanzsystem war, dass die Banken im Akt des Verleihs nicht nur Geld für den Darlehensnehmer schufen (bis hierhin wäre es die herkömmliche Praxis des Teilreservesystems), sondern den Schuldschein gleich wieder in Zentralbankgeld einlösten! So, wie man früher in den USA und anderen Ländern Gold und Silber zur Münze bringen konnte, um dort Geld prägen zu lassen, so konnten die Banken mit dem Einverständnis und der ausdrücklichen Ermunterung der staatlichen Organe ihre Kreditforderungen zu den Ratingagenturen tragen und dort sozusagen zu Geld münzen lassen.

Kann man sich die Krise vorstellen, die im 19. Jahrhundert ausgebrochen wäre, wenn Gold und Silber über Nacht ihren Wert verloren hätten? Das passiert aber nicht, da es immer eine gewisse Nachfrage nach diesen Metallen gibt und sie – anders als unser Geld und unsere »Wert«-Papiere – nicht von irgendjemandes Bonität abhängen. Auch die Krisen des 19. Jahrhunderts entstanden daraus, dass Geldsubstitute wie etwa Handelswechsel plötzlich ihren Geldcharakter einbüßten, weil sie – bedingt durch reale Ereignisse oder eine veränderte Risikowahrnehmung – als nicht mehr sicher galten und darum von einem Tag auf den anderen nicht mehr an Geldes statt akzeptiert wurden.

Die Krise von 2008, schrieb der scharfsinnige Kreditblasenbeobachter Doug Noland einmal in seinem wöchentlich im Internet erscheinenden *Credit Bubble Bulletin*, resultierte daraus, dass viele von der Wall Street geschaffenen Papiere ihre »Moneyness« einbüßten. »Als die Hypothekenfinanzierungsblase platzte, stellte der Markt rasch die Kreditwürdigkeit und das Liquiditätsprofil von Billionen von Schuldeninstrumenten in Frage.«[54] Das gleiche Phänomen begegnet uns in der Staatsschuldenkrise: Eben noch galten Staatsanleihen als ausfallsicher und waren so gut wie bares Geld – jetzt sind sie es nicht mehr. Sie haben ihre »Moneyness«, ihre Geldgleichheit, eingebüßt. Die Illusion ist verschwunden. Ein Kind, das einmal den Glauben an den Weihnachtsmann verloren hat, kann ihn nicht mehr wiedererlangen. Ist das tragisch? Ganz und gar nicht. Im Falle der jetzigen Schuldenkrise ist das Übel nicht der Verlust der Illusion, sondern dass es diese Illusion überhaupt gab, ausgelöst durch die größte Kreditexpansion der Geschichte. Die Wahrheit ist: In einer Gesellschaft können stets einige mehr konsumieren als sie produzieren, aber die Gesellschaft als Ganze kann das nicht. Inflation kann einige reicher machen auf Kosten anderer, aber sie führt nicht zu zusätzlichem Wohlstand. Jahrelang schien es, als würden die Naturgesetze nicht gelten – aber sie tun es eben doch. Die Federal Reserve und die Europäische Zentralbank wollen den Glauben an den Weihnachtsmann wiederherstellen. Aber selbst wenn ihnen das gelänge, würde das noch lange nicht heißen, dass er auch kommt.

54 Doug Noland: »Money and the European Credit Crisis«, »Credit Bubble Bulletin«, 28.10.2011 (http://www.prudentbear.com/index.php/creditbubblebulletinview?art_id=10589)

Der *Bank Run*, gestern und heute

Hat sich das Teilreservesystem einmal etabliert, versucht jede Bank, *möglichst geringe* Reserven zu halten, da diese keinen Ertrag erbringen. Früher verfügte das Publikum über ein sehr demokratisches Instrument, die Solidität einer Bank periodischen Tests zu unterziehen: den *Bank Run*. Man kann auf alten Fotos sehen, wie hunderte oder tausende Menschen sich vor den Türen einer Bank versammeln, weil sie ihre Ersparnisse von einem plötzlich in Verruf geratenen Kreditinstitut abheben wollen. Oft läutete der *Bank Run* das Ende für die jeweilige Bank ein; denn wenn eine Bank nur über eine, sagen wir: 10-Prozent-Reserve verfügt (heutzutage halten die Banken viel weniger), kommt sie in Schwierigkeiten, wenn plötzlich eine weitaus größere Zahl der Kunden die Sichtguthaben auf ihren Girokonten gegen Bargeld einlösen will. Im Teilreservesystem sind die Banken eigentlich permanent bankrott, und der Ansturm besorgter Kunden bringt dies bloß an den Tag. Die englischen Goldschmiede erlebten den ersten *Bank Run* im Jahr 1667, während des Englisch-Niederländischen Krieges (1665–1667). Als die niederländische Flotte einen tollkühnen Vorstoß in die Unterläufe der Themse und des Flusses Medway unternahm und dabei etliche englische Schiffe zerstörte, kam es in London zur Panik. Ein Zeitgenosse schrieb: »*Es herrschte damals unter den Leuten ein allgemeiner Argwohn vor, dass das Schatzamt bei dieser Gelegenheit einen plötzlichen Zahlungsstopp verkünden könnte, und daraufhin wurden die Banker mit dringenden Ersuchen nach schneller Auszahlung der Schulden überschüttet. Um diese Befürchtungen zu beruhigen, hat man dem König geraten, kraft seiner Erklärung die Unverletzlichkeit der Zahlungen zu bewahren, was dann auch geschah.*«[55]

55 Thomas Turner: *The Case of the Bankers and their Creditors*, London 1675, S. 67.

Plakat für ein Broadwaymelodram mit dem Titel »The War of Wealth« (»Der Krieg des Vermögens«) von Charles Dazey aus dem Jahr 1895. Inspiriert wurde der Autor von der Bankenkrise 1893, die auf den Zusammenbruch des Eisenbahnbooms folgte.

Wir kennen solche Versprechen – auch damals war es die Tinte nicht wert, mit der es geschrieben war, wie sich bald zeigte.[56]

Ende 2007 gab es in Großbritannien den jüngsten *Bank Run*, innerhalb von drei Tagen hoben besorgte Kunden von Northern Rock drei Milliarden Euro von ihren Konten ab, nachdem Gerüchte über die bevorstehende Pleite die Runde gemacht hatten. Solche Fälle sind aber seltene Ausnahmen geworden. Warum? Weil hinter den Banken der Staat steht. Im Notfall können die Notenbanken mit ihrer Macht in unbegrenzter Menge Geld zu drucken, schlingernde Kreditinstitute mit Liquidität versorgen. Da es zudem eine staatliche Einlagensicherung gibt, die den Kunden die Sicherheit ihrer Ersparnisse garantiert, haben diese auch in stürmischen Zeiten keine Veranlassung, ihr Geld abzuheben. Diese Sicherheit hat aber auf lange Sicht einen hohen Preis, und wir, die wir im frühen 21. Jahrhundert leben, zahlen ihn gerade. Denn durch die staatliche Garantie verloren die Banken den einzigen Anreiz, die von ihnen betriebene Inflation im Zaum zu halten. Mit der Zeit geriet überhaupt in Vergessenheit, dass das Teilreservesystem der Banken diese anfällig für Krisen macht. Wenn die Sparer so fest an die staatlich garantierte Solidität der Banken glauben, dass sie selbst bei Krisen an den Finanzmärkten nicht auf die Idee kommen, ihr Geld vom Konto

56 Fünf Jahre später erklärte der König »widerstrebend« und nur von Sorge um das »öffentliche Interesse« getrieben den Bankrott. Eine Wirtschaftskrise war die Folge, und noch Anfang des 18. Jahrhunderts stritten die Goldschmiede vergeblich um Rückzahlung der noch ausstehenden Schulden.

abzuheben, was könnte den Instituten dann überhaupt passieren? Der Bank Run schien so ausgestorben zu sein wie der Wisent oder der Auerochs. Doch wie ein stürmisches Tiefdruckgebiet von Island kommend, wurde er in Europa wieder heimisch. Islands kurze Boomepisode und der folgende Absturz haben deshalb so großes Interesse auf sich gezogen, weil sie paradigmatisch sind für das inflationäre Intermezzo, das auf die »Dot-Com«-Krise (die Rezession nach dem Platzen der Börsenblase im Jahr 2000) folgte und 2007/2008 jäh beendet wurde. Jahrelang hatten die isländischen Banken Glitnir, Landsbanki und Kaupthing mit relativ hohen Zinsen Gelder aus aller Welt angelockt, vor allem aus Großbritannien. Zusätzlich hatten sie zu Niedrigzinsen in Fremdwährungen Kredite aufgenommen und über diese in der Regel kurzfristigen Darlehen langfristige Projekte im Immobiliensektor und in Islands Aluminiumindustrie finanziert. Risiken schien es nicht zu geben, da die isländische Notenbank den Banken 2001 eine förmliche Garantie gegeben hatte. Weil die Geldinstitute so schnell wuchsen, dass es an Personal fehlte, wurden in Island selbst Fischer zu Investmentbankern.

Als der Wert der Isländischen Krone fiel und die Quellen kurzfristiger Kredite austrockneten, hatte Islands Bankensektor ein großes Problem. Anfang Oktober 2008 verstaatlichte Island die Glitnir-Bank, daraufhin gab es einen von Großbritannien seinen Anfang nehmenden Ansturm auf Islands zweitgrößte Bank Landsbanki. Landsbanki schloß als Erstes den virtuellen Schalter, 300 000 Kunden konnten über das Onlinebanking (»Icesave«) ihre Konten nicht mehr erreichen. Aus Angst vor einem großen Verlust für britische Sparer und Kommunen, die ebenfalls Geld in Island hatten, fror die britische Regierung im Gegenzug unter Anwendung von Antiterrorgesetzen Vermögenswerte von Landsbanki ein, wodurch der Kapitalverkehr von und nach Island praktisch abgeschnitten wurde. Die Isländische Krone verlor bis Ende November gegenüber dem Britischen Pfund 60 Prozent ihres Werts. Auch die anderen isländischen Banken wurden verstaatlicht, und ohne Hilfe des IWF und einiger skandinavischer Länder hätte es in Island wohl eine Hungersnot gegeben.

Hätten Islands Banken fristenkongruent verliehen (also langfristige Darlehen auch mit langfristig verfügbaren Mitteln finanziert) und sich nicht in Fremdwährungen verschuldet, hätte es die Krise nicht gegeben. Die Staatsgarantie war auch hier der Anfang allen Übels, denn ohne sie hätten die Banken niemals so viele Geldgeber finden können.

»Betroffen sind solche Länder, in denen die öffentlichen und privaten Schulden im Verhältnis zur Wirtschaftskraft so groß sind, dass die Sparer und Investoren nicht mehr davon überzeugt sind, dass der Staat in der Lage sein wird, den Banksektor zu stützen.«

Als Nächstes war Irland an der Reihe, das einem ähnlichen Drehbuch gefolgt war und ebenfalls einen völlig überdimensionierten Finanzsektor besaß. Im Januar 2009 musste die Anglo Irish Bank verstaatlicht werden, nachdem besorgte Ausländer massenhaft Einlagen abgezogen hatten. »Das ist ein Alptraumszenario für die Regierung«, wurde ein Professor für Finanzwirtschaft am Trinity College Dublin in einer Zeitung zitiert, »sie kann weitere Abhebungen nicht verhindern, wenn wir nicht die Grenze schließen und zu einem Kuba werden wollen.«[57] Island erhielt Hilfe vom Internationalen Währungsfonds, Irland hängt bis heute am Tropf der EU, von der es schon über 100 Milliarden Euro bekommen hat. Dass das Land, wie von der Regierung geplant, schon im Jahr 2013 wieder eigene Anleihen wird emittieren können, ist unwahrscheinlich.

Ab dem Frühjahr 2009 hielt eine trügerische Ruhe an den Finanzmärkten Einzug, bis Anfang 2010. Mit der Eurokrise kehrt der *Bank Run* zurück, und zwar auf einer höheren Stufe – als Run auf das ganze Banksystem einiger Länder. Betroffen sind diejenigen, in denen die öffentlichen und privaten Schulden im Verhältnis zur Wirtschaftskraft so

57 »Sunday Times«, 19.1.2009.

groß sind, dass die Sparer und Investoren nicht mehr davon überzeugt sind, dass der Staat in der Lage sein wird, den Banksektor zu stützen. Die Staatsschuldenkrise ist also gleichzeitig eine Bankenkrise. Die Banken halten riesige Mengen an Staatsanleihen, die sie freiwillig oder auf Druck der Regierungen gekauft haben. Wenn, wie es seit Mitte 2010 der Fall ist, Spareinlagen aus den fragilen Staaten herausfließen – der virtuelle Bank Run–, müssen die Banken einen Teil ihrer Staatsanleihen verkaufen, um solvent zu bleiben. Die Zinsen, die der Staat zahlen muss, steigen, was als Alarmsignal gesehen wird und zu einem weiteren Abfluss von Geld führt – ein Teufelskreis. Es waren zuerst die Kunden südeuropäischer Banken, die Gelder von den Konten abzogen und in weniger verschuldete Länder wie Deutschland transferierten. Hierzulande erfreuen sich Staat und Unternehmen an günstigen Zinsen, die niedrigen Refinanzierungskosten sind ein wichtiger Grund für das relativ starke Wachstum der Industrie, des Handels und des Immobilienmarkts in Deutschland. Hier ist es leicht, einen Kredit zu bekommen. Das umgekehrte Bild in Südeuropa: *»Die Zentralbanken in Portugal und Spanien sahen sich bereits veranlasst, Banken Strafen aufzubürden, wenn sie allzu aggressiv auf der Jagd nach Kundengeldern waren. Vor allem multinationale Unternehmen sind bestrebt, ihre Einlagen in den hoch verschuldeten Ländern möglichst niedrig zu halten. Vodafone Group Plc, die weltgrößte Mobiltelefongesellschaft, transferiert jeden Abend Gelder aus Griechenland nach Großbritannien, wie Finanzvorstand Andy Halford berichtete. Der britische Pharmakonzern Glaxo Smith Kline begann bereits Anfang vergangenen Jahres, liquide Mittel von den meisten Banken in der Eurozone heimzuholen und in die Vereinigten Staaten zu überweisen.«*[58]

Das ist die neue Form des *Bank Runs*: Geldabflüsse aus der Peripherie in den Hafen. »Peripherie« ist dabei gleichbedeutend mit Ländern mit negativer Handelsbilanz, die das Problem verschärft. Wenn ein Land Tag für Tag durch Handel – oder die Rückzahlung von Krediten – Geld ans Ausland verliert, muss gleichzeitig auf andere Weise Geld zurückströmen – etwa durch Investitionen oder neue Kredite –, damit die Geldmenge nicht sinkt. Ab 2008 aber haben deutsche und französische Banken ihre

58 »Geldflüsse nach Deutschland. In der Peripherie verringern sich die Bankeinlagen«, »FAZ«, 25.2.2012.

Engagements in südeuropäischen Ländern nicht mehr vergrößert, sondern verringert. Seit der Eskalation der griechischen Staatsschulden- und Bankenkrise sind etwa die Einlagen der griechischen Geldinstitute um 70 Milliarden Euro zurückgegangen, von 294 Milliarden Euro im Juni 2010 auf 220 Milliarden im März 2012.[59] Das griechische Bankensystem ist bankrott, das spanische könnte folgen. So erklären sich auch die immer weiter wachsenden Ungleichgewichte im Zahlungssystem *Target-2*. Dies ist der Echtzeit-Clearingmechanismus der EZB, in dem die nationalen Notenbanken ihre wechselseitigen Forderungen gegeneinander aufrechnen. Wenn z.B. ein griechischer Händler eine Ware in Deutschland bezahlt, überweist seine Bank das Geld an die griechische Notenbank, welche es an die Bundesbank weiterleitet, die dann der Bank des deutschen Händlers den Betrag gutschreibt. *Target-2* misst, was die nationalen Notenbanken der EZB schulden. Da es nicht die Aufgabe der EZB ist, Länder mit Geld zu versorgen, sollte dieser Wert normalerweise immer nahe null sein. So war es bis Mitte 2010, nicht etwa, weil die Handelsbilanzen ausgeglichen gewesen wären, sondern weil den Handelsbilanzdefiziten Griechenlands, Spaniens, Portugals und Italiens ähnlich hohe Investitionen und Kredite aus den Überschussländern Deutschland, Frankreich und den Niederlanden gegenüberstanden. Mit der Krise haben sich die Geldströme umgekehrt, und zu der immer schon negativen Außenhandelsbilanz Griechenlands, Italiens, Spaniens und Portugals kommt seither eine negative Kapitalverkehrsbilanz: Auf die Geldflut folgt die Ebbe, das Geld zieht sich zurück.

»In den Peripherieländern«, erklärt die Bundesbank, »wurden die ausbleibenden privatwirtschaftlichen Finanzierungsströme weitgehend durch die Inanspruchnahme von Refinanzierungskrediten bei den nationalen Notenbanken ersetzt.«[60] Was bedeutet das bezogen auf unseren griechischen Händler? Er hat das Geld – das Bankgeld – auf seinem Konto, anderenfalls könnte er ja nichts kaufen. Die Bank würde sich in diesem Fall weigern, die Überweisung auszuführen (es sei denn, es besteht eine Kreditvereinbarung). Nun tritt aber der folgende Fall ein: Der

---

59 Quelle: Bank of Greece (http://www.bankofgreece.gr/Pages/en/Statistics/monetary/deposits.aspx).
60 Monatsbericht der Bundesbank, März 2012, S. 28.

Inhaber eines griechischen Kontos hat ein Bankguthaben. Dafür bestellt er Waren in Deutschland und vermutet gar nicht, dass er dadurch eine Bankenkrise auslösen könnte. Doch die Bank hat ein Problem: Sie verfügt nicht über den entsprechenden Betrag an Zentralbankgeld. Wenn ihr niemand etwas leiht, ist die Stunde gekommen, wo sie den Offenbarungseid leisten muss und zugeben, dass sie die ganze Zeit falsch gespielt hat. Hier kommt *Target-2* ins Spiel. Die Bank wendet sich an die griechische Notenbank und bittet sie um Zentralbankgeld; sie bekommt es und hinterlegt im Gegenzug Sicherheiten (bzw. »Sicherheiten«), also Anleihen oder andere Forderungen. Was passiert weiter?

»Das so entstandene Zentralbankgeld floss über das Zahlungsverkehrssystem Target-2 *aus diesen Ländern – unter anderem nach Deutschland – ab. Im Ergebnis sind die* Target-2-*Forderungen der Bundesbank gegenüber der Europäischen Zentralbank erheblich gestiegen ... Damit ›ersetzte‹ dieser Kapitalexport via* Target-2 *in der Krise mehr und mehr die privaten Netto-Kapitalexporte.«*[61]

Was der Aufbau dieser Salden mittelfristig bzw. im Falle eines Zusammenbruchs des Euros bedeutet, darüber wird in der Fachwelt gestritten. Angestoßen wurde die Debatte von Hans-Werner Sinn und Timo Wollmershäuser vom Münchener IFO-Institut, die im Frühjahr 2011 den »Rettungsschirm der EZB« angeprangert und auf die Risiken für den größten Gläubiger, die Bundesbank, hingewiesen haben. *»Wenn, was wir für unwahrscheinlich halten, aber doch viele befürchten, die GIPS-Länder (Griechenland, Irland, Portugal, Spanien, d. Verf.) zahlungsunfähig werden sollten, werden auch die Sicherheiten, die ihre Notenbanken annahmen, nicht mehr viel wert sein, zumal sie zu großen Teilen aus Staatspapieren bestehen. Die Bundesrepublik Deutschland träfe dann ein Verlust von etwa einem Drittel.«*[62]

Mitte 2012 bezifferte die Bundesbank das Gesamtvolumen ihrer Nettoforderungen innerhalb des Eurosystems (inklusive *Target-2*) auf 657 Milliarden Euro, gegenüber 190 Milliarden im Jahr 2009.[63]

---

61 Monatsbericht der Bundesbank, März 2012, S. 28.
62 »Target-Kredite, Leistungsbilanzsalden und Kapitalverkehr: Der Rettungsschirm der EZB«, IFO Working Paper No. 105, 24. Juni 2011, S. 2
63 Monatsbericht der Bundesbank, Mai 2012.

Wie bei allen Bankenkrisen entsteht das Problem daraus, dass im Teilreservesystem die Banken inhärent bankrott sind, was lange Zeit ignoriert werden kann, aber ans Licht kommt, wenn sie plötzlich mit Forderungen nach Zentralbankgeld konfrontiert werden, das sie nicht haben. Im 19. Jahrhundert und während der großen Bankenkrisen von 1907 und in den 1930er Jahren waren es die Barabhebungen, die die Zahlungsunfähigkeit der Banken aufdeckten. Die spielten im Fall der Schuldenkrise Südeuropas zunächst nur eine untergeordnete Rolle (erst im Frühjahr 2012 berichteten Zeitungen über griechische Sparer, die ihre Konten räumten, so als hätten alle auf ein Signal dazu gewartet. Jeden Tag verlören die Kreditinstitute des Landes eine Milliarde Euro, meldete die griechische Notenbank). Bis zu dieser Zuspitzung waren die Geldabflüsse ins Ausland die größte Belastung der Banken gewesen. Auch dies ist ein originäres Problem des Teilreservesystems. Gäbe es nur eine Sorte Geld, würde ein chronisches Handelsdefizit dazu führen, dass auf den Konten der Bürger des Defizitlandes irgendwann kein Geld mehr wäre und sie ihre Käufe einstellen müssen, bis sie ihren Geldvorrat wieder aufgefüllt haben. Hat man aber eine auf dem Teilreservesystem basierende Währungsunion, die immer noch in nationale Einheiten mit nationalen Banken und Notenbanken fragmentiert ist, führen die dann unvermeidlichen Abflüsse von Zentralbankgeld aus den Defizitländern dort zu einer schrumpfenden Basis von Zentralbankgeld, d. h. einem immer ungünstigeren Verhältnis von Zentralbankgeld und Buchgeld. Die Konten der Bürger können dann gut gefüllt sein (mit dem von den nationalen Banken geschaffenen Buchgeld) und die Banken trotzdem kein Zentralbankgeld mehr besitzen. Dies hat Konsequenzen. Die dortigen Banken müssen ihrerseits die Kreditvergabe verknappen (was die Wirtschaft beeinträchtigt), gleichzeitig droht ihnen durch von Kunden vorgenommene Überweisungen ins Ausland der Bankrott.

Darum wird nun die »Bankenunion« ins Gespräch gebracht. Was heißt das? Man stelle sich vor, der ganze Euroraum wäre, was Bankengesetzgebung, Bankenaufsicht und die Banken selbst betrifft, ebenso homogen wie Deutschland. Die nationalen Notenbanken wären abgeschafft. Dann wäre ein Handelsdefizit Griechenlands gegenüber

Deutschland ebenso unproblematisch, wie wenn ein deutsches Bundesland, ein Kreis oder eine Stadt eine negative Handelsbilanz hat. Theoretisch könnte man ja für jede einzelne Person eine Handelsbilanz erstellen. Würde man die Handelsbilanz zwischen Ost- und Westdeutschland oder zwischen Nord- und Süddeutschland berechnen, käme dabei natürlich heraus, dass der Osten gegenüber dem Westen ein permanentes Defizit hat, ebenso wie der Norden gegenüber dem produktiveren Süden. Das wird nicht berechnet, weil es niemanden interessiert. Warum kann aus den Defiziten keine Bankenkrise entstehen? Weil in allen Teilen Deutschlands dieselben Kreditinstitute tätig sind und es gleichzeitig aufgrund der Gesetzgebung innerhalb Deutschlands einen permanenten Wohlstandstransfer von West nach Ost und von Süd nach Nord gibt.

Das soll es nach dem Willen einiger europäischer Politiker zukünftig auch in Europa geben. Die Frage, über die sich die Euroretter den Kopf zerbrechen, lautet: Wie kann man dafür sorgen, dass das nach Deutschland strömende Geld zurück in die Krisenstaaten fließt oder zumindest die Mittelabflüsse aus diesen Ländern gestoppt werden? Eine gemeinsame Einlagensicherung, so die Idee, könnte dies bewirken. Wenn Geld in Spanien genauso sicher wäre wie in Deutschland, gäbe es keinen Anreiz mehr, es von dort nach hier zu transferieren. Dann könnten die dortigen Banken wieder mehr Kredite vergeben und Staatsanleihen kaufen, die Krise wäre nur noch halb so schlimm. Ein historischer Präzedenzfall scheint diese Ansicht zu unterstützen: In den USA gab es Anfang 1933 eine Bankenpanik, die durch die Einrichtung der staatlichen Einlagensicherung beendet wurde. Die heutige Situation in Europa unterscheidet sich aber von der damaligen der Vereinigten Staaten: Seinerzeit hatte der Staat so gut wie keine Schulden, und die Verbindlichkeiten der Banken waren im Verhältnis zur Wirtschaftskraft des Landes relativ gering. Heute ist das Gegenteil der Fall, der bereits überschuldete Staat droht sich an den Banken einen Bruch zu heben. Zudem war in den USA seit dem Ende des Bürgerkriegs klar, dass die staatliche Einheit niemals aufgehoben werden würde. Da Europa aber keine Tradition gemeinsamer Staatlichkeit hat, ist es immer möglich, dass eine auf die Schnelle zusammengeschusterte Union wieder zerbricht. Endet die Währungsunion, wird Geld auf deutschen Konten wieder zu D-Mark, Geld in Spanien zu Peseten. Im einen Fall würde es voraussichtlich an Wert gewinnen, im anderen verlieren. Darum wird eine gemeinsame Einlagensicherung den gewünschten Effekt, die Geldflüsse nach Deutschland zu stoppen, wahrscheinlich nicht bewirken. Dafür könnte eine unerwünschte Nebenwirkung auftreten. Wenn der Eindruck entsteht, dass Geld auch in Deutschland nicht mehr sicher ist, weil die kumulierten Risiken für die Schultern des Staates einfach zu groß sind, würde es ganz aus der Europäischen Währungsunion abgezogen werden. Das Kernproblem der gemeinsamen Währung – die Inkompatibilität von Teilreservesystem und Währungsunion – erfordert immer größere Anstrengungen zu ihrem Erhalt.

Deflation, Inflation und Reflation

Über kaum einen anderen Aspekt der Krise gibt es so viel Verwirrung wie über die Deflation und ihr Verhältnis zur Inflation. Man begreift beide Phänomene leicht, wenn man sich ihnen etymologisch nähert. Im Englischen etwa heißt *inflation* nicht nur »Inflation«, sondern bezeichnet auch den Vorgang des Aufpumpens, etwa eines Luftballons. Das englische Wort *deflation* wird nicht nur im Sinne unseres Begriffs »Deflation« benutzt, sondern auch für das Herauslassen der Luft aus einem Ballon: *to deflate a balloon*. Man kann keine Luft aus einem Ballon herauslassen, wenn man ihn nicht zuvor aufgeblasen hat. Ebenso kann es unmöglich Deflation geben, wenn ihr nicht Inflation vorangegangen ist. Inflation ist dann gegeben, wenn Banken die Menge der Umlaufmittel vergrößern, also mehr Kredite vergeben und so neues Geld aus dem Nichts schaffen. Deflation existiert, wenn diese Menge schrumpft. In Ursache und Wirkung völlig verschieden ist das Phänomen fallender Güterpreise als natürliche Folge der *steigenden Produktivität*. Leider hat es sich eingebürgert, auch dies als »Deflation« zu bezeichnen, wodurch große Verwirrung entsteht.

Inflation gäbe es nicht, wenn Banken deshalb mehr Kredite vergeben, weil die freiwilligen Ersparnisse gewachsen sind. Wenn jemand sich entscheidet, einen bestimmten Geldbetrag für einen bestimmten Zeitraum zu verleihen, verzichtet er damit ausdrücklich darauf, ihn selbst zu verwenden. Er wird mit dem Geld weder Kapitalgüter kaufen noch es zum eigenen Konsum verwenden. Erst dann, wenn das Darlehen zurückgezahlt sein wird, wird er von den Ressourcen, die das Geld bezeichnet, wieder Gebrauch machen. In diesem Fall entsteht bei der

Kreditvergabe kein neues Geld, und bei der Kreditrückzahlung wird keines vernichtet.[64]

Im Teilreservesystem ist die Situation anders: Die Banken schaffen durch einen Eintrag in den Computer neue Ansprüche, ohne dass andere ihre Ansprüche auf die ihnen zustehende Gütermenge abgeben und ohne dass neue Güter geschaffen würden. Sie schaffen aus dem Nichts Geld. Da mit dem neuen Geld nicht gleichzeitig mehr Güter produziert werden, steigen tendenziell die Preise. Die, die das neue Geld erhalten, bevor die Anpassung der Preise an die größere Geldmenge abgeschlossen ist, werden, wenn sie merken, dass die alten Preise zu niedrig sind, versuchen, ihren Vorteil zu nutzen. Sie werden sich beeilen, Güter zu kaufen, bevor die Preise steigen, oder werden sogar für die Zukunft geplante Käufe vorziehen. Daraus entsteht das für den Inflationsschub typische konjunkturelle Strohfeuer. Es erlischt spätestens, sobald die Preise quer durch alle Branchen gestiegen sind. Angesichts der höheren Preise werden viele Konsumenten weniger Geld ausgeben als zuvor. Das ist aber nur der erste Teil des Prozesses. Der zweite, komplementäre, ist der: Das Geistergeld, das nie einen legitimen Besitzer gehabt hat, verschwindet wieder, in dem Moment, wenn der Kredit zurückgezahlt wird. Unter normalen Umständen wird die Bank sofort einen neuen Kredit vergeben. Tut sie das aber nicht, schrumpft die Geldmenge um die betreffende Summe, Geld ist vernichtet worden. Die Rückzahlung (oder, im Falle einer Krise: die Abschreibung) von Schulden ist also die primäre Ursache einer Deflation. Je größer die Schulden im Verhältnis zur Gesamtwirtschaft, desto größer das Deflationspotenzial. Die Preise, die während des inflationären Booms als Reaktion auf die größere Geldmenge gestiegen waren, fallen.[65] Bis sich neue Austauschverhältnisse etabliert haben, dauert es einige Monate.

Diese Interimsperiode wird von Politikern und den herrschenden keynesianischen Meinungsmachern als Krise wahrgenommen. Deren

64 Das Wort »Geldvernichtung« ist keine Polemik, sondern der Fachbegriff; das Gegenteil der Geldvernichtung ist die Geldschöpfung.

65 Aus Sicht der Verbraucher gibt es keinen Grund, darüber zu klagen, es bedeutet ja, dass ihr Geld, das vorher an Wert verloren hat, wieder an Wert gewinnt. Es ist darum eine besondere Absurdität, wenn Notenbanken versuchen, diesen Prozess aufzuhalten und etwa durch Inflation die Immobilienpreise auf einer bestimmten nominalen Höhe »stabilisieren« zu wollen.

Ursache sehen sie nicht in der vorangegangenen Inflation, welche die Ungleichgewichte überhaupt erst geschaffen hat, die nun korrigiert werden. Sie sehen sie auch nicht woanders. Die Wahrheit ist, dass sie überhaupt keine Theorie des Konjunkturzyklus besitzen. Sie lesen bloß ihre Statistiken und fordern roboterhaft immer niedrigere Zinsen, »Konjunkturprogramme«, kurz: mehr Geld. Mit einer fast hundertprozentigen Wahrscheinlichkeit bekommen sie ihren Willen. Das nun folgende *Reflationieren* setzt einen Teufelskreis in Gang, der sich so beschreiben lässt: Die Inflation führt, wie erklärt, zur Deflation; statt diese abzuwarten, reagieren die Notenbanken, indem sie eine noch größere Inflation initiieren und Blasen bilden. Wenn diese Blasen platzen, tritt eine wiederum größere Deflation ein, die nach Meinung der Notenbanken eine noch extremere Inflation erfordert usw. Die Ausschläge zu beiden Seiten werden immer größer, der eingeschlagene Weg führt zur Katastrophe. Das ist genau das, was wir in den letzten 15 Jahren erlebt haben. Es gibt nur zwei Möglichkeiten, wie das enden kann: Entweder die Notenbanken akzeptieren irgendwann die Deflation (die ja nur ein Durchgangsstadium zu einer stabilen, gesunden Wirtschaft ist), oder sie bekämpfen sie blindwütig und lösen irgendwann eine Hyperinflation aus. Anders geht es nicht, denn da die Deflation die natürliche Folge der Inflation ist, ist sie unvermeidbar, sobald man sich auf den Pfad der Inflation begeben hat.

Wann entsteht eine heftige, akute Deflation? In einer Situation wie der folgenden: Die jahrelange Inflation hat zu einer Überschuldung der privaten Haushalte geführt und dazu, dass die Bilanzen der Banken bis aufs Äußerste strapaziert sind; ihre Kapitalreserven sind im Verhältnis zum Volumen der vergebenen Kredite extrem niedrig. Sie schweben in Gefahr und sind also gut beraten, ihre Risiken zu senken und weniger neue Kredite zu vergeben. Gleichzeitig gibt es wegen der hohen Verschuldung der privaten Haushalte ohnehin nur wenige potenzielle Kreditnehmer mit guter Bonität. Und viele Konsumenten haben durch die eintreffenden schlechten Wirtschaftsnachrichten einen ordentlichen Schrecken bekommen und beschlossen, ihre Schulden zu senken bzw. ihren Vorrat an Geld zu vergrößern. Der Konsum sinkt, die Ersparnisse werden wieder aufgefüllt, wie ein Auto, das an der Tankstelle steht, um wieder aufgetankt zu werden. Es ist das verzweifelte *Reflationieren* der Notenbanken, das zu chronischen Krisen führt. Diese Maßnahmen haben das absurde Ziel, die Preise hoch zu halten und eine ökonomische Struktur zu konservieren, die von den Konsumenten nicht mehr gewollt ist. Um dieses falsche Ziel zu erreichen, schaffen die Notenbanken immer größere Inflations- und Deflationspotenziale. Sie geben den Banken die Munition in die Hand, um einen kurzen inflationären Boom zu entzünden, der eine weitere deflationäre Krise nach sich zieht. Dabei ist – was man als Glück oder Unglück betrachten kann – nicht gewährleistet, dass die Notenbank das angestrebte Ziel des *Reflationierens* auch erreicht: Denn wenn die Banken niemanden finden, dem sie noch mehr Schulden aufbürden können, bleibt alle Geldpolitik ohne Effekt. D. h. die Banken besitzen ein riesiges Arsenal an Munition, aber sie schießen nicht. Die keynesianisch dominierte Wirtschaftspresse wird dies zum Anlass für die Forderung nehmen, dass man den Banken noch viel mehr Bomben und Granaten zur Verfügung stellen müsse. Und wofür? Einen Zins von einem Prozent auf ein halbes Prozent zu senken, bedeutet nichts anderes, als Unternehmer zu locken, deren Projekte unrentabel waren, als der Zins bei einem Prozent lag, die aber hoffen, dass sie bei einem halben Prozent gerade rentabel sein könnten. Und ausgerechnet die sollen die Wirtschaft retten? Das Gegenteil ist der Fall. Ökonomisch sinnvolle, d. h. von den Konsumenten gewünschte Investitionen werden *jederzeit* finanziert und wären auch dann rentabel, wenn der Leitzins bei fünf Prozent liegen würde. Diejenigen, denen ein Zins von drei oder vier Prozent zu hoch war und die nun durch ultraniedrige Zinsen gelockt werden, sind Hasardeure und zukünftige Pleitiers. Die Art, wie sie die knappen ökonomischen Ressourcen einsetzen, trägt nicht dazu bei, wirtschaftliche Stabilität zu fördern. Man kann in der heutigen Lage von einem Inflationsparadox sprechen: Die Inflationspolitik der Notenbank würde dann, wenn sie das gewünschte Ziel erreichen würde, ein schlimmeres Ergebnis zeitigen, als dann, wenn sie es verfehlt. Denn das Erreichen des Ziels würde Hyperinflation bedeuten, so groß ist das Arsenal inzwischen. Stellen wir uns das von der EZB gewünschte optimale Resultat vor: Ein Aufschwung der Wirtschaft in der gesamten Eurozone und ein Anstieg der Immobilienpreise in Südeuropa, der den dortigen Banken und Privathaushalten aus der Patsche hilft, faule Kredite zu gesunden macht. Dieses Ergebnis kann kurzfristig nur dadurch erreicht werden, dass die Banken noch mehr Kredite vergeben als während des inflationären Booms im letzten Jahrzehnt. Eine noch schärfere deflationäre Krise danach wäre die unvermeidbare Folge.

Die Inflation von heute ist die Deflation von morgen. Wer das verstanden hat, dem sollte klar sein, warum eine »niedrige Inflationsrate« nicht als Argument für mehr Inflation taugt. Dies aber ist die Standardvolte: Immer, wenn die Preise fallen, wird dazu aufgerufen, die öffentlichen und privaten Schulden zu vergrößern. Keynesianer und »Monetaristen« in der Nachfolge Milton Friedmans unterscheiden sich darin überhaupt nicht, sie besitzen diesen Irrtum als Gemeingut, der lautet: Bei fallender Inflationsrate muss die Notenbank die Zinsen senken. Das soll »Stabilität« bewirken, führt aber langfristig zum genauen Gegenteil, nämlich der Situation, in der wir heute stecken.

Die sogenannte »Inflationsrate« ist überhaupt ein komisches Ding. Sie misst nicht die Inflation (das Wachstum der Geldmenge), sondern deren Folge, die steigenden Preise, sollte also treffender *Preissteigerungsrate* heißen. Aus Millionen von ständig wechselnden Preisen einen Index ermitteln zu wollen – noch dazu einen exakten, mit Komma –, ist aber nicht wissenschaftlicher als das Lesen im Kaffeesatz. Es ist ja viel darüber berichtet worden, wie die griechischen Behörden die Statistiken manipuliert haben, um die Maastricht-Kriterien für die Mitgliedschaft in der Europäischen Währungsunion zu erfüllen[66]; die Wahrheit jedoch ist: *Jede* Statistik über Inflation enthält die Botschaft, die ihr Verfasser übermitteln möchte. Er überlegt sich vorher, zu welchem Ergebnis er kommen möchte, und hat dann keine Schwierigkeit,

66 *»Im Jahr 2000 schaffte Griechenland nach vielen hektischen Manipulationen der Statistik die Kriterien. Um das Haushaltsdefizit zu senken, wurden alle möglichen Ausgaben (Renten, Militär) aus den Büchern eliminiert. Um die griechische Inflation zu senken, unternahm die Regierung Dinge wie das Einfrieren der Preise für Elektrizität und Wasser und andere vom Staat gelieferte Güter und senkte die Steuern auf Gas, Alkohol und Tabak. Die Statistiker der griechischen Regierung machten solche Sachen wie das Entfernen der (teuren) Tomaten aus dem Verbraucherpreisindex an dem Tag, als die Statistik erhoben wurde. ›Wir haben den Typen getroffen, der all die Zahlen erschaffen hat‹, sagte mir ein früherer Wall-Street-Analyst der europäischen Wirtschaft. ›Wir konnten nicht aufhören zu lachen. Er erklärte, wie er die Zitronen rausgenommen und durch Orangen ersetzt hatte. Es gab eine Menge an Indexkosmetik.‹«* Michael Lewis: »Beware of Greeks Bearing Bonds«, »Vanity Fair«, 1.10.2010.

zumindest in der Nähe seines Ziels zu landen – dafür sorgt schon die unendlich große Zahl der Ermessensentscheidungen. Auch die Regeln lassen sich beliebig ändern. John Williams, der in den USA die Website »Shadow Government Statistics« (www.shadowstats.com) betreibt, die sich der Analyse der staatlichen Statistiken widmet, kommt zu dem Ergebnis, dass die Teuerungsrate in den USA in den letzten zehn Jahren nicht zwischen null und drei Prozent, sondern im Schnitt bei jährlich acht Prozent gelegen hätte, hätte man bei der Berechnung die Methoden angewandt, die noch im Jahr 1980 galten. Später nämlich wurden sie mehrmals geändert, um notenbankfreundlichere Ergebnisse zu erzielen. So war Alan Greenspan der Meinung, dass, wenn Steaks teurer werden, die Konsumenten stattdessen Hackfleisch kaufen und man dann auch im amtlichen Warenkorb das Steak durch Hackfleisch ersetzen sollte: das Element der »Substitution« wurde eingeführt. Eine »geometrische Gewichtung« reduziert zudem automatisch den Anteil der Waren des Warenkorbs, deren Preis steigt, zugunsten derer, deren Preis sinkt. Dazu kam in den neunziger Jahren die »hedonische« Methode: Die Qualitätssteigerung einer Ware wird nach Gutdünken in eine »Preissenkung« umgerechnet. Dieses Verfahren wird inzwischen auch bei uns verwendet. Die »FAZ« berichtete im Januar 2012 über die damit vollbrachten Wunder: »Die Angaben des Statistikamts sind eindrucksvoll: Ein PC habe sich innerhalb von zehn Jahren um 87 Prozent, ein Fernsehgerät um 79 Prozent verbilligt. Eine Waschmaschine koste heute fast ein Viertel weniger als vor zehn Jahren.«[67]

Deutschland im Jahr 1923: Banknoten werden zum Tapezieren benuzt, Tapete wäre teurer.

Auch sonst ticken Statistiker ganz anders als normale Menschen. Die europäische Statistikbehörde Eurostat[68] nimmt an, dass ein Deutscher,

67 »Teures Benzin und billige Computer«, »FAZ«, 5.1.2012.
68 http://epp.eurostat.ec.europa.eu/portal/page/portal/eurostat/home/

der ein monatliches Nettoeinkommen von 1 000 Euro hat, davon nur 99 Euro für die Miete und 121 Euro für Nahrung ausgibt. Ein Ire mit dem gleichen Einkommen bezahlt angeblich nur 18,50 Euro im Monat für seine Wohnung. Für »Elektrizität, Gas und andere Brennstoffe« müssen 54 Euro pro Monat reichen, da zieht man sich im Winter besser warm an. Nun kann man einwenden, dass der durchschnittliche Deutsche ja nicht 1 000 Euro, sondern über 2 000 Euro verdient. Dadurch werden die Annahmen aber nur geringfügig realistischer; zudem fällt hier eine andere Absurdität der »Inflationsrate« auf: Dass jemand, wenn sich sein Einkommen verdoppelt, dann von allem doppelt so viel konsumiert (also doppelt so viel heizt, eine zweite Mülltonne anschafft etc.), ist ja eine ganz und gar unrealistische Annahme. Wenn sich überhaupt jemand finden sollte, auf den die von der Statistikbehörde unterstellten Konsummuster zutreffen, dann dürfte er eher in den oberen Gehaltsklassen anzutreffen sein, das zeigt schon der Umstand, dass für »Freizeit und Kultur« in Deutschland mit 10,9 Prozent höhere Ausgaben vorgesehen sind als für die Miete; für Hotels, Cafés und Gaststätten (6,8 Prozent) mehr als für Fleisch (3,85 Prozent), Obst (1,6 Prozent) und Gemüse (1,22 Prozent) zusammen. Da uns die Statistikbehörden nicht detailliert verraten, wo und wann sie welche Preise ermittelt haben (wollen), bleibt ihnen viel Raum für Manipulation. Da kann ein im Internet gefundenes Hotelzimmer für zehn Euro pro Nacht Preiserhöhungen in anderen Bereichen ausgleichen.

Ein grundsätzliches Problem aller Preisindizes (d. h. selbst wenn wir ihnen Glauben schenkten) ist, dass sie in Zeiten, in denen die Produktivität stark steigt oder wo, wie seit 2002, ein deutlicher Anstieg der Importe aus Ländern mit niedrigeren Kosten zu verzeichnen ist, überhaupt keinen realistischen Eindruck von der Geldwertstabilität geben. Wenn ein Computer in einem Jahr um zehn oder zwanzig Prozent billiger wird, spricht das nicht für die Abwesenheit von Inflation, vielmehr ist er *trotz* der Inflation im Preis gesunken. Dass Preisstabilität und Geldwertstabilität das Gleiche seien, ist ein auch unter Ökonomen verbreiteter Glauben. Wenn aber Geld wirklich stabil wäre (seine Menge also begrenzt), würde die steigende Produktivität bewirken, dass die Preise der meisten Waren jedes Jahr fallen. Das wäre ein ganz und gar wünschenswertes Resultat und hätte nichts mit einer Krise zu tun.[69] Wenn die Preise trotz steigender Produktivität konstant bleiben, ist das ein Zeichen für Inflation. Die Verbraucher müssen jedes Jahr höhere Preise zahlen statt niedrigerer. Auch der Immobilienboom, der die jetzige Krise verursacht hat, wäre ohne Inflation nicht möglich gewesen. Ist die Geldmenge konstant, ist ein starker Anstieg der Preise in einem Sektor der Wirtschaft nur möglich, wenn die Preise anderer Güter fallen, was einem irrationalen Überschwang von vornherein eine Grenze setzt. Die offizielle Inflationsrate hingegen lag in Europa und den USA in den letzten 15 Jahren immer unter drei Prozent und hat die Inflation, die den Boom auslöste, gar nicht erahnen oder nachvollziehen lassen.

Wenn es tatsächliche Geldwertstabilität gäbe, würden die Preise nicht mehr jedes Jahr um ein bis drei Prozent fallen, Preisänderungen hätten eine viel stärkere Aussagekraft, würden Unternehmern anzeigen, nach welchen Waren besonders stark verlangt wird. Vor allem aber gäbe es keine Inflationsgewinner und -verlierer mehr, alle Einkommensbezieher (Rentner inbegriffen) würden im selben Maße von der gestiegenen Produktivität profitieren.[70]

Unter den Mainstream-Ökonomen hat sich jedoch das Vorurteil etabliert, dass es eine »Deflationsspirale« gäbe: Die Verbraucher kaufen nicht (das angebliche »Horten« von Geld), was zu fallenden Preisen führe; da dies die Erwartung weiter fallender Preise nähre, würden die Verbraucher nun erst recht nicht kaufen, »weil sie darauf hoffen, morgen die Güter noch billiger kaufen zu können, die sie heute gesehen haben«.[71] Dieses Modell hat zwei Fehler: Erstens unterstellt es Unternehmer, die unabhängig von der Nachfrage produzieren – in Wirklichkeit würden sie bei einer fallenden Nachfrage die Produktion drosseln.

---

69 Ein starkes Plädoyer für diese Art von Deflation hält George A. Selgin in seinem Buch *Less than Zero. The Case for a Falling Price Level in a Growing Economy*, London 1997.

70 So war es während des klassischen Goldstandards. Dass die Weltmarktpreise zwischen 1870 und der Jahrhundertwende stark gefallen sind, hat den Historiker Hans Rosenberg und andere von der »Großen Depression 1873–1896« sprechen lassen. Ein typisches Beispiel einer Petitio Principii (eine Form des Zirkelschlusses), bei der das Ergebnis schon in der Prämisse steckt: Sie hatten angenommen, dass eine Wirtschaftskrise gleichbedeutend mit fallenden Preisen sei, und so führte die Beobachtung fallender Preise sie zu dem Resultat, dass es wohl eine 23 Jahre währende »Depression« gegeben haben müsse. Diese Zeit war aber eine Periode der Innovation und wachsenden allgemeinen Wohlstands; Weltproduktion und -handel wuchsen ebenso wie die Reallöhne der Arbeiter – eine komische Depression. (Vgl. S. Berwick Saul: *The Myth of the Great Depression 1873-1896*. London 1986.)

71 »Die Gefahr der Deflation«, »FAZ«, 17.10.2008.

Zweitens ist es eine abstruse Annahme, dass Käufe bei fallenden Preisen bis ins Unendliche aufgeschoben würden. Das Leben ist endlich. Jemand, der ein Gut haben will, muss es irgendwann kaufen, sonst kann er es nicht besitzen. Wir sehen bei Computern, Flachbildfernsehern, Mobiltelefonen und vielen anderen Geräten, deren Preise immerzu fallen, dass dies die Konsumenten nicht vom Kauf abhält und auch nicht zu einer Krise der entsprechenden Branchen führt. Die Unternehmen würden auch weiterhin Gewinne machen können, da ihre Kosten ebenfalls fielen und die Gewinne allein von der Differenz zwischen Kosten und Verkaufspreisen abhängen. Es würde ihnen sogar leichter fallen, Kosten und Intensität der Nachfrage korrekt vorherzusagen, da es keine bloß monetär verursachten Schwankungen der Preise mehr gäbe. Ein besserer Gebrauch von Ressourcen und höheres Wirtschaftswachstum wären die Folge. Inflation hingegen – auch solche, die als »Preisstabilität« daherkommt – hat keinerlei ökonomische oder gesellschaftliche Vorteile. Sie hat nur die bessere Publicity. Den unzähligen Autoritäten, die vor dem Gespenst der Deflation warnen und Inflation als Lösung empfehlen, steht eine sehr kleine Zahl von Gegnern der Notenbanken und ihrer Politik gegenüber. Und unter diesen finden sich leider auch viele, die ihre eigene Position schwächen, indem sie allein vor der kommenden Inflation oder Hyperinflation warnen, ohne das Phänomen der Deflation und seinen Zusammenhang mit dem der Inflation hinreichend zu erklären. Das führt dazu, dass sie sich unnötigerweise in die prekäre Lage bringen, gegen den Augenschein argumentieren zu müssen. Denn wieder und wieder kehren die deflationären Tendenzen zurück und sind für jedermann zu sehen: Die Aktienkurse fallen, der Ölpreis fällt, der Goldpreis fällt, die Rohstoffpreise fallen auf breiter Front, die Zeitungen schreiben über Entlassungen und Arbeitslosigkeit – und ausgerechnet der US-Dollar steigt. Angst macht sich breit, jetzt haben die Inflationisten leichtes Spiel und verlangen wie immer: »Mehr Geld bitte!«

Wer in einer solchen Situation allein vor Hyperinflation warnt und so tut, als wäre sie ein gerader und vorgezeichneter Weg, dem wird niemand glauben. Man muss verstehen und erklären, warum die Deflation die notwendige und natürliche Folge der vorhergegangenen Inflation ist und dass die in der Zukunft drohende Hyperinflation erst entsteht durch das unsinnige, verzweifelte und immer brachialere Ankämpfen der Notenbanken gegen die von ihr selbst geschaffene Deflation.

Exkurs: Club der toten Ökonomen – was wir von Kopernikus über Inflation lernen können

Es ist immer wieder interessant zu sehen, wie sich die Geschichte zu wiederholen scheint (ob irgendjemand je eine Lehre daraus gezogen hat, steht auf einem anderen Blatt!). Im 16. Jahrhundert war es der Zustrom amerikanischen Edelmetalls, der in Spanien zu einem inflationären Boom und dem folgenden totalen Ruin führte.

Über Sevilla kamen Gold und vor allem Silber aus Amerika. Zunächst in kleineren Mengen, ab 1534 dann auch die Schätze, die Pizzarro bei der Eroberung der Inka-Hauptstadt Cusco geplündert hatte, bald darauf das Silber aus der im heutigen Bolivien liegenden Stadt Potosí und aus anderen Minen des Kontinents. Der Silberstrom und die gleichzeitige Münzverschlechterung in weiten Teilen Europas (sie kam daher, dass Herrscher, die keinen direkten Zugriff auf amerikanisches Silber hatten, ebenfalls mehr Münzen prägen wollten) verursachten steigende Lebenshaltungskosten, die heutige Historiker die »Preisrevolution des 16. Jahrhunderts« nennen. Das passierte zuerst in Spanien selbst. Damals wurden noch keine Inflationsraten berechnet, aber es gibt Belege wie Briefe, Eingaben und königliche Edikte. So ist die Klage der Mitglieder des Rates von Madrid aus dem Jahr 1551 überliefert: Die Gehälter mögen erhöht werden, »weil ihre Bezüge klein sind und es jetzt nötig ist, weitere Vorkehrungen zu treffen, da die Waren und Lebensmittel teurer geworden«.[72] Von anderen hochrangigen Staatsdienern, den »Oydores de Chancelleria«, hieß es bereits 1532, dass ihr Gehalt »den Zeitverhältnissen und der Teuerung der Lebensmittel entspre-

72 Moritz Julius Bonn: *Spaniens Niedergang während der Preisrevolution des 16. Jahrhunderts. Ein induktiver Versuch zur Geschichte der Quantitätstheorie*, Stuttgart 1896, S. 32.

chend sehr gering« sei. 1558 baten die Cortes (die Ständeversammlung) den König, die Summe, die festgesetzt sei, damit die Armen Prozesse führen können, solle verdreifacht werden, »weil heute die 5 000 Maravedies weniger wert sind als in alten Zeiten«; »weil der Wert aller Dinge mit der Zeit und mit der Teuerung der Lebensmittel gewachsen ist, so dass, was 4 000 bis 5 000 Maravedies wert war, heute mehr als 12 000 Maravedies gilt, wäre es recht und ziemlich, die Gesetze zu reformieren«. 1586 schreiben die Cortes, es ließe sich »jetzt mit 3 000 Dukaten nur dieselbe Lebenshaltung führen, wie früher mit 1000 Dukaten«.

Was im 16. Jahrhundert das Silber Amerikas, war zu Beginn des 21. Jahrhunderts der Strom von ausländischen Krediten. In beiden Fällen war Spanien für das Geld nur Durchgangsstation: Es kommt, treibt die Preise und Löhne in die Höhe – und fließt dann ins Ausland, von wo viele Waren importiert werden. Der Ökonom und Theologe Tomás de Mercado schreibt 1569:

»In Spanien, der Quelle der Escudos und Kronen, kann man kaum eine Handvoll davon zusammenkratzen, während man in Genua, Rom, Antwerpen oder Venedig in den Straßen der Bankiers und Geldwechsler ohne Übertreibung so viele in Sevilla geprägte Münzen aufgehäuft sehen kann, wie es in San Salvador oder Arenal Melonen gibt.«[73]

Die Inflation hatte die spanische Wirtschaft zerstört und das Land abhängig von ausländischen Importen gemacht, die nur noch mit Mühe zu bezahlen waren. Eine gewisse Ähnlichkeit mit der heutigen Misere lässt sich nicht leugnen.

Die Kreditkrise, die 2007 ausgebrochen ist, wäre kaum möglich gewesen, wenn das 21. Jahrhundert nicht, was die monetäre Theorie betrifft, ein dunkles Zeitalter, eine Ära des Unwissens wäre. Selbst von einigen Theoretikern des Mittelalters könnten die Verantwortlichen der Gegenwart noch einiges lernen. Münzverschlechterung – oft um Kriege zu finanzieren – gab es schon damals. Einer der frühen Intellektuellen, dessen Reflexionen über die inflationäre Geldvermehrung erhalten sind, war der um das Jahr 1320 geborene Franzose Nikolaus von Oresme. Der Theologe, Mathematiker, Naturwissenschaftler, Phi-

73 Tomás de Mercado: »Tratos y contratos de mercaderes«, Salamanca 1569, zitiert nach: Marjorie Grice-Hutchinson: *The School of Salamanca. Readings in Spanish Monetary Theory*, Oxford 1952, S. 96.

losoph und Übersetzer der Werke des Aristoteles gilt als einer der bedeutendsten europäischen Gelehrten des 14. Jahrhunderts, und auch eine von ihm verfasste Abhandlung über das Geld ist immer wieder Gegenstand des Forschungsinteresses.[74] Aus seiner Sicht gibt es überhaupt nur zwei legitime Gründe, neues Geld in Umlauf zu bringen: um das alte zu ersetzen, wenn Maße und Prägestempel von einem anderen Herrscher oder Falschmünzern nachgeahmt wurden, oder wenn die Münzen durch Alter und Gebrauch abgenutzt sind. Willkürlich aber das Gewicht, den Nominalwert, das Metall oder die Legierung zu verändern, sei Betrug und unrechtmäßige Steuereintreibung, die unweigerlich zur Tyrannei führe. Sobald ein Herrscher dieses seinem Wesen nach unrechtmäßige Privileg an sich reiße, könne auch der Gewinn, den er daraus zieht, nicht rechtmäßig sein. Außerdem, folgert Oresme scharfsinnig, sei der Gewinn des Herrschers notwendigerweise der Verlust der Gesellschaft. Diesen Diebstahl an der Bevölkerung versuchten Despoten oft zu beschönigen: »Sollte er die übliche Lüge der Tyrannen erzählen: dass er den Gewinn zum Wohle der Allgemeinheit verwende, darf man ihm nicht glauben; ebenso gut könnte er meinen Mantel nehmen und sagen, er brauche ihn für den Dienst an der Allgemeinheit.«[75] Darum solle nichts erpresst werden unter dem Vorwand, dass es später für einen angeblich guten Zweck benutzt würde. Man dürfe auch nicht vergessen, dass es ja niemals bei einer einmaligen Geldverschlechterung bleibt:

Der Gewinn, den der Herrscher aus Geldvermehrung zieht, kann rechtmäßig sein: Nikolaus von Oresme (ca. 1336–1382)

»Wenn der Herrscher das Recht hätte, aus einer einfachen Änderung der Münze einen Gewinn zu ziehen, dann müsste er auch das Recht

74 Etwa Hendrik Mäkeler: »Nicolas Oresme und Gabriel Biel. Zur Geldtheorie im späten Mittelalter«, in: Scripta Mercaturae. Zeitschrift für Wirtschafts- und Sozialgeschichte 37 (2003) 1, S. 56-94 (http://www.hendrik.maekeler.eu/oresme-biel.pdf) oder Jörg Guido Hülsmanns *Die Ethik der Geldproduktion*, a. a. O.

75 Léon Wolowski (Hrsg.): *Traictie de la première invention des monnoies de Nicole Oresme et traité de la monnoie de Copernic*, Paris 1864, S. 16f.

haben, durch eine noch größere Veränderung einen noch größeren Gewinn zu machen, und dies mehr als einmal, um noch mehr zu gewinnen (…) Und es ist wahrscheinlich, dass, sobald dies erlaubt ist, er oder seine Nachfolger so weitermachen, sei es aus eigenem Antrieb oder auf Empfehlung der Berater, denn die menschliche Natur strebt danach, Reichtümer anzuhäufen, wenn es einfach ist.«[76]

Oresme hat keinen Zweifel daran, wohin das führen wird: »*So wäre der Herrscher in der Lage, den ganzen Besitz seiner Untertanen an sich zu bringen und sie zu Sklaven zu machen. Und dies wäre tyrannisch, wirkliche und wahrhaftige Tyrannei, wie die Philosophen der Antike sie beschrieben haben.«*[77] Wer profitiert von diesem Betrug? Neben dem Herrscher selbst seien es die Geldwechsler und Metallschmelzer (die höhergewichtige Münzen einschmelzen und das Metall verkaufen). Die Verlierer seien ehrbare Leute wie Kleriker, Ritter, Richter, Händler, Arbeitsmänner, Handwerker und Bauern. Am Ende breche große Armut aus, die auswärtigen Händler würden die Messen des jeweiligen Landes meiden, die Bevölkerung werde dezimiert.

»Da wir denkfaul sind, kommen wir nicht dahinter, dass sich die Verteuerung aller Güter aus der Unterwichtigkeit der Münze herleitet« Nikolaus Kopernikus (1473–1543)

Ähnlich sah es Nikolaus Kopernikus. Zwar gebe es unzählige Plagen, von denen Königreiche, Fürstentümer und Gemeinwesen immer wieder heimgesucht werden. »*Doch die schlimmsten sind meiner Meinung nach folgende vier: Krieg, Pest, Hungersnot und Münzentwertung. Bei den ersten drei ist das so offensichtlich, dass niemand daran zweifelt. Aber die vierte, welche die Münze betrifft, wird nur von wenigen, sehr verständigen Leuten erkannt, weil sie die Gemeinwesen nicht in einem Ansturm und auf einmal, sondern erst nach und nach und gleichsam unmerklich zugrunde richtet.«*[78] Die Münze sei »*gleichsam ein allgemeines Maß für Bewertungen*«, *darum sei es unerlässlich, dass man sich auf ihre Bestän-*

76 Ebd.
77 Ebd.
78 Zitiert nah: Erich Sommerfeld: *Die Geldlehre des Nicolaus Copernicus*, a. a. O., S. 49.

digkeit verlassen könne: »Das, was Maß sein soll, muss allzeit eine feste und beständige Größe haben, sonst würde die Ordnung des Gemeinwesens zwangsläufig gestört. Denn die Käufer und Verkäufer würden ebenso mannigfach betrogen werden, wie wenn die Elle, der Scheffel oder das Gewicht nicht mehr ihre bestimmte Größe hätten.«[79]

Kopernikus hat, wenn nicht klar ausgesprochen, so doch geahnt und angedeutet, dass auch scheinbar geringe Inflation zu ökonomischen Fehlkalkulationen führt, welche Ineffizienz und Fehlinvestitionen nach sich ziehen, und so die Gesellschaft als ganze ärmer machen, als sie es ohne Inflation wäre. Er behauptete nicht, dass Geld einen objektiven Wert habe – was ganz und gar falsch wäre. Vielmehr verstand er, dass die Schwankungen des Geldwerts allein von der Nachfrage nach Geld bestimmt werden sollten und nicht von willkürlicher Geldvermehrung. Dass ausgerechnet Kopernikus darauf kam, sollte eigentlich nicht überraschen: Auch in der Astronomie kann man mit schwankenden Instrumenten und inflationierten Zahlen keine gescheiten Berechnungen anstellen. All jenen, die über die »steigenden Lebenshaltungskosten« klagen und sich über den »Anstieg des Goldpreises« wundern, erklärt Kopernikus, mit einer Klarheit, die auch in unseren Tagen nur selten anzutreffen ist, welches die korrekte Betrachtungsweise ist: Die *Münzverschlechterung* ist der Grund für

»jene verbreitete, ständig wiederholte Klage, Gold, Silber, die Lebenshaltungskosten, der Lohn der Dienerschaft, die handwerklichen Dienstleistungen und was sonst noch der Bedürfnisbefriedigung dient, übersteige den hergebrachten Preis. Da wir aber denkfaul sind, kommen wir nicht dahinter, dass sich die Verteuerung aller Güter aus der Unterwichtigkeit der Münze herleitet. Es steigt und fällt nämlich alles im Preis je nach Beschaffenheit der Münze, und zumal Gold und Silber selbst.«[80]

Anders als Nikolaus von Oresme argumentiert Kopernikus nicht mit der Gerechtigkeit, die verletzt werde, sondern streng wissenschaftlich: Geldverschlechterung führt zu Teuerung. Das weist auf das, was wir heute als *Quantitätstheorie* bezeichnen. Sie besagt in ihrer einfachsten Form, dass der Preis des Geldes von seiner Menge in Relation zur Gü-

---

79 Ebd.

80 Zitiert nach: Erich Sommerfeld: *Die Geldlehre des Nicolaus Copernicus*, a. a. O., S. 55.

termenge abhängt, dass ein wachsendes Geldangebot bei gleich bleibender Gütermenge (und gleich bleibender Umlaufgeschwindigkeit des Geldes, fügen wir heute hinzu) zu steigenden Güterpreisen führt.[81] Da Kopernikus nicht explizit die Menge des Geldes als Ursache der Teuerung benennt, ist es möglich, dass er einfach den geringeren Wert des Münzmaterials als den Grund ansieht. Eine solche Theorie würde man dann nicht als Quantitätstheorie, sondern als *Metallismus* bezeichnen. In der Münzverschlechterung, von der hier die Rede ist, fällt beides zusammen. Der Edelmetallgehalt wird gesenkt, um mit dem gleichen Metall eine größere Menge Münzen produzieren zu können. Eine solche Unterscheidung hätte wohl die Adressaten nur noch mehr verwirrt (ohnehin musste Kopernikus sich anhören, der von ihm analysierte Sachverhalt sei »subtil und nicht eyn jeder dorin erfaren«[82]). Eine lupenreine Quantitätstheorie aber entwickelten bald darauf die spanischen Scholastiker an der Universität von Salamanca und – nach ihnen – der französische Philosoph Jean Bodin (1530–1596), der in seiner Schrift *La réponse de Jean Bodin à propos de la monnaie et de l'enrichissement de toute chose et le moyen d'y remédier* (1568) ebenfalls den Zusammenhang zwischen Geldvermehrung und Preissteigerungen herstellte und, nicht ganz wahrheitsgemäß, behauptete, der Entdecker dieses Sachverhalts zu sein.

Dass sehr viele der frühen ökonomischen Schriften von Theologen stammen, ist übrigens kein Zufall. Zum einen waren in einer Zeit, wo nur wenige Leute lesen und schreiben konnten, die Gelehrten ohnehin meist Theologen; zum anderen wurde die Kirche mit theologischen Fragen konfrontiert, die ökonomische Untersuchungen und Definitionen notwendig machten: Was genau ist »Wucher«? Was ist ein »gerechter Preis«? Darf der Händler einen Gewinn machen? Ist der Beruf des Geldwechslers legitim? Manche der von den Mönchen verfassten Schriften

81 Heutige Keynesianer und andere Anhänger der Geldentwertung tun gern so, als wäre die Quantitätstheorie bloß eine Meinung, noch dazu eine fragwürdige. Keynes selbst aber schrieb 1924: »Diese Theorie ist grundlegend. Ihre Übereinstimmung mit den Tatsachen ist fraglos ... Goeschens Ausspruch, der vor 60 Jahren getan wurde, dass viele Menschen es nicht ruhig mit anhören könnten, dass man die Beziehung des Preisniveaus zur Höhe des Notenumlaufs bejaht, trifft noch heute zu.« – John Maynard Keynes: *Ein Traktat über Währungsreform*, Berlin 1997, S. 76f.

82 Vgl. Erich Sommerfelds Vorwort, a. a. O., S. 15. Leider gibt Sommerfeld für dieses Zitat keine Quelle an.

Geld ist mehr wert, wenn es selten ist: Martin de Azpilcueta (1491–1586)

enthalten ökonomische Erkenntnisse, die erst im späten 19. Jahrhundert (wieder-) entdeckt wurden. So erklärt Luis Saravia de la Calle in einer 1544 verfassten Anleitung für die Händler der großen Messe von Medina del Campo (*Instrucción de mercaderes*), dass es bei dem für die Frage nach dem »gerechten Preis« einer Ware relevanten Wert nicht um die Kosten gehe, die dem Verkäufer entstehen (das wäre das, was wir heute als *Produktionskostentheorie* des Preises bezeichnen würden), sondern um ihre Seltenheit: »Das ist der Grund, warum die ersten Früchte [des Jahres] teurer sind, wegen ihrer Seltenheit, nicht, weil es mehr kostet, sie auf den Markt zu bringen. Sie stammen beide von derselben Plantage und demselben Baum.«[83] De la Calle hätte richtigerweise die Seltenheit in Relation zur Intensität der Nachfrage setzen können, aber das schmälert seine Leistung nicht. Es lag nahe, die neue Theorie auch auf das Geld auszuweiten, und das tat man. Martin de Azpilcueta (*Comentario resolutorio de usuras*, Salamanca 1556) erkannte:

»*In Ländern, wo es große Knappheit an Geld gibt, werden alle anderen verkäuflichen Güter und sogar die Hände und Arbeit des Menschen für weniger Geld verkauft als da, wo es reichlich ist. So zeigt uns die Erfahrung in Frankreich, wo Geld knapper ist als in Spanien, dass dort Brot, Wein, Kleidung und Arbeit viel weniger wert sind. Und selbst in Spanien wurden in Zeiten, wo Geld knapper war, verkäufliche Güter und Arbeit für viel weniger angeboten als nach der Entdeckung* [Amerikas], *die das Land mit Gold und Silber überschwemmt hat. Der Grund dafür ist, dass Geld mehr wert ist, wenn es selten ist, als dann, wenn es reichlich ist. Was manche Leute sagen, dass eine Knappheit von Geld andere Dinge* [im Preis] *nach unten zieht, rührt daher, dass ein übermäßiger Anstieg andere Dinge niedriger erscheinen lässt, just so wie ein kleiner Mann, der neben einem großen*

83 Zitiert nach: Marjorie Grice-Hutchinson: *The School of Salamanca. Readings in Spanish Monetary Theory*, a. a. O., S. 82.

steht, kleiner aussieht, als wenn er neben einem Mann seiner Größe steht.«[84]

Auch das Austauschverhältnis von Gold und Silber hänge von deren Menge ab: »*Wenn es eine Knappheit an Goldmünzen gibt, kann ihr Wert sehr wohl steigen, so dass mehr Silbermünzen oder andere Metalle dafür im Austausch hergegeben werden. Wir sehen daher jetzt, dass wegen der großen Knappheit an Goldmünzen manche Leute 23, 24 oder sogar 25* [Silber-] *Reales für eine* [Gold-]*Dublone geben, obwohl sie nach dem Gesetz des Königreichs nur 22 wert ist. Gleichfalls kann der Wert des Silbergeldes steigen, wenn es knapp ist, so dass mehr Gold und andere Metalle im Tausch dafür gegeben werden. (...) Es scheint also, dass eine allgemeine Knappheit an Geld dessen Wert steigen lässt.«*[85]

Tomás de Mercado geht noch tiefer ins Detail. Er bemerkt, dass die »Wertschätzung« des Geldes – heute würden wir von der »Kaufkraft« sprechen – in Amerika eine viel geringere sei als in Europa. In unsere heutige Denkweise übersetzt heißt das also, dass man in den Kolonien der Neuen Welt ganz schön viel blechen musste, wenn man sich für Silber etwas kaufen wollte. Der Ort, an dem die Münzen die zweitniedrigste Kaufkraft hätten, sei Sevilla, »und nach Sevilla kommen die anderen Teile Spaniens. In Flandern, Rom, Deutschland und England wird Geld am höchsten geschätzt.« Die Conclusio: »Von Fülle oder Knappheit hängt es ab, ob Geld gering oder hoch eingeschätzt wird.«[86]

Der Florentiner Ökonom, Agronom, Historiker und Dichter Bernardo Davanzati (1529–1606) schaffte es in einem im Jahr 1588 gehaltenen Vortrag, das Phänomen der Inflation sehr anschaulich darzustellen: *»Die Ägypter schlugen denen, die die öffentlichen Maße fälschten, beide Hände ab. Aber kann es eine größere Fälschung geben, als das Geld zu verringern, also auf niederträchtige Art den Leuten ihre Güter zu stehlen? Als Rom von Hannibal bedrängt wurde und es an Geld fehlte, haben die Römer die Asse, die vorher zwölf Unzen wogen, aus einer Unze geprägt. Aber das geschah nach öffentlicher Beratung in einer Extremsituation, und als diese vorbei war, wurden die früheren Verhältnisse wiederherge-*

---

84 Martin de Azpilcueta Navarro: *Comentario resolutorio de usuras, Salamanca 1569,* zitiert nach: Marjorie Grice-Hutchinson: *The School of Salamanca,* a. a. O. S. 95f.

85 Ebd.

86 Tomas de Mercado, *Tratos y contratos de mercaderes,* zitiert nach: Marjorie Grice-Hutchinson: *The School of Salamanca. Readings in Spanish Monetary Theory,* a. a. O. S. 98f.

stellt. Was jedoch, wenn die Maßnahme beibehalten worden wäre; hätte nicht daraus gefolgt, dass, wenn das Geld von zwölf auf eins runtergebracht wird, die Preise von eins auf zwölf steigen? Die alte Bäuerin, die das Dutzend Eier für ein Ass von zwölf Unzen zu verkaufen pflegte und es nun so deformiert und zu einer Unze reduziert gesehen hätte, hätte gesagt: Gentlemen, entweder geben Sie mir ein Ass von zwölf Unzen oder zwölf von diesen armseligen, die nur eine Unze wiegen, oder aber ich gebe Ihnen ein Ei pro Ass, wählen Sie, was Ihnen recht ist.«[87]

Ein anderer großer Geist in diesem Club der toten Ökonomen ist der aus Holland stammende Londoner Jacob Vanderlint. In seinem 1734 erschienenen Traktat *Money Answers All Things* machte er eine wichtige Beobachtung, die nach ihm leider für lange Zeit in Vergessenheit geriet. »Wenn mehr Geldscheine kursieren, als die Banker an Geld besitzen« – also Inflation durch Schaffung von Kreditgeld betrieben wird –, dann habe dieser Kredit, solange er bestehe, »denselben Effekt, als wenn wirklich so viel Geld im Umlauf und unter dem Volk verteilt wäre«.[88] Denn Geld ist all das, was als Geld angesehen wird. Es steht zwar nicht in der Macht der privaten Banken, etwas herzustellen, das Geld im juristischen Sinne ist. Aber der Kredit, den sie aus dem Nichts schaffen, hat, ökonomisch betrachtet die gleiche Funktion wie Geld und die gleichen Folgen.

Welche das sind, hat der aus Irland stammende Franzose Richard Cantillon[89] beschrieben. Er trat einer mechanistischen Auffassung der Quantitätstheorie entgegen und war der Erste, der die durch die Inflation herbeigeführte Neuverteilung der Einkommen und ihre Folgen für die ökonomische Struktur erkannte: Es ist nicht etwa so, als würde sich die Nachricht von der höheren Geldmenge herumsprechen und

---

87 Bernardo Davanzati: *A Discourse Upon Coins. Being publickly spoken in the Academy there, Anno 1588* (http://avalon.law.yale.edu/16th_century/coins.asp)

88 Jacob Vanderlint: *Money Answers All Things*, London 1734, S. 14f.

89 Cantillon war mit John Law, dem sagenumwobenen Initiator der französischen Notenbank, Gründer der Stadt New Orleans und Urheber des Mississippi-Schwindels, bekannt und wie dieser ein Bankier. Cantillon war auch einer der wenigen, die bei Laws Papiergeld- und Aktienexperiment von 1720 nicht arm, sondern reich wurden: Er verkaufte nicht nur rechtzeitig seine eigenen Anteile an der Mississippi-Kompanie, sondern veräußerte auch die Aktien seiner Kunden ohne deren Wissen und kaufte sie später für einen Bruchteil des Preises zurück; den Gewinn dieses Leerverkaufs strich er selbst ein. Unklar ist, ob er von seinem ehemaligen Koch ermordet wurde oder seinen Tod vortäuschte und sich nach Südamerika absetzte.

dann dazu führen, dass alle Waren neu ausgezeichnet werden und alle Löhne im selben Maße steigen. Die Teuerung ist, erklärt Cantillon, ein Prozess, der Schritt für Schritt vonstatten geht. Das neue Geld wird an einem bestimmten Punkt in die Wirtschaft eingeführt und führt dann jeweils dort, wo es ankommt, zu steigenden Preisen. Geht die Vermehrung des Bargeldes z. B. von neuen Gold- oder Silberminen aus, *»so werden der Eigentümer dieser Minen, die Unternehmer, die Schmelzer, die Raffinierer und überhaupt alle jene, die dort arbeiten, jedenfalls ihre Ausgaben entsprechend ihren Gewinnen erhöhen. Sie werden in ihren Haushalten mehr Fleisch und mehr Wein oder Bier verbrauchen als früher, sie werden sich daran gewöhnen, bessere Kleidung und schönere Wäsche zu tragen, besser eingerichtete Häuser und andere erlesenere Bequemlichkeiten des Lebens zu besitzen.«*[90]

Von diesen Ausgaben profitieren dann die Handwerker, Bauern, Winzer, Brauer usw., die jene Konsumgüter herstellen, die nun stärker nachgefragt werden. Sie können ihrerseits ihren Konsum erhöhen. Die Geldvermehrung hat aber eine Kehrseite: die Verlierer der Inflation. »Alle diese Vermehrungen der Ausgaben für Fleisch, Wein, Wolle usw. vermindern notwendig den Anteil der anderen Bewohner des Staates, die zunächst nicht an den Reichtümern der fraglichen Minen teilnehmen«[91] – vor allem die Bezieher fester Einkommen und Renten. Sie haben nicht mehr Geld als zuvor, müssen aber höhere Preise bezahlen, können folglich weniger konsumieren. Einen weiteren Effekt zeitigt das Steigen der inländischen Preise auf den Handel mit dem Ausland. Weil jeder seinen materiellen Lebensstandard wahren will, verlangen die Grundbesitzer eine höhere Pacht, die Handwerker und Arbeiter höheren Lohn. Es wird in der Folge teurer, in dem entsprechenden Land eine Ware herzustellen. Das zieht nach sich, dass es günstiger wird, sie aus dem Ausland zu importieren, wo sie viel billiger produziert werden kann.

»Dies wird natürlich manche veranlassen, in den Staat eine Menge in fremden Ländern hergestellter Manufakturwaren, die dort sehr billig zu haben sind, einzuführen, wodurch die Handwerker und Fabrikanten des

---

90 Richard Cantillon: *Abhandlung über die Natur des Handels im allgemeinen*, Jena 1931, S. 103f.
91 ebd.

Staates, die, wenn sie so billig arbeiten, angesichts der Teuerung ihren Lebensunterhalt nicht verdienen können, nach und nach zugrunde gerichtet werden.«[92] Dadurch werde dieser Staat allmählich verarmen und vom Ausland abhängig, »*an das er jährlich Geld schicken muss, in dem Maße, wie es aus den Minen genommen wird. Der große Geldumlauf, der zu Beginn allgemein war, hört auf, Armut und Elend folgen, und die Arbeit in den Minen scheint nur zum Vorteil jener zu bestehen, die dabei Verwendung finden, und der Ausländer, die davon profitieren. Dies hat sich in Spanien seit der Entdeckung* [Amerikas] *zugetragen.«*[93]

Cantillon hat hier erklärt, wie es möglich ist, dass ein plötzlicher Zuwachs an Geld, in diesem Fall durch die Entdeckung von Edelmetallvorkommen, eine Nation nicht reicher, sondern ärmer macht. Der durch vermehrte *Produktion von Geld* entstandene Vorteil fällt erstens nur einem Teil der Gesellschaft zu und lässt schließlich sogar das ganze Land verarmen, indem er die *Güterproduktion* zerstört. Diese Scheinblüte ist also das genaue Gegenteil eines Aufschwungs, der auf einer höheren Produktivität und Güterproduktion basiert, welche zu einem Sinken der Güterpreise – also steigenden Reallöhnen – führt und so allgemein höheren und dauerhaften realen Wohlstand schafft.

Zwei weitere Beobachtungen Cantillons sind bemerkenswert. Zum einen die, dass Geldmenge und Preise nicht proportional wachsen, eine doppelte Geldmenge also nicht – wie einige englische Theoretiker der Zeit glaubten – eine exakte Verdopplung der Preise nach sich zieht. »Ein Fluss, der in seinem Bett fließt und sich windet, wird nicht mit der doppelten Geschwindigkeit fließen, wenn seine Wassermenge sich verdoppelt.«[94] Da Cantillon – als der erste Ökonom überhaupt – bei seiner Untersuchung vom Handeln des Individuums ausging[95], war ihm auch klar, dass die Inflation die Güterpreise in völlig unterschiedlichem Maße beeinflusst, ihre Auswirkungen unmöglich vorhergesagt werden können. Welche Preise angehoben werden und in welchem Ausmaß, hängt von *subjektiven* Faktoren ab – nämlich den ökonomischen Ent-

92 Richard Cantillon: *Abhandlung über die Natur des Handels im allgemeinen*, a. a. O., S. 106.
93 Richard Cantillon: *Abhandlung über die Natur des Handels im allgemeinen*, a. a. O., S. 106f.
94 Ebd.
95 Dem einzigen Weg, zu brauchbaren Erkenntnissen zu gelangen, der aber immer noch von vielen verschmäht wird, die lieber mathematische Formeln aufstellen und Statistiken sammeln.

scheidungen, die die Menschen Tag für Tag treffen, welche wiederum auf ihren subjektiven Präferenzen basieren:

»Das Verhältnis der Teuerung, die die Vermehrung und die Menge des Geldes im Staat herbeiführen, wird von der Richtung abhängen, die dieses Geld dem Konsum und dem Umlauf gibt. Durch welche Hände immer das Geld läuft, es wird naturgemäß den Konsum erhöhen, aber dieser Konsum wird je nach den Umständen größer oder geringer sein; er wird gewisse Arten von Nahrungsmitteln mehr oder weniger betreffen, je nach dem Geschmack jener, die das Geld erwerben. Die Marktpreise für gewisse Arten werden mehr steigen als für andere, wie reichlich auch das Geld vorhanden sein mag.«[96]

Wie stark die Preise steigen, ist auch eine Frage der Elastizität des Angebots. Lässt sich eine Ware leicht in großer Menge beschaffen, wird der Preis nur wenig steigen, ist das Angebot hingegen relativ starr oder sogar absolut begrenzt – etwa Gemälde verstorbener Meister –, sieht das anders aus. Cantillon zeigt dies am Beispiel von Rindern und Getreide:

»In England ist es jederzeit gestattet, Getreide aus fremden Ländern einzuführen, aber es ist nicht erlaubt, Rinder einzuführen. Dies bewirkt, dass, wie beträchtlich auch die Vermehrung des Bargeldes in England werden mag, die Getreidepreise nicht höher steigen können als in den anderen Ländern, in denen das Geld knapp ist, ausgenommen um den Wert der Kosten und Gefahren der Einfuhr des Getreides aus ebendiesen Ländern.«[97]

Im letzten Jahrzehnt haben wir gesehen, dass Waren, deren Angebot sehr elastisch ist (wie z. B. viele Importe aus China), viel weniger stark im Preis steigen als die anderer Güter und sich die Inflation vor allem bei den Gütern auswirkt, deren Angebot weniger elastisch ist, wie z. B. Öl oder Immobilien. Die Entdeckung, dass die Preise unterschiedlich stark reagieren, hat weitreichende Bedeutung. Durch das neue Geld ändern sich also nicht nur die absoluten Preise, sondern – und darauf kommt es an – die Preis*relationen*. Das bedeutet nicht nur, dass es Gewinner und Verlierer gibt, sondern dass sich die gesamte Struk-

---

96 Richard Cantillon: *Abhandlung über die Natur des Handels im allgemeinen*, a. a. O., S. 114.
97 Ebd.

tur der Wirtschaft durch Inflation ändert, Unternehmungen profitabel werden, die vorher nicht profitabel waren und *vice versa*. Der eine kann nicht mehr produzieren, weil »die Kosten zu hoch« sind, der andere macht Geschäfte, die ohne die Inflation nicht möglich gewesen wären. Da aber monetär verursachte Phänomene dazu tendieren, sich selbst rückgängig zu machen – wie man derzeit in Irland, Spanien, Portugal und Griechenland sehen kann –, ist die durch Inflation ausgelöste Prosperität von kurzer Dauer. Wenn die Geldzufuhr gestoppt wird, brechen die Unternehmungen zusammen, deren Erhalt von ihr abhing.

Cantillon legt seinen Untersuchungen die Annahme von einer gestiegenen Edelmetallproduktion zugrunde. Die hat in unserer Zeit natürlich überhaupt keinen Einfluss mehr auf die Geldmenge: Die heutigen »Goldminen« sind die Banken (anders als den Minen entstehen ihnen bei der Geldproduktion allerdings keine Kosten, was ein wichtiger Unterschied ist). Welche Wirkung das von ihnen geschaffene Geld auf Handel und Industrie hat, war im frühen 19. Jahrhundert in England Gegenstand einer Auseinandersetzung, die John Kenneth Galbraith »die berühmteste derartige Debatte in der Geschichte« nannte.[98] Sie war die Folge einer Art Eurokrise: Im Februar 1797 waren französische Truppen an der walisischen Küste in der Nähe des Ortes Fishguard gelandet. Darüber, was sie dort wollten, gibt es unterschiedliche Spekulationen.[99] Gesichert ist, dass am 22. Februar 1 000 bis 1 400 Franzosen an der walisischen Küste abgesetzt wurden, unter Führung von Colonel William Tate, einem Amerikaner irischer Abstammung, der schon in den USA gegen die Briten gekämpft hatte. Ein Teil von ihnen zerstreute sich schnell und begann, die Gegend zu plündern. Der Rest wurde in der legendären Schlacht von Fishguard, der »letzten Invasion Englands«, besiegt, von Zivilisten und von Freiwilligen unter der Führung von Baron Cawdor (1753–1821).

98 John Kenneth Galbraith: *Geld. Woher es kommt, wohin es geht*, München/Zürich 1976, S. 45.
99 Die einen sagen, der französische General Lazare Hoche habe ihnen den Auftrag erteilt, Bristol zu zerstören. Danach wäre London dran gewesen. Dort hätten sie die Arbeiter zur Revolution angestachelt und französische Kriegsgefangene befreien wollen. Das allgemeine Chaos hätte eine großangelegte Invasion ganz Englands ermöglichen können. Andere sagen, es habe sich um ein Ablenkungsmanöver gehandelt; das wahre Ziel sei eine Landung in Irland gewesen, die aber wegen schlechten Wetters abgeblasen worden sei. Wieder andere behaupten, es sei nur darum gegangen, in England Unruhe zu stiften. Wenn das der Plan gewesen sein sollte, ist er glänzend aufgegangen.

Jemima Nicholas schlägt bei Fishguard die Französischen Invasoren

Nachdem die mit einer Mistgabel bewaffnete Schusterin Jemima Nicholas (1755–1832) 14 französische Soldaten festgenommen und in der Kirche eingeschlossen hatte, kapitulierte Tate. So weit die nüchternen Fakten. Sieben Tage später schrieb eine Londoner Zeitung: *»Wir werden nicht versuchen, den Schrecken und Aufruhr zu beschreiben, in welchen die Hauptstadt durch die gerade eingetroffene Nachricht geworfen wurde, dass französische Fregatten vor der Küste von Südwales aufgetaucht sind und es ihnen gelungen ist, dort eine große Zahl von Truppen abzusetzen (...)«*[100] Die Nachricht verursachte einen Sturm auf die Banken, und selbst die Notenbank wäre pleite gewesen, wenn das Parlament sie nicht von der Pflicht befreit hätte, Banknoten in Gold umzutauschen. Das Gesetz galt nur für die *Bank of England*, doch die anderen Banken nutzten die Gelegenheit, um ebenfalls ihre Goldfenster zu schließen. Die Noten der privaten Banken konnte man nur noch gegen solche der *Bank of England* eintauschen. Über Nacht war England zu einem Papiergeldstandard gewechselt, und niemand ahnte, dass es 24 Jahre dauern würde, bis die Goldkonvertibilität wiederhergestellt werden würde.

Die Sache hatte etwas Gutes: Die Inflation, die sich nach der Aussetzung der Goldkonvertibilität einstellte, führte zu der oben erwähnten denkwürdigen Debatte, die, mit wechselnden Fahnen und Protagonisten, vierzig Jahre dauerte. Anfangs schien es gar nicht um etwas Grundsätzliches zu gehen, sondern um eine Frage der Tagespolitik: Warum Gold nach der Aussetzung der Konvertibilität »so teuer« geworden sei. Um diese doch eigentlich ziemlich leichte Frage – es ging um nichts anderes als schnöde Inflation – zu beantworten, wurde ein Ausschuss eingesetzt, das *Bullion Committee*. Die von ihm gehörten Vertreter der *Bank of England* sahen die Ursache für die Teuerung

100 Zitiert nach »Chambers's Journal of Popular Literature, Science and Arts«, 14.1.1860.

in Missernten und den Zahlungen an die Alliierten im Kampf gegen Napoleon. Argumente dieser Art sind auch heute noch verbreitet. Da wird dann etwa ein Anstieg des Ölpreises verantwortlich gemacht. Gäbe es aber keine Inflation der Geldmenge, könnten auch die Preise nicht *auf breiter Front* steigen. Es würden sich nur die Preisrelationen ändern, der Anstieg des einen Preises müsste vom Fallen eines anderen begleitet sein. Das aber verstanden schon die damaligen Notenbanker nicht: Sie wurden mit der rührend-naiven Aussage berühmt, an einer zu starken Vermehrung der Pfundnoten könne es nicht liegen, da die Bank sie ausschließlich gegen »gute Handelswechsel« herausgegeben habe – und nie mehr, als die Händler hätten haben wollen!

Gegen diese heute als *Real Bills Doctrine* bekannte Auffassung wandten sich zwei der scharfsinnigsten britischen Ökonomen ihrer Zeit: Henry Thornton (1760–1815) und David Ricardo (1772–1823). Thornton veröffentlichte 1802 das Traktat *An Enquiry into the Nature and Effects of the Paper Credit of Great Britain*. Darin zog er Parallelen zwischen der Geldpolitik der Bank of England und dem gescheiterten Papiergeldexperiment John Laws:

»Für Mr. Law waren Sicherheiten alles und Quantität nichts. Er schlug vor, dass Papiergeld so vielen Schuldnern zur Verfügung gestellt werden solle (zu welchem Zinssatz, hat er nicht spezifiziert), wie dafür geeignet sind, und dass sie Land als Sicherheit bieten sollten … Er vergaß, dass es keine Grenze für die Nachfrage nach Papier[geld] *geben könnte; dass die wachsende Menge dazu beitragen würde, die Güterpreise zu erhöhen, und dass dieser Anstieg zu einem weiteren Anstieg führen und diesen scheinbar berechtigen würde.«*[101]

Wird nämlich allgemein eine Preissteigerung erwartet, werden die Händler dies berücksichtigen; die »guten Handelswechsel« werden auf der Basis inflationierter Preise ausgestellt und ziehen, wenn die Notenbank darauf Banknoten ausgibt, eine höhere Geldmenge nach sich – eine Art *self-fulfilling prophecy*. Es ist auch kein Argument zu sagen,

101 Henry Thornton: *An Enquiry into the Nature and Effects of the Paper Credit of Great Britain*, London 1802, S. 202 (http://oll.libertyfund.org/index.php?option=com_staticxt&staticfile=show.php%3Ftitle=2041&layout=html)

David Ricardo (1772–1823)

dass die Erhöhung der Geldmenge nicht von Dauer sei, da die Wechsel von denen, die sie bei der Notenbank einreichen, wieder zurückgenommen werden müssen: Denn dann folgt ja sofort ein neuer Kredit. Wenn eine Notenbank unter einem Papiergeldregime der Kreditnachfrage kein Limit setzt, dann gibt es überhaupt keine Grenze, und der Kredit wächst unaufhörlich. So sah es auch David Ricardo: *»Die Aussage, dass nicht mehr ausgegeben wurde, als der Bedarf des Handels benötigte, hat kein Gewicht; denn die für diesen Zweck benötigte Summe kann nicht definiert werden. Der Handel ist unersättlich in seiner Nachfrage, und derselbe Teil von ihm kann ebenso gut 10 Millionen oder 100 Millionen an Zirkulationsmitteln verwenden.«*[102]

Das Einzige, was das Anwachsen der Kredite sicher regulieren kann, ist der *Zins.* Thornton sah dies und ging in seiner Analyse weit über den Horizont seiner Zeitgenossen hinaus, indem er die Frage aufwarf, bei welchem Zins die Nachfrage der Geschäftswelt abebben würde:

»Um festzustellen, wie weit der Wunsch, bei der Bank Kredite zu erhalten, jeweils geht, müssen wir die Größe des Profits untersuchen, der durch das Borgen unter den gegebenen Bedingungen erzielt werden kann. Dies muss anhand zweier Gesichtspunkte erfolgen: erstens der Höhe des Zinses, der für die geborgte Summe gezahlt werden muss, und zweitens der Handels- oder sonstige Gewinn, der durch den Gebrauch des geliehenen Kapitals erzielt werden kann.«[103]

Anders ausgedrückt: Kann ein Kaufmann oder Unternehmer, der sich bei der Bank Geld zum Zinssatz x leiht, erwarten, durch den Einsatz dieses Geldes einen »merkantilen Profit« zu erzielen (sei es durch Handel, Investition oder Spekulation), der ausreichend höher ist als x? Wenn ja, wird er den Kredit nehmen, und alle anderen werden es

102 David Ricardo: *Mr. Bosanquet's Argument to prove that the Bank of England has not the Power of forcing the Circulation of Bank Notes considered* (http://oll.libertyfund.org/?option=com_staticxt&staticfile=show.php%3Ftitle=204&chapter=38481&layout=html&Itemid=27)
103 Henry Thornton: *An Enquiry into the Nature ...*, a. a. O., S. 138.

ihm gleichtun. Es kommt zu einer allgemeinen Kreditexpansion, die erst dann stoppt, wenn a) die Bankzinsen steigen, b) der »merkantile Profit« sinkt (z. B. durch massenhafte (Fehl-)Investitionen in derselben Branche) oder c) wenn die Banken selbst die Reißleine ziehen und Kredite nicht erneuern (das ist dann oft der unmittelbare Auslöser der Krise).

Thornton antizipiert hier das, was der schwedische Ökonom Knut Wicksell 96 Jahre später den »natürlichen Zins«[104] nannte. Gäbe es eine finite Geldmenge und einen freien Kapitalmarkt, würden Darlehenszinsen auf der einen Seite und »merkantiler Profit« bzw. »natürlicher Zins« auf der anderen die Tendenz haben, sich einander anzunähern. Denn nur dann, wenn der von ihnen erwartete Profit bzw. der »natürliche Zins« über dem Darlehenszins liegt, haben Unternehmer überhaupt einen Grund zu borgen (liegt er darunter, würden sie einen Verlust machen). In einem freien Kapitalmarkt würde eine wachsende Nachfrage nach Krediten dazu führen, dass die Darlehenszinsen steigen, das Leihen von Geld also teurer wird; die Differenz zwischen beiden Zinsen würde sich verringern, mit ihr der Anreiz zur Kreditaufnahme. So liegen die Dinge aber nicht, weder heute noch vor 200 Jahren. Seit den späten 1990er Jahren haben die Notenbanken die Zinsen gezielt nach unten manipuliert, und im England zu Thorntons Zeiten gab es Gesetze gegen »Wucher«; von 1746 bis zur Aufhebung der Wuchergesetze im Jahr 1837 stand der Zins bei fünf Prozent. Wenn in Kriegszeiten der »merkantile Profit« vieler Händler über diesen Satz stieg, folgte notwendigerweise eine inflationäre Kreditexpansion. Der folgende Satz Thorntons galt damals so, wie er heute gilt, und gehört in Stein gemeißelt: »Als Folge des vom Gesetz gegen Wucher geschaffenen artifiziellen Zustands erhalten die Schuldner ihre Kredite zu billig. Das, was sie zu billig erhalten, verlangen sie in zu großer Quantität.«[105] Das ist der Schlüssel, hier ist die

---

104 Wicksell beschreibt ihn so: *»Jene Rate des Darlehenszinses, bei welcher dieser sich gegenüber den Güterpreisen durchaus neutral verhält und sie weder zu erhöhen noch zu erniedrigen die Tendenz hat, kann nun keine andere sein als eben diejenige, welche durch Angebot und Nachfrage festgestellt werden würde, falls man sich überhaupt keiner Geldtransaktionen bediente, sondern die Realkapitalien in natura dargeliehen würden – oder was etwa auf dasselbe hinauskommt, als der jeweilige Stand des natürlichen Kapitalzinses.«* – Johan Gustav Knut Wicksell: *Geldzins und Güterpreis. Eine Studie über die den Tauschwert des Geldes bestimmenden Ursachen*, München 2006, S. 130.

105 Henry Thornton: *An Enquiry into the Nature and Effects of the Paper Credit of Great Britain*, a. a. O.,

ganze Finanzkrise in den USA und in Europa in zwei Sätzen erklärt, von einem Mann, der vor 200 Jahren gelebt hat.

Thornton starb 1815, weswegen die in Großbritannien weiter tobenden Debatten der 1820er und 1830er Jahre leider ohne sein Genie stattfanden. Es bildeten sich zwei Lager; die Anhänger der *Real Bills Doctrine* blieben hartnäckig und wurden nun *Banking School* genannt; sie befürworteten zwar keine Inflation, glaubten aber, dass eine »qualitative« Begrenzung des Kredits (Kreditvergabe also z. B. nur als Vorschusszahlung für wirkliche Waren) ausreichend sei, sie zu verhindern. Die Befürworter einer quantitativen Begrenzung der Geldmenge trugen den Namen *Currency School*, ihr wichtigster Wortführer war Lord Overstone (1796–1883). Die *Currency School* errang einen Erfolg. Sie setzte 1844 ein Gesetz durch (*Bank Charter Act*), dass der *Bank of England* das Monopol über die Ausgabe von Banknoten gab und verlangte, dass jede Banknote entweder durch Gold oder Staatsanleihen gedeckt sein musste. Doch es war ein Pyrrhussieg der Anhänger des harten Geldes. Zum einen enthielt das Gesetz einen Passus, der Ausnahmen für »Krisenzeiten« erlaubte (dass Gesetze just dann nicht gelten oder aufgehoben sind, wenn sie wichtig wären, erleben wir gerade wieder). Zum anderen hatten die Vertreter der *Currency School* etwas übersehen, worauf Thomas Pennington, ein Vertreter der *Banking School*, schon 1828 aufmerksam gemacht hatte. Wie Vanderlint hundert Jahre vor ihm hatte er erkannt, dass die das Wirtschaftsleben bestimmende Geldmenge nicht nur aus Noten und Münzen der *Bank of England* besteht, sondern zum größten Teil aus dem immateriellen Buchgeld der Banken, dem sogenannten London-Geld. Obwohl sie auf Verlangen derer, auf die sie lauten, in Banknoten und Münzen umgetauscht werden könnten, unterlägen sie beträchtlicher Expansion und Kontraktion, ohne dass es eine entsprechende Vergrößerung oder Verkleinerung der Basis gäbe, auf der sie beruhen. Diese Beschaffenheit des London-Geldes – die Fähigkeit des von den Londoner Bankiers geschaffenen Geldes, zu wachsen oder zu schrumpfen – habe wichtige Konsequenzen:

S. 138.

»In Wirklichkeit und unter den gewöhnlichen Bedingungen sind die Buchschulden der Londoner Bankiers, und nicht die Noten der Bank of England, das im Land zirkulierende Zahlungsmittel; und so, wie die London-Währung wachsen oder schrumpfen kann ohne eine entsprechende Veränderung der von der Bank of England ausgegebenen Zahlungsmittel, so die des ganzen Landes.«[106]

»Um die Geschichte der Boom- und Krisenzyklen ein für alle Mal zu beenden, war die Begrenzung der Banknoten und Münzen ein völlig unzureichendes, also untaugliches Mittel. Es wäre notwendig gewesen, der Buchgeldschöpfung der Banken Einhalt zu gebieten.«

Das, folgerte er, sei die Erklärung für ein bis dahin scheinbar rätselhaftes Phänomen: Nicht selten nämlich sei es vorgekommen, dass die Guter preise auf breiter Front gestiegen seien und für beträchtliche Zeit auf einem hohen Niveau verharrt hätten, ohne dass die Menge der Noten der *Bank of England* erhöht worden wäre; und dass sie oft gefallen und für lange Zeit niedrig gewesen seien, während die Menge der ausgegebenen Noten gleich geblieben oder erhöht worden sei.[107] Das Bankgeld, nicht das Zentralbankgeld, ist also der Faktor, der die Konjunktur bestimmt. Wie Vanderlint gesagt hatte: Die Kredite der Banken haben »denselben Effekt, als wenn wirklich so viel Geld im Umlauf« wäre. Das bedeutet: Um die Geschichte der Boom- und Krisenzyklen ein für alle Mal zu beenden, war die Begrenzung der Banknoten und Münzen ein völlig unzureichendes, also untaugliches Mittel. Es wäre notwendig gewesen, der Buchgeldschöpfung der Banken Einhalt zu gebieten. Die *Currency School* hatte zwar die richtigen Absichten und

106 *Paper communicated by Mr. Pennington*, Appendix zu Thomas Tooke: *A Letter to Lord Grenville on the Effects …*, a. a. O., S. 126.
107 Paper communicated by Mr. Pennington, a. a. O., S. 127.

sah den Zusammenhang zwischen Inflation und Wirtschaftskrisen, bekämpfte aber den falschen Feind.

Für die Menschheit war dies ein Unglück. Denn in den Augen vieler Ökonomen, Politiker und wirtschaftsnaher Laien war die Position der *Currency School* geschwächt, wenn nicht gar widerlegt worden. Ihre Anhänger hatten – glaubten sie selbst fälschlicherweise – die Geldmenge begrenzt und durch Gold unterlegt, und es gab trotzdem weiterhin Banken- und Wirtschaftskrisen. Hätten sie auf Pennington gehört, hätten sie von der Bedeutung des Bankgeldes gewusst, dessen Elastizität die Ursache der Zyklen ist. Sie hätten dann die Chance gehabt, den Gang der Geschichte dauerhaft zu ändern und etliche spätere Katastrophen zu verhindern.

Folgende Lehren könnte die Europäische Zentralbank aus dem Wissen längst vergangener Zeiten ziehen:
Inflation ist willkürlich, tyrannisch und durch nichts zu rechtfertigen (Nikolaus von Oresme).
Was Maß sein soll, muss »allzeit eine feste und beständige Größe haben« (Kopernikus).
Die Verteuerung aller Güter ist die Folge schlechten Geldes (Kopernikus).
Von den Banken betriebene Inflation hat den gleichen Effekt wie staatliche (Vanderlint).
Welche Auswirkungen die Inflation hat, lässt sich nicht vorhersehen, da es von subjektiven Entscheidungen, dem »Feilschen auf dem Markte« (Cantillon) abhängt.
Klar ist aber, dass es Gewinner und Verlierer gibt und sich die Umtauschverhältnisse der Waren zueinander ändern (Cantillon);
Inflation zerstört die Industrie und führt zu Abhängigkeit von Importen (Cantillon).
Die Nachfrage nach Krediten (und damit die potenzielle Geldschöpfung) kennt keine natürliche Grenze (Ricardo).
Um eine unendliche Ausweitung der Geldmenge zu verhindern, muss der Notenbankzins darum stets über dem »merkantilen Zins« liegen (Thornton).

Davanzati meint sogar: Jemandem, der mutwillig Inflation schafft, sollte man beide Hände abhacken – das ist sicherlich eine sehr radikale geldpolitische Maßnahme und aus heutiger Sicht abzulehnen.

Zins und Konjunkturzyklus

Wieder und wieder gab es in den letzten 200 Jahren das gleiche Phänomen von Boom und anschließender Krise. »Was sich dabei im Wesentlichen zuträgt«, so der Wirtschaftshistoriker Charles Kindleberger,

»ist, dass irgendein Ereignis die ökonomischen Aussichten verändert. Neue Möglichkeiten des Profits werden ergriffen und überstrapaziert, auf eine Weise, die so stark an Irrationalität erinnert, dass man sie einen Wahn nennen kann. Sobald der exzessive Charakter des Aufschwungs erkannt wird, erfährt das Finanzsystem eine Art Notlage, in deren Verlauf das Rennen darum, die Expansion rückgängig zu machen, so überstürzt ist, dass es an eine Panik erinnert. In der Phase des Wahns trennen sich Menschen mit Wohlstand oder Kredit von ihrem Geld oder borgen, um reale oder illiquide Vermögenswerte zu kaufen. In der Panik passiert das Gegenteil, nun geht die Bewegung von den realen oder Finanzwerten hin zum Geld oder der Rückzahlung der Schulden, begleitet von einem Crash der Preise von Rohstoffen, Immobilien, Land, Aktien, Anleihen – was auch immer Gegenstand des Booms gewesen war.«[108]

Wer die Ursache des Krisenzyklus bestimmen will, muss die gemeinsame Ursache beider Phänomene – Boom *und* Krise – erklären. Die nichtmonetären Betrachtungen kranken unter anderem daran, dass sie nur von der Krise selbst handeln, aber keine Erklärung für den unmittelbar vorausgehenden frenetischen Aufschwung haben. Der Anstieg der Geld- bzw. Kreditmenge während des Booms und die gleichzeitige allgemeine Teuerung von Kapital- und Konsumgütern müssen ebenso erklärt werden wie die Kontraktion des Kredits in der Krise und das jähe Fallen der Preise danach. Dies sind monetäre Phänomene, die nur

108 Charles P. Kindleberger: *Manias, Panics, and Crashes. A History of Financial Crises*, New York 2000, S. 2.

monetär begründet werden können. Außerdem ist die Frage zu beantworten, warum Unternehmer während des Booms massenhaft Irrtümer begehen. Denn das Vorhersagen der Zukunft, brauchbare Prognosen darüber zu treffen, welche Präferenzen die Konsumenten in einigen Jahren haben werden, ist ja ihr Beruf. Zwar gibt es immer einige, die die Zukunft falsch einschätzen, aber in einer Art darwinistischer Auslese werden die schlechten Vorhersager ausgesiebt – häufig wiederkehrende schlechte Voraussagen führen zum Bankrott –, während die, die die Nachfrage der Konsumenten am besten einschätzen und effizient bedienen, sich durchsetzen. Im Boom aber machen *alle* Unternehmer gleichzeitig Prognosen, die sich *alle zur selben Zeit* als falsch herausstellen. Wie ist das möglich? Sie wurden alle durch einen gemeinsamen Faktor zu Fehleinschätzungen und Fehlinvestitionen verleitet, den Kredit.

Das ökonomische Handeln des Menschen findet nicht bloß im Raum statt, sondern auch in der Zeit. Er handelt nicht nur in der Gegenwart, sondern plant für die Zukunft. Es gibt zwei Möglichkeiten, den Ertrag ökonomischer Produktion zu nutzen: für die Befriedigung gegenwärtiger Bedürfnisse oder für zukünftige Produktion. Im ersten Fall wird er *konsumiert*, im zweiten Fall *gespart*, um als *Kapital* benutzt zu werden. Die Schaffung neuer Kapitalgüter bezeichnet man als *Investition.*[109] Ohne Kapitalgüter, also mit bloßen Händen, hätte kein Mensch je ein Wildschwein erlegt. Selbst einen Hasen zu fangen, wäre ihm fast unmöglich. Kapitalgüter sind also notwendig zum Überleben. Die Frage, welcher Teil des Ertrages jetzt konsumiert wird und welcher gespart und als Kapital benutzt und somit zukünftigem Konsum dient, verlangt eine Entscheidung; vor diesem Problem steht der Schiffbrüchige auf einer einsamen Insel (der Kapitalgüter produziert, indem er ein Boot baut oder aus Kokosfasern ein Netz knüpft) ebenso wie jede Gesellschaft, mag sie steinzeitlich sein oder komplex. Es handelt sich aber nicht um eine Frage, für die es eine vorgegebene Lösung gäbe, die nur gefunden werden müsste; Ökonomie ist keine Mathematik, sondern

109 Eine dritte Möglichkeit gibt es nicht; alles, was nicht Investition ist, ist Konsum, auch der Bau eines Panzers, einer Weltraumstation oder einer Brücke, sofern sie nicht dazu beiträgt, die Produktion zu erhöhen.

die Wissenschaft vom Handeln des Menschen beim Kaufen und Verkaufen von Gütern. Dieses Handeln wird bestimmt von der Abwägung konkurrierender Ziele und verschiedener Wege, sie zu erreichen. Ein Teil dieses Wägens von Präferenzen ist die Abwägung zwischen dem subjektiven Nutzen – also dem Wert –, den die *Gegenwartsgüter* für das handelnde Individuum haben, und dem Wert der *Zukunftsgüter*.

Unser Robinson Crusoe muss wählen zwischen dem direkten Weg zu mehr Nahrung und vielen denkbaren indirekten Wegen – also Umwegen – von unterschiedlicher Länge. Der direkteste Weg wäre, die Nahrung, die er in der Natur findet, mit der Hand einzusammeln. Das Benutzen eines Werkzeugs (das in diesem Fall ein Kapitalgut wäre, da es der Produktion dient) führt zu einer höheren *Produktivität* der Arbeit. Doch die Herstellung eines Speers, eines Netzes oder ausgefeilter Werkzeuge bedeutet erst einmal einen Aufwand von Zeit und Mühe, der erst in der Zukunft zu einem Ertrag führt. Wir nennen dies darum einen *Produktionsumweg*. Alles, was die Weltwirtschaft produziert, ist entweder selbst ein Konsumgut oder trägt dazu bei, in näherer oder fernerer Zukunft ein Konsumgut herzustellen. Je nachdem, wie weit sie von ihrer Bestimmung als Konsumgut entfernt sind, lassen sich Güter als solche erster Ordnung (Konsumgüter) oder solche höherer Ordnung (Investitionsgüter) bestimmen. Das Einschlagen von Produktionsumwegen bedeutet die Investition in Güter höherer Ordnung. Ob Robinson einen solchen Produktionsumweg einschlägt und wenn ja, einen wie langen, hängt von seiner Zeitpräferenz ab: Wie viel ist ihm die zukünftige Produktion im Verhältnis zur gegenwärtigen wert? Wie lange ist er bereit, auf den erhofften Gewinn zu warten (ein Extrembeispiel: Er wird sicher nicht in der Erde nach Erzen graben, um ein Schiff aus Metall zu bauen)? Denn es ist klar, dass er den höheren zukünftigen Genuss in der Gegenwart bezahlen muss, mit Anstrengungen, die keine sofortige Belohnung nach sich ziehen, sondern im Gegenteil mit Entbehrungen verbunden sind. Es handelt sich also um eine Abwägung von Aufwand und Nutzen. Der Genuss, den der Konsum in der Gegenwart bietet, wird dem Genuss des zukünftigen Konsums und der Länge des dafür erforderlichen Produktionsumwegs gegenübergestellt. Wäre der in der Zukunft liegende Genuss genau gleich dem, den der sofortige Verzehr von Gegenwartsgütern bietet, würde sich das Warten nicht lohnen. Die meisten würden sich unter ansonsten gleich bleibenden Umständen (*ceteris paribus*) für den sofortigen Genuss entscheiden. *Ceteris paribus* bedeutet hier vor allem: Die betreffende Person nimmt an, dass ihre wirtschaftliche Situation *unverändert* bleiben wird. Würde sie damit rechnen, dass sie sich in Zukunft verschlechtern könnte, wird sie sparen, was nichts anderes heißt, als dass sie gegenwärtigen Konsum zugunsten von zukünftigem einschränkt. Erwartet jemand andererseits, dass sich seine ökonomische Lage verbessern wird, verstärkt das die *Zeitpräferenz*: Er wird mehr konsumieren, d. h. weniger sparen, oder er wird sogar Schulden machen.

Welche unterschiedlichen Zeitpräferenzen kann es im Extremfall geben? Ein Beispiel für das eine Extrem ist die Sowjetunion der 1930er Jahre. Stalin ließ die Produktion von Kapitalgütern (Maschinen, Eisenbahnen, Staudämme, Bergwerke etc.) maximieren, was bedeutete, dass der Konsum auf ein Minimum reduziert wurde. Das gegenteilige Extrem wäre gegeben, wenn in einer fiktiven Gesellschaft ausschließlich konsumiert würde: Die Anlagen würden verfallen, Rohstoffe – die *per definitionem* ausnahmslos Zukunftsgüter sind – würden nicht mehr gefördert, und schon nach kurzer Zeit ginge buchstäblich das Licht aus; die Bevölkerung fiele innerhalb weniger Monate in die Steinzeit zurück, wo die einen Beeren sammeln, die anderen Jagd auf wilde Tiere machen würden (denn der Betrieb eines Traktors oder anderer Maschinen erfordert *kontinuierliche* Investitionen). »Irgendwo zwischen diesen beiden Extremen muss es in jeder Ökonomie eine Austauschratio von Gegenwart und Zukunft geben, die tatsächlich der Zinsfuß ist«, schrieb der amerikanische Ökonom Frank Fetter vor über hundert Jahren. »Auf Güter angewandt zieht sie durch alle Güter eine Linie, analog den Isothermen auf der Landkarte, steckt eine Zone für Güter der Gegenwart und andere Zonen für jede Periode der Zukunft ab. Es gibt darum eine enge Relation zwischen den Ersparnissen und der Zeitpräferenz [rate of time discount].«[110] Der Zins wiederum wirkt direkt auf das Wirtschaftsgeschehen. In welcher Weise, erklärte der französische

110 Frank A. Fetter: *The Principles of Economics*, New York 1905, S. 93.

Ökonom Turgot Mitte des 18. Jahrhunderts, ebenfalls mit einem Vergleich aus der Geographie. Man könne den Zins, sagte er,

»als eine Art von Niveau betrachten, unterhalb dessen alle Arbeit, jeder Ackerbau, jede Industrie und jeder Handel aufhören müssen. Er gleicht einem Meer, das über ein weites Land ausgebreitet ist; die Gipfel der Berge ragen aus dem Wasser empor und bilden fruchtbare und bebaute Inseln. Wenn dieses Meer abfließt, so kommen mit seinem allmählichen Sinken Abhänge, Ebenen und Täler zum Vorschein, die bald mit Erzeugnissen aller Art bedeckt sind. Das Steigen und Fallen des Meeresspiegels um einen Fuß genügt, um weite Gebiete entweder zu überschwemmen oder der Kultur zurückzugeben.«[111]

Zu einem niedrigeren Zinssatz können nämlich Unternehmungen begonnen werden, die zum höheren Zins nicht profitabel waren. Wie aber steht nun der Zins im Zusammenhang mit der Zeitpräferenz? Würde sich der Zins allein durch das Feilschen am Markt herausbilden, wären steigende Zinsen Ausdruck einer gestiegenen Zeitpräferenz. Sie würden signalisieren, dass weniger gespart wird, Gegenwartsgüter also gegenüber Zukunftsgütern an Wert gewinnen, was vom Unternehmer erfordert, für den jetzigen Konsum zu produzieren, statt lange Produktionsumwege einzuschlagen. Je länger ein eingeschlagener Produktionsumweg ist, desto größer muss der in der Zukunft geschaffene Wert sein, um den alternativen Anwendungen vorenthaltenen Gebrauch von Kapital zu rechtfertigen: Die Profitrate muss höher sein als der Zins.

Was sind das für Investitionen, deren Rentabilität so entscheidend vom Zins abhängt? Vor allem solche, die ein großes Kapital erfordern, so dass der Zins im Verhältnis zu anderen Kosten – also vor allem den Löhnen – eine größere Rolle spielt, Großprojekte, die weit in die Zukunft greifen. Da die Zinseszinsformel eine Exponentialfunktion enthält, machen sich auch geringe Schwankungen des Zinses auf lange Sicht stark bemerkbar: Leiht sich jemand eine Million Euro zu einem Zinssatz von sieben Prozent für zehn Jahre, muss er am Ende der Laufzeit zwei Millionen zurückzahlen. Bei einem Zinssatz von sechs Prozent sind es 1,8 Millionen, bei einem Zinssatz von fünf Prozent 1,6 Millio-

111 Anne Robert Jacques Turgot: *Betrachtungen über die Bildung und Verteilung des Reichtums*, Frankfurt a. M. 1946, S. 59.

nen, und bei einem Zinssatz von drei Prozent lediglich 1,3 Millionen.

Ein Sinken des Zinses signalisiert den Unternehmern also zweierlei: Dass sich das Konsumpräferenzmuster von den Gegenwarts- in die Richtung der Zukunftsgüter verschiebt – dass also die Produktion von Gütern höherer Ordnung gefragt ist – und dass die Ressourcen für das Einschlagen kapitalintensiver Produktionsumwege vorhanden sind. Wenn der Zins durch freiwilliges Sparen entsteht, ist auch beides der Fall; nicht aber, wenn die Notenbank und die Geschäftsbanken das Sinken des Zinses durch Kreditexpansion ohne vorheriges Sparen ausgelöst haben. In diesem Fall hat sich der Konsum nicht verringert, so dass keine neuen Ressourcen für Investitionen entstanden sind.[112]

Die Kreditexpansion der Banken hat die ökonomischen Ressourcen nicht vergrößert, denn die für die Investitionen notwendigen Kapitalgüter wurden ja nicht mitgeschaffen. Indem die Unternehmen mehr Kredite erhalten, wachsen die Ansprüche auf Kapital, das Kapital selbst aber nicht. Im Wettlauf um knappe Kapitalgüter und Arbeitskräfte bieten die Unternehmer, so dass die Preise und Löhne in die Höhe gehen. Das schafft das Trugbild eines höheren Reichtums. Die Empfänger der höheren Löhne geben mehr Geld aus; die monetäre Illusion sorgt dafür, dass sie sich auch dann reicher fühlen, wenn sie in Wahrheit nur eine Lohnerhöhung bekommen haben, die den Geldwertverlust ausgleicht.

Solange sich die Güterpreise nicht der gestiegenen Geldmenge angepasst haben (was etliche Monate dauert), wird mehr konsumiert. Die Illusion springt auf die konsumnahen Bereiche der Wirtschaft über, was zu weiteren Investitionen führt. Nun konkurrieren Investitionen und Konsum um dieselben Ressourcen. Dabei gibt es immer *bottle necks*, bestimmte Sorten von Kapitalgütern und Arbeitskräften, die besonders knapp sind und so die Ausweitung der Produktion selbst dann verhindern würden, wenn alle übrigen Produktionsfaktoren vorhanden wären. Noch während der Boom im Gange ist, zeigen sich die Irrtümer. Die Kapitalgüter, die notwendig wären, damit alle Unternehmer

112 Gäbe es in einer Gesellschaft gar keine Ersparnisse, würde das bedeuten: Das existierende Kapital reicht bei gegebenem Konsum gerade aus, um die bestehende Produktion aufrechtzuerhalten (mehr als die Hälfte aller Investitionen in Europa sind Ersatzinvestitionen, d. h. Erneuerungen verschlissener Kapitalgüter; sie führen nicht zu einer höheren Produktion von Gütern).

die eingeschlagenen Produktionsumwege erfolgreich zu Ende führen können, sind nicht vorhanden.

Die Fülle an Krediten und der künstlich niedrige Zins hatten eine viel größere Menge an Kapital vorgetäuscht als tatsächlich existiert. Die Wächterfunktion, die der Zins eigentlich einnehmen sollte – indem er sicherstellt, dass nur diejenigen Investitionen begonnen werden, deren Abschluss mit den vorhandenen Ressourcen möglich und von den Konsumenten gewünscht ist –, muss nun von den Marktpreisen übernommen werden: Eskalierende Kosten bei Großprojekten, Preise, die weit über den früheren Schätzungen liegen, führen zum Abbruch vieler Investitionen. Andere, eigentlich unrentable (also Werte vernichtende) Unternehmungen aber werden fortgesetzt, da das durch die Kreditexpansion herbeigeführte Steigen der Preise sie zu legitimieren scheint: Im Lichte der durch die Inflation erhöhten Preise schillert die Illusion von Rentabilität. Würde dieser Prozess unendlich erweitert, würden die Kapitalgüter immer teurer, so dass nicht einmal mehr die existierenden Unternehmungen profitabel wären.

Dass dies kein Geldproblem ist (welches sich durch »mehr Geld« beheben lassen würde), versteht man am besten, wenn man sich das Kapital in seiner Naturalform vorstellt: Maschinen, Gebäude, Lieferketten etc. Der Grund der Krise ist die Knappheit dieses realen Kapitals in Relation zu den eingeschlagenen Produktionsumwegen. Durch die Kreditillusion schienen sie gangbar. Aber an dem Naturgesetz, dass man sparen muss, um zu investieren, kommt niemand vorbei. Wenn es keine *freiwilligen* Ersparnisse gibt, dann führt der künstliche Boom zu *erzwungenem Sparen*: allgemeinen Preissteigerungen, die den Konsum reduzieren.[113] Der Boom mit dem ihn begleitenden erzwungenen Sparen währt aber nicht ewig. Plötzlich kommt der jähe Umschlag. Nervös geworden durch das schiere Ausmaß der Kredite (und die damit einhergehende Überdehnung der Bankbilanzen) oder durch das Eintreffen von Nachrichten, die in Kontrast stehen zum überbordenden

113 Und wenn die Regierung alle Preise einfrieren würde? Dann wären leere Regale in den Geschäften die Folge, da es immer einen Preis gibt, der den Markt räumt (mit der Inflation steigt er kontinuierlich an), und da zu dem zu niedrig festgesetzten Preis (denn ihn zu hoch zu setzen, ist ja nicht Sinn der Sache, und wenn er just dort festgesetzt würde, wo der Marktpreis ist, könnte man darauf ganz verzichten) nicht produziert werden kann.

Optimismus (und Beweis der begangenen Fehler sind), ziehen Kreditgeber ihre Mittel zurück. Da es im ganzen System keine Liquiditätspuffer mehr gibt, stößt dies eine Kettenreaktion an. Um an Geld zu kommen, werden Rohstoffe, Wertpapiere und auch Kapitalgüter liquidiert, die Preise fallen durch die gleichzeitigen Notverkäufe beträchtlich und ziehen auch einige vorher profitable Unternehmungen zeitweise in die Verlustzone.

Jetzt scheint es plötzlich zu viele Kapitalgüter zu geben, doch der Eindruck rührt allein daher, dass die evidente Unmöglichkeit, alle begonnenen Investitionen zu Ende zu führen, zum gleichzeitigen Abbruch vieler dieser Projekte führt.[114] Gleichzeitig verringern die Banken nun ihre Kreditvergabe, die Geldmenge sinkt, die Preise fallen. Jetzt wäre das Kapital für die legitimen, von den Konsumenten gewünschten Investitionen wieder vorhanden, doch es wird nicht ausgeschöpft. Der Grund ist die durch den vorherigen Boom und die plötzliche Krise geschaffene Disproportionalität der Produktion und der Preise. Der Boom hat bewirkt, dass die Ziele des neugeschaffenen Geldes überstimuliert wurden und in Relation zum Rest der Wirtschaft zu stark gewachsen sind. Die gestiegene Produktion trifft auf eine rückläufige Nachfrage, da die Konsumpräferenzen nicht mehr die gleichen sind wie während der inflationären Periode und viele während des Booms bereits ihren Bedarf gedeckt haben.[115] Zudem wurden während des Booms die Kosten in die Höhe getrieben. Die höheren Materialkosten und Löhne müssen aber von den Käufern der betreffenden Güter bezahlt werden, wozu diese nach dem Ende des inflationären Überschwangs, im Angesicht der knapper werdenden Geldmenge, nicht mehr willens sind. Die Krise

---

114 *»In diesem Zusammenhang sollte man bemerken, dass die Einführung eines längeren Prozesses von Produktionsumwegen in fast allen Fällen nicht nur ein einzelnes Unternehmen betrifft, sondern eine Reihe von Unternehmungen, die die aufeinander folgenden Stufen der Produktion repräsentieren. Selbst eine vollständige Anlage kann in diesem Sinn Teil eines unvollständigen Prozesses sein, wenn das Kapital fehlt, das in die Maschinen oder andere Kapitalgüter investiert werden müsste, die von dieser Anlage produziert werden würden. Eine Anlage, die ausgerüstet ist, um eine Nachfrage nach Maschinen zu befriedigen, die nicht permanent unterhalten werden können, ist in diesem Sinn Teil eines Produktionsumwegs, der nicht fortgeführt werden kann.«* F. A. Hayek: *Monetary Theory and the Trade Cycle*, New York 1933, S. 224.

115 Die massenhafte und gleichzeitige Vergabe von Darlehen für den Autokauf und von Investitionskrediten für die Autoindustrie etwa könnte bei einem Autohersteller den Eindruck erzeugen, als seien seine Modelle besonders begehrt, als müsse er die Produktionskapazitäten erhöhen, um der Nachfrage gerecht zu werden, und als seien die Mittel dazu vorhanden. Wenn dann zu einem späteren Zeitpunkt die neue Produktion in Betrieb geht, trifft sie vielleicht auf einen Markt, der gesättigt ist.

dauert mithin so lange, bis neue, auf den geänderten Konsumpräferenzen basierende Austauschrelationen (Preise) gefunden sind. Viel Kapital ist unwiederbringlich verloren.[116]

Ist ein bedeutender Sektor einer Wirtschaft in der Krise, dann ist unweigerlich auch der Rest von ihr betroffen. Man kann an zwei Bauern denken, von denen der eine Äpfel, der andere Birnen anbaut, und die Äpfel und Birnen gegeneinander tauschen. Werden die Birnbäume plötzlich von einer Krankheit befallen, hat auch der Apfelbauer ein Problem: Er kann seine Äpfel nicht mehr tauschen, so dass es manchen scheinen könnte, als gäbe es eine Überproduktion von Äpfeln, während es aber in Wirklichkeit eine Unterproduktion von Birnen ist: Es fehlen die *komplementären Güter*. Kein Produzent aber kann es sich leisten, seine Güter nicht zu tauschen. Er tauscht also gezwungenermaßen zu einem Verhältnis, bei dem er weniger bekommt, als er selbst für die Produktion aufgewendet hat: Er macht Verlust.

Jede Wirtschaftskrise ist also ein Koordinationsproblem. Die Proportion der erweiterten Produktion entspricht nicht den Präferenzen der Konsumenten und den vorhandenen Ressourcen. Das Problem der Koordination gibt es, wohlgemerkt, bei jeder Ware, die hergestellt wird – aber für gewöhnlich wird es gelöst, Tag für Tag für Tag. In seinem klassischen Essay »I, Pencil«[117] von 1958 hat Leonard E. Read anschaulich auf das verblüffende Phänomen aufmerksam gemacht, dass für die Produktion eines so scheinbar einfachen Guts wie eines Bleistifts die Zusammenarbeit von Millionen Menschen erforderlich ist – und es auf dem ganzen Planeten *keinen einzigen* Menschen gibt, der weiß, wie ein Bleistift hergestellt wird (d. h. niemand auf der Welt könnte auch nur annähernd die zahllosen dafür eingesetzten Materialien und Fertigkeiten aufzählen). Wie ist das möglich? Die Koordination erfolgt über den Markt und den Profit-/Verlust-Test: Er verhindert auch, dass Arbeit und Kapital auf die Produktion eines Guts verschwendet werden, das einen geringeren Wert hat als der Input. Die für die Herstellung eines iPads benötigten Touchscreens, Gehäuse und Prozessoren muss Apple-Chef Tim Cook am Markt gegen alternative Anwendungen derselben

116 Man denke etwa an die während der Kreditexpansion geschaffenen spanischen Geisterdörfer.
117 http://www.econlib.org/library/Essays/rdPncl1.html

Güter ersteigern. Dass er dabei einen Profit erzielt, zeigt, dass die Konsumenten den von ihm vorgeschlagenen Einsatz konkurrierenden Anwendungen vorziehen.

Beim Geld ist das anders. Mit anderen Waren hat es zwar gemein, dass die Nachfrage danach steigt, wenn der Preis fällt. Aber es unterscheidet sich von allen anderen Waren dadurch, dass seine Produktion so gut wie keine Kosten verursacht. Sie kann unendlich ausgeweitet werden, die Geldproduzenten erzielen immer einen Gewinn. Das ist das Hauptcharakteristikum des jetzigen Geldsystems: die *elastische* Geldmenge.

Wie sähe die Lage aus, wenn die Geldmenge nicht elastisch, sondern fix wäre? Für jeden Kredit, den die Banken vergeben, müssten sie sich erst einmal für eine bestimmte Zeit Ersparnisse in gleicher Höhe ausleihen. Dazu müssten sie Zinsen bezahlen, der Differenzbetrag zwischen dem Zins, den sie dem Sparer zahlen und dem, den sie vom Kreditnehmer verlangen, wäre ihr Bruttogewinn – ein Lohn für die Unternehmertätigkeit, das Risiko und das effiziente Management dieser Risiken. Je nachdem, wie gut die Banken in der Ausübung dieser Tätigkeiten – und vor allem bei der richtigen Einschätzung von Risiko – wären, würden sie Gewinne oder Verluste in unterschiedlicher Höhe machen. Wüchse die Nachfrage nach Krediten oder ließe die Sparneigung nach, stiege der Zins, was die Nachfrage dämpfen und gleichzeitig das Sparen anregen würde. Ein kreditgetriebener Immobilienboom wäre unmöglich.

Die elastische Geldmenge hingegen ermöglicht es, jeden Wunsch nach Kredit zu befriedigen, unabhängig davon, ob dahinter ein gesunder Plan steht oder nicht. Der Profit-/Verlust-Test, der Verschwendung in der produzierenden Wirtschaft eindämmt, ist ausgerechnet in dem für die Gesellschaft wichtigsten Bereich, der Kreditvergabe, außer Kraft gesetzt.

Da der Preis des Geldes im letzten Jahrzehnt künstlich niedrig gehalten wurde, stiegen stattdessen die Preise der Güter, die mit dem neuen Geld gekauft wurden. In einem kreditgetriebenen Boom bremst dies aber nicht die Nachfrage, sondern befeuert sie weiter, Kreditmenge und Immobilienpreise schaukeln einander hoch. Die anschließende Kreditverknappung brachte die massenhaft begangenen Fehlinvestitionen an den Tag. Diesen Gummibandeffekt einer wachsenden und schrumpfenden Geldmenge gäbe es nicht, würden die Banken immer nur die jeweils verfügbaren, freiwilligen Ersparnisse als Kredite vergeben. Die Menge der Kredite wäre nur relativ geringen Schwankungen unterworfen, und diese Schwankungen würden *allein* die Zeitpräferenz der Konsumenten reflektieren, den Diskont anzeigen, den sie von dem Wert der Zukunftsgüter abziehen.

Zu einer Mehrproduktion führt die Ausdehnung des Kredits nicht, da in der physischen Realität, in der wir uns bewegen, nur das Gesparte investiert werden kann und nicht mehr. Im Gegenteil bewirken die Zyklen eine Minderproduktion, sie führen zu Fehlinvestitionen und Kapitalverschwendung. Es macht einen Unterschied, ob zehn Leute nacheinander durch eine Tür gehen, oder ob sie alle gleichzeitig durch die Tür wollen. Die Kreditvergabepolitik der Banken sorgt dafür, dass es immer wieder Zeitpunkte gibt, wo alle durch die Tür wollen und solche, wo keiner es will, weil man sich zuvor Blessuren geholt hat.

All dies erklärt auch das Phänomen des massenhaften Unternehmerirrtums. Der einzelne Unternehmer hat gar keine Möglichkeit, die Gründe für eine steigende Nachfrage zu identifizieren: ob mehr Kunden kommen, weil sein Produkt gut ist, oder ob er bloß eines der vielen Boote ist, die durch die Flut der Kredite emporgehoben wurden. Der von Noten- und Geschäftsbanken künstlich, ohne Rücksicht auf freiwillige Ersparnisse nach unten manipulierte Zins verleitet ihn dazu, in Güter höherer Ordnung zu investieren, zu lange Produktionsumwege zu beginnen, im Vertrauen auf das Vorhandensein der erforderlichen Ressourcen und auf die zukünftige Nachfrage. Die Krise stellt die begangenen Fehlinvestitionen bloß, beseitigt sie und stellt das von den Konsumenten gewollte Verhältnis von Investition und Konsum wieder her. Versuchen Regierungen und Notenbanken, die Wirtschaft durch mehr Inflation zu »stabilisieren«, bedeutet das nichts anderes, als dass sie ebenjene Produktionsstruktur zu stützen suchen, die die Krise überhaupt erst herbeigeführt hat.

Auslandsverschuldung – der geborgte Boom

In den letzten zwanzig Jahren gab es eine Vielzahl von Wirtschaftskrisen mit ähnlichen Symptomen: Hohe Schulden des Staates und/oder der privaten Haushalte; ein großes Außenhandelsdefizit, das das Land anfällig für eine Währungskrise macht; oft kommt auch eine Krise der Banken hinzu. Am Ende steht manchmal der Bankrott, wenn er nicht durch Finanzhilfen des Auslands oder supranationaler Organisationen wie dem IWF verhindert wird. Nicht alle Symptome müssen auftreten, aber überraschend häufig tun sie das. Warum?

Nehmen wir als Beispiel einen fiktiven Staat, die Republik *Desperatien*. Die Landeswährung ist der *Despero*. In dieser Währung bezahlt der Staat, der größte Arbeitgeber Desperatiens, die Gehälter seiner Angestellten. Auch die privaten Unternehmen Desperatiens benutzen den Despero, denn das Gesetz schreibt es vor und droht denen, die in anderem Geld zahlen, mit Gefängnis (eine gewisse Nachfrage nach Desperos ist darum immer gegeben). Nun hat die desperatische Regierung bestimmte Geldbedürfnisse. Sie hat die heilige Aufgabe, das desperatische Volk würdevoll zu repräsentieren, sie muss die Armee bezahlen und was nicht alles noch. Die Regierung möchte konsumieren, produziert aber nichts, also muss sie sich gewaltsam das aneignen, was andere produzieren, mit anderen Worten: sie erhebt Steuern. Damit aber kommt sie immer noch nicht aus. Was tun? Sie könnte das Geld einfach drucken – aber sähe das nicht aus wie in einer Bananenrepublik? Also wählt sie eine elegantere Methode. Sie leiht sich das Geld von den einheimischen Banken, indem sie ihnen Staatsanleihen verkauft. Die Regierung kann dazu ein Gesetz erlassen, das die Banken zwingt, einen Teil ihrer Kundeneinlagen in Staatsanleihen zu halten. Viele Länder verfahren so. Vielleicht ist das aber gar nicht notwendig. Denn zum einen haben Desperatiens Banken ohnehin keine große Wahl: Außerhalb von Desperatien wird der Despero nicht verwandt, es hat dort also auch niemand ein Interesse daran, sich Desperos zu leihen. Wenn die Banken Zinsen erwirtschaften wollen, dann können sie das nur, indem sie an Kunden in Desperatien leihen. Dort aber gibt es nicht viele gute Schuldner, und unter den schlechten ist der Staat immer noch der beste, denn er hat ja laufende Steuereinnahmen oder kann im Notfall weiteres Geld drucken. Zum anderen kann man mit den Anleihen etwas machen, was man z. B. mit einem Schuldschein, den der Peter dem Paul ausstellt, nicht kann: Man kann sie bei der Desperatischen Zentralbank (DZB) einreichen und bekommt dafür bares Geld. Das über Anleihen finanzierte Staatsdefizit vergrößert die Geldmenge also in ähnlicher Weise, wie wenn der Staat das Geld einfach drucken würde, mit drei Unterschieden: Es sieht besser aus, die Banken bekommen zuverlässig die Zinsen, und einer *allzu schnellen* Geldvermehrung ist ein Riegel vorgeschoben, wenn auch kein ganz sicherer.

Die Staatsschuld erfülle eine wichtige volkswirtschaftliche Funktion, sagt der desperatische Finanzminister, wie sollten die Bürger sonst ihr Geld anlegen? Um die Rückzahlung braucht sich niemand Gedanken zu machen: Am Zahltag wird das alte Darlehen einfach durch ein neues, größeres abgelöst. Einen Nachteil gibt es aber aus Sicht der Regierung: Sie bekommt nur das, was man für Desperos kaufen kann. Ein Heer und eine große Bürokratie? Kein Problem. Technische Geräte für Desperatiens Krankenhäuser? Nein, das nicht, denn die werden in Desperatien nicht hergestellt. Das wäre möglicherweise für die Regierung zu verschmerzen, aber sie hat andere drängende Bedürfnisse: Sie möchte ein neues Regierungsgebäude, einen Flughafen und eine hundert Kilometer lange Autobahn, die das Regierungsgebäude mit dem Flughafen verbindet. Was braucht man dazu? Bagger, Lkw, Planierraupen, Zement, Stahl – mit anderen Worten: Kapital. Kapitalgüter werden leider in Desperatien auch nicht produziert, dafür aber Äpfel. Der Weg, an das Kapital zu kommen, das für die Pläne der Regierung benötigt wird, ist also: Handel. Desperatien verkauft einen Teil seiner Äpfel und bekommt dafür Taler, die internationale Leitwährung. Die DZB behält diese Taler und zahlt den Verkäufern der Äpfel den äquivalenten Betrag in Desperos aus. Auf diese Weise bildet sich bei der Notenbank eine Devisenreserve. Bei Importen ist es genau umgekehrt: Der Importeur zahlt den Betrag in Desperos an die Notenbank, und diese überweist die entsprechende Summe in Talern[118] an die Notenbank des Exportlandes, wodurch sich ihre Devisenreserven verringern. Nur dadurch, dass ein Land etwas anbietet, das man für seine Währung kaufen kann (außer materiellen Gütern kann das auch ein schöner Badestrand sein), bekommt sie für Ausländer überhaupt einen Wert. Indem Desperatien Güter für den Weltmarkt produziert (oder Touristen anlockt), bekommt es die Möglichkeit, Waren im gleichen Wert zu importieren – aber nicht mehr. Mehr importieren als das, was es ausführt, kann Desperatien nur, wenn es in die internationalen Finanzmärkte eingebunden ist, also das Ausland beispielsweise Kredit gewährt.

Nehmen wir an, dass Desperatien von den internationalen Finanzmärkten bislang isoliert war. Dann wird ein plötzlicher Überhang an Importen, die Desperatien in Talern bezahlen muss, zu einer Aufzehrung der Devisenreserven führen. Irgendwann wären die Taler aufgebraucht, die Notenbank könnte keine Desperos mehr tauschen, die Importe könnten nicht mehr bezahlt werden. So weit kam es aber in Desperatiens Geschichte bislang nicht; denn wenn es keine entgegenwirkenden Einflüsse der Finanzmärkte gibt, gilt das Gesetz der »automatischen Handelsbilanz« (begründet hat das im 18. Jahrhundert David Hume): Um Waren im Ausland zu kaufen, müssen die Desperatier ja erst einmal die entsprechende Währung kaufen; und indem sie nun ihre Desperos gegen die ausländische Währung tauschen, sinkt der Austauschwert des Desperos. Ein großes Außenhandelsdefizit ist unmöglich, denn es würde den Wert des Desperos so stark drücken, dass Importartikel unendlich teuer würden. Sie würden nicht mehr gekauft, und die Bilanz wäre wiederum in Balance.

---

118 Es kann natürlich auch eine beliebige andere Währung sein. Bei wenig gehandelten Devisen (wozu der Despero gehören könnte) wird allerdings in der Realität der US-Dollar zwischengeschaltet: Euros werden also nicht direkt gegen kolumbianische Pesos getauscht, sondern erst gegen US-Dollars gewechselt, die dann gegen Pesos getauscht werden. Es ist wie im Flugverkehr, wo es ja auch keine Direktverbindungen von Deutschland in alle Länder der Welt gibt, so dass man z. B. in Miami umsteigen muss, wenn man nach La Paz möchte.

Die Regierung Desperatiens hat das Problem studiert und begriffen: Um das importieren zu können, was sie braucht, um ihre Bauvorhaben umzusetzen, muss Desperatien mehr exportieren. Aber was? Aus Mangel an Kapitalgütern, die die Arbeit produktiver machen, wurde in Desperatien bislang mit sehr einfachen Mitteln gearbeitet. Die Bevölkerung ist fleißig, aber ohne moderne Maschinen, Infrastruktur, Lieferketten usw. kommt weniger dabei heraus als in Ländern mit fortgeschrittenerer Technologie. Geringer Kapitaleinsatz bedeutet niedrige Produktivität – und eine stagnierende Gesamtproduktion. Denn während ein einzelner Unternehmer die Zahl seiner Angestellten verdoppeln oder verdreifachen kann, indem er sie von Konkurrenten abwirbt, kann die Gesellschaft als ganze das nicht: Die Zahl der Arbeitskräfte ist relativ konstant, d.h. sie steigt nur langsam. Der einzige Weg, die Produktion zu erhöhen, ist die Steigerung der Produktivität, also ein größerer Einsatz von Kapital pro Arbeiter.

Die fortgeschrittensten Länder haben Jahrhunderte gebraucht, um die von ihnen jetzt zur Produktion benutzten Technologien zu entwickeln und das erforderliche Kapital zu schaffen. Für Desperatien aber gibt es zum Glück Möglichkeiten, den Weg zu verkürzen und sich dabei die bereits geleistete Arbeit der anderen zunutze zu machen. Ein solcher Weg sind ausländische Direktinvestitionen. Wenn ein ausländischer Konzern in Desperatien eine Fabrik errichtet, bringt er das Kapital und das Know-how mit. Das erhöht die Löhne in Desperatien und führt nicht zu einer Verschuldung. Der Nachteil ist, dass die Möglichkeiten der Regierung, Ausländer zu Investitionen zu bewegen, begrenzt sind. Sie kann sie bitten, auf sie einreden, die Vorzüge des Landes preisen und natürlich vor allem bessere Produktionsbedingungen schaffen – aber sie kann sie nicht zwingen. Und bis die Investitionen zu so hohen Steuereinnahmen führen, die es ihr ermöglichen, sich alle Wünsche zu erfüllen, können Jahre vergehen.

Der schnellere, aber auch riskantere Weg ist die Kreditaufnahme im Ausland. Desperatiens Regierung steht vor der Wahl: Sie kann eine Anleihe in der Landeswährung platzieren oder in einer Fremdwährung wie dem Taler. Desperoanleihen kaufen Ausländer warscheinlich nicht gern, weil sie die unübersichtlichen Risiken exotischer Währungen scheuen. Also muss sich der Staat in einer ausländischen Währung verschulden. Jetzt könnte er das geborgte Kapital einfach konsumieren. Wie aber soll er es dann später zurückzahlen? Der Regierung wird klar: Kreditfinanzierter Konsum ohne Produktionssteigerung ist der sichere und schnelle Weg in den Ruin. Sie muss gleichzeitig dafür sorgen, dass Desperatien mehr Güter produziert. Dazu liberalisiert sie das Bankwesen. Damit wird es auch für die desperatischen Unternehmen und Konsumenten leichter, an Kredite zu kommen, und sie machen davon Gebrauch. Zahlungen mit elektronischem Geld, Kreditkarten und Ratenzahlungen werden populär; Banken müssen darum weniger Bargeld vorrätig halten und können mehr verleihen. Zudem verringert sich die »Informationsasymmetrie«: Früher haben die Banken nur ungern Konsumentenkredite vergeben, weil sie nie so genau wussten, wen sie vor sich hatten. Sie mussten immer damit rechnen, dass der Kredit nicht zurückgezahlt werden würde, darum haben sie auf den Zins einen Aufschlag für diese Unsicherheit erhoben. Dank des elektronischen Zahlungsverkehrs kennen sie heute die gesamte Kredithistorie eines Kunden und können seine Bonität besser einschätzen. Sie vergeben mehr Kredite, zu niedrigeren Zinsen. Auch die Refinanzierungskosten der Banken sinken, denn da Desperatiens Wirtschaft nach jahrzehntelanger Stagnation einen Aufschwung begonnen hat, hat der Despero gegenüber dem Taler an Wert gewonnen, woraufhin die Notenbank die Leitzinsen gesenkt hat.

Aus dem Ausland strömt nun vermehrt Liquidität nach Desperatien, es wird investiert und Kredite werden vergeben. Viele Desperatier tun es der Regierung gleich und nehmen zu niedrigen Zinsen Darlehen auf, die in Talern zurückgezahlt werden müssen. Der desperatische Finanzminister ist plötzlich im Ausland ein gern gesehener Gast. Immer wieder soll er die Gründe für Desperatiens hohes Wirtschaftswachstum erklären. Tatsächlich boomt die Wirtschaft. Der Arbeitsmarkt ist leergefegt, denn überall im Land wird gebaut: Wohnhäuser, Geschäfts- und Bürogebäude, Straßen, Brücken, Flughäfen, Rathäuser und Sportarenen. Die Grundstücks- und Immobilienpreise explodieren. Bald gibt es viele neue Millionäre. Denn hat ein Desperatier erst einmal ein paar Immobilien, die im Wert steigen, dann gibt ihm die Bank einen noch größeren Kredit, mit dem er noch mehr davon erwirbt. Das treibt die Preise der Grundstücke und Immobilien weiter in die Höhe, was es wiederum den Banken ermöglicht, guten Gewissens noch größere Hypothekenkredite zu vergeben. Gleichzeitig locken die steigenden Preise mehr Geld aus dem Ausland an. Es ist ein sich selbst verstärkender Kreislauf. Desperatiens Finanzminister nennt es ein Zeichen des wachsenden Wohlstands und des großen Vertrauens in die Zukunft des Landes und seiner Wirtschaft. Auch die Börsenkurse der desperatischen Unternehmen haussieren. Vor allem zwei Branchen werden von Börsenexperten empfohlen: die Banken und der Bausektor. Die Immobilienpreise ziehen weiter an. Gleichzeitig boomt der private Konsum, erkennbar an der großen Zahl neuer Autos in der Hauptstadt.

Die Regierung gilt als die erfolgreichste in der Geschichte Desperatiens und wird mit großer Mehrheit wiedergewählt. Inflation gebe es nicht, sagt ein Regierungssprecher und verweist auf den amtlichen Preissteigerungsindex. Tatsächlich sind die Preise in Desperatiens Supermärkten in vielen Fällen sogar gesunken, man sieht immer mehr Importwaren in den Regalen. Der Despero befindet sich gegenüber dem Taler auf einem historisch hohen Niveau. So könnten die Dinge immer weitergehen.

Eines Tages aber tauchen böse Gerüchte auf: Eine Bank des Landes, die stark im Immobiliengeschäft engagiert ist, sei in eine Schieflage geraten, heißt es; einer ihrer Kunden habe sich verspekuliert und sei offenbar aus dem Land geflohen.

Die Regierung beschwichtigt: Das sei ein Einzelfall, Desperatiens Banken seien gesund, und alle ökonomischen Statistiken wie etwa die Wachstumsrate und die Arbeitslosenquote sprächen für die Solidität der desperatischen Wirtschaft. Zu Panik gebe es also keinen Anlass.

Doch die Finanzmärkte scheinen das nicht zu glauben, der Despero und die Aktien des Landes, vor allem die Finanztitel, brechen ein. Der desperatische Finanzminister wittert das Werk von Spekulanten. Die Lage werde sich schon bald beruhigen, verspricht die Regierung, beraumt aber trotzdem eine Krisensitzung des Kabinetts an. Bald melden auch andere Banken Probleme. Sie müssen Talerkredite zurückzahlen und bitten die Notenbank um Beistand. Deren Devisenreserven aber reichen kaum, um die Umtauschbarkeit des Desperos sicherzustellen. Dessen Kurs fällt und fällt. Jetzt bekommen die ausländischen Gläubiger es mit der Angst zu tun und ziehen alles ab, was liquide ist: Sie erneuern kurzfristige Darlehen nicht, kündigen die Kredite, die sich kündigen lassen und verkaufen ihre Aktien. Je mehr die Ausländer verkaufen, desto stärker fällt der Desperokurs, was neue Panik schafft, und desto mehr müssen die desperatischen Banken liquidieren, um nicht Bankrott zu machen. Dabei reicht es keineswegs aus, dass sie für jeden Taler, den sie zurückzahlen, den entsprechenden Desperobetrag auftreiben: Sie haben nämlich während des Booms die ausländischen Kredite gehebelt und für jeden Taler, den ein Ausländer bei ihnen eingezahlt hat, ein Vielfaches an Desperokrediten geschaffen. Das war ja, wie sich jetzt herausstellt, das, was den Boom befeuert hat (und nicht das Können der Regierung, wie diese immer behauptete). Jetzt wirkt der Hebel in die andere Richtung: Für jeden Taler, der aus Desperatien herausfließt, müssen die Banken ein Vielfaches des Gegenwerts in Desperos auftreiben.

Wie aber soll das möglich sein? Es ist ja alles in den Konsum geflossen. Die Häuser, Autobahnen und Sportstadien, die mit den Krediten finanziert wurden, sind da und können besichtigt werden. Die kreditfinanzierten Autos fahren auch noch durch die Gegend. Aber damit lassen sich die Schulden nicht zurückzahlen. An Taler zu kommen, fällt den Desperatiern schwerer denn je. Die Immobilienpreise sind weit von den Höchstständen entfernt. Der Abschwung am Immobilienmarkt – man spricht vom »Platzen« einer Blase, eigentlich ist es aber meist eher ein über viele Jahre andauerndes Entweichen der Luft – bedroht die Existenz der Banken, denn viele Kreditnehmer können die Darlehen nicht zurückzahlen, und für die Häuser finden sich Kaufinteressenten nur zu weitaus niedrigeren Preisen als denen, die während des Booms gezahlt wurden. Die Krise der Bauwirtschaft und der baunahen Sektoren sorgt auch in anderen Bereichen der Wirtschaft für Umsatzeinbrüche. Die Banken vergeben kaum noch Kredite, da es ihnen selbst schwerfällt, an Geld zu kommen und ihre eigenen Verbindlichkeiten zu bedienen. Ihr Problem sind nicht allein die direkten Verluste, die dadurch entstehen, dass Immobilien- und Konsumentenkredite nicht zurückgezahlt werden. Kreditwürdigkeit hängt ja von den Erwartungen ab, von der Einschätzung der Zukunft. Schon lange bevor sich alle Verluste aus dem Kreditgeschäft tatsächlich einstellen, überlegt sich jeder potenzielle Geschäftspartner einer Bank, wie viele faule Kredite sie wohl in Zukunft in ihren Büchern haben wird, wenn die Immobilienpreise weiter fallen und die Arbeitslosigkeit steigt. Für Banken wird es in der Folge immer schwerer, sich zu refinanzieren. Durch die Beschränkung der Kreditvergabe ist nun auch die Existenz derjenigen Unternehmer bedroht, deren Geschäft eigentlich konjunkturunabhängig ist: des Bauern, dessen Ersparnisse nicht bis zur Ernte reichen, oder des Hochseefischers, dessen Kutter einen Motorschaden erleidet. Die Wirtschaftskrise breitet sich aus.

Ob ein Wirtschaftsabschwung eine kurzfristige Rezession oder eine chronische Schuldenkrise ist, hängt nicht nur von der Dimension ab, sondern auch davon, ob sich der Boom allein auf die übermäßige Ausdehnung des Kredits durch inländische Kreditinstitute stützte, oder ob er durch Liquiditätszuflüsse aus dem Ausland gespeist wurde, wie es im Falle Desperatiens der Fall war. Der zweite Fall wiegt schwerer. Denn die Desperatier haben nun zusätzliche Probleme: Durch die Währungsabwertung hat sich die reale Schuldenlast ohne ihr Zutun plötzlich stark erhöht, da die Kredite ja in Talern zurückgezahlt werden müssen, deren Wert gestiegen ist.

Was, wenn Desperatien einfach nicht zahlt? Die ausländischen Gläubiger schicken zum Eintreiben der Schulden zwar keine Armeen und Kanonenboote mehr, wie sie das noch zu Beginn des 20. Jahrhunderts getan haben, können das Land aber vom Zugang zu den Kapitalmärkten abschneiden, was eine weitere Unsicherheit bedeutet und die wirtschaftliche Erholung hemmt. Die Schuldentilgung aber belastet Desperatien ebenfalls, zumal die Konditionen sich inzwischen verschlechtert haben: Die Anleihen der desperatischen Regierung laufen nur wenige Jahre. Da mit den Schulden nun leider doch vorwiegend Konsum finanziert wurde – wozu auch der Immobilienboom zählt –, können sie nicht mit höherer Produktion zurückgezahlt werden. Für neue Anleihen verlangen die Gläubiger deutlich höhere Zinsen, schließlich ist Desperatien keine aufstrebende Boomnation mehr, sondern ein Pleitekandidat. Doch es gibt auch Hoffnung für Desperatien: Für die Länder, die in den letzten zwanzig Jahren in akute Schuldenkrisen der beschriebenen Art gestürzt sind – Mexiko, Brasilien, Argentinien, die Türkei, Südkorea, Russland oder die Staaten Südostasiens –, bedeuteten sie im Rückblick nur Unterbrechungen ihres wirtschaftlichen Aufstiegs.

Die Schuldenkrise und ihre Ära

Staatsbankrott – das Wort erregt Angst und Schaudern. Der Staat ist der Gott, an den alle glauben, die Rechten wie die Linken. Wird der Mensch erwachsen, tritt der Staat an die Stelle der Eltern. Er wird geehrt, ihm schuldet man Gehorsam, er erzieht durch Belohnung und Strafe und ist allgegenwärtig. Ein Europäer, der vierzig Jahre lang berufstätig ist, leistet statistisch betrachtet zwanzig Jahre lang Dienst für den Staat, von acht Stunden täglicher Arbeit entfallen auf ihn vier. Dafür sagt der Staat uns, was wir zu tun und zu lassen haben, und gibt dem Leben so erst einen echten Sinn. Da ist es kein Wunder, dass viele Menschen sich vor dem Bankrott des Staates mehr fürchten als vor dem eigenen Tod. Aber was ist eigentlich ein Staatsbankrott?

Streng genommen ist ein Staat bereits dann bankrott, wenn er die Zinsen auf seine Schulden nicht pünktlich zahlt. Wenn er sich entschließt, den Bankrott zu erklären, kann er wahlweise die inländischen oder die ausländischen Gläubiger prellen oder beide. Es ist eine Entscheidung, die er nach Abwägung von politischen und ökonomischen Gesichtspunkten treffen wird und die davon abhängt, ob er mehr die Wut der eigenen, um ihre Ersparnisse betrogenen Bürger fürchtet oder die durch den Verlust des Zugangs zu den internationalen Finanzmärkten zu erleidenden Nachteile und etwaige Gerichtsklagen im Ausland.

Der traditionelle Weg zur Konkursverschleppung ist Inflation. Was aber ist, wenn kein Geld mit neuen Motiven gedruckt werden soll? Wenn ein Staat sich z. B. einer Währungsunion angeschlossen hat, die er nur ungern verlassen will? Wenn er das Geld, das er ausgibt, nicht selbst drucken kann, aber irgendwann keines mehr besitzt? Kurz: Was, wenn der Staat wirklich nichts mehr ausgeben kann?

Die Antwort ist klar: In dem Moment, wo er kein Geld mehr hat und auch aus dem Ausland keine Hilfen mehr bekommt, muss er aus der Währungsunion austreten, anderenfalls brächen Anarchie und Chaos aus. Vorstellbar ist aber zumindest, dass es eine Interimszeit gibt, in der der Staat zwar pleite ist, aber der politische Beschluss, zur eigenen Währung zurückzukehren, noch nicht gefasst wurde, wo also alles in der Schwebe hängt. Was wäre dann? Verglichen mit den vielen hundert Fällen, in denen die Bankrottstaaten wild inflationiert oder den Gläubigern einfach eine lange Nase gedreht haben, ist dies ein noch wenig erforschtes Gebiet. Ein Blick auf die USA kann hier vielleicht helfen. Warum ausgerechnet die USA? Weil dieses Land die schöne Einrichtung des Schuldenlimits hat, welches dafür sorgt, dass irgendwann tatsächlich kein Geld mehr da wäre, wenn der Kongress die Grenze nicht rechtzeitig anhöbe.

Das ist schon einmal vorgekommen, und damals konnte man sehen, was passiert, wenn ein Staat für *einige Tage* (eine nicht ganz unwichtige Ergänzung) kein Geld mehr hat. Völlige Ebbe kann in der Kasse freilich niemals herrschen, da es ja immer noch Steuereinnahmen gibt. Die decken aber im Fall der USA nur 60 Prozent der laufenden Ausgaben. Wenn der Staat keine neuen Schulden mehr aufnehmen kann, muss er also einen Teil seiner Tätigkeit einstellen, *Government shutdown* nennt man das. Die beiden letzten dieser Fälle ereigneten sich im Fiskaljahr 1996. Damals wurde die Hälfte der zwei Millionen Staatsangestellten nach Hause geschickt.

Sie sind auf unbestimmte Zeit von ihrer Dienstpflicht befreit und erhalten keinen Lohn mehr. Ausgenommen von der Beurlaubung sind Minister und andere vom Präsidenten ernannte Personen, die Mitglieder des Kongresses, uniformiertes Militärpersonal und Angestellte, die als »unverzichtbar« gelten. Das betrifft etwa medizinische Versorgung von Krankenhaus- und Notfallpatienten; Aktivitäten, die notwendig sind, um die öffentliche Gesundheit und Sicherheit zu gewährleisten (darunter auch die Sicherheit von Lebensmitteln, Medikamenten und gefährlichen Materialien); Fluglotsen und Transportsicherheit; Überwachung und Schutz der Küsten und Grenzen; den Schutz staatlichen Eigentums; Beaufsichtigung von Häftlingen und anderen Personen in staatlicher Obhut; Polizei und FBI; den Katastrophenschutz; Stromerzeugung und Leitungen; das Geld- und Bankwesen sowie die Finanzämter. Die Behörden erstellen Listen von Personen, auf obige Kriterien zutreffen. Diese müssen zunächst ohne Bezahlung weiterarbeiten, ihren Lohn erhalten sie erst, wenn der Staat wieder zahlungsfähig ist. Zur Bezahlung der externen Kosten dürfen die Behörden Schuldscheine ausstellen. Was sind die Folgen für die Öffentlichkeit? Je bürokratischer ein Staat, desto mehr mögliche Opfer gibt es. Die Liste der betroffenen staatlich geförderten Aktivitäten ist lang. Ein paar Beispiele:

Gesundheit: Das klinische Zentrum des *National Institute of Health* (NIH), das jeden Monat 800 Patienten behandelt, nahm keine neuen Patienten mehr auf. Die Seuchenüberwachung stellte ihre Arbeit ein, Informationen etwa über die Verbreitung von Grippeviren oder HIV waren nicht mehr erhältlich. Anrufe bei der Hotline des NIH wurden nicht entgegengenommen. Die Giftmüllentsorgung kam an 609 Plätzen zum Stillstand.

Öffentliche Ordnung und Verwaltung: Bei der Bearbeitung von Anträgen beim *Bureau of Alcohol, Tobacco, and Firearms* kam es zu großen Verzögerungen. Die Bearbeitung von 3 500 Konkursfällen wurde abgebrochen. Die Eintreibung der Kindesunterhaltszahlungen säumiger Eltern wurde eingestellt. Strafprozesse fanden weiterhin statt, Zivilprozesse hingegen wurden stark eingeschränkt. Studenten erfuhren nicht, ob sie einen staatlichen Kredit erhalten. Bürger, die das Büro für Sozialversicherung in Chicago anriefen, hörten die automatische Ansage: »Wegen der Schließung der Regierung ist unsere 800er-Telefonnummer zeitweilig abgeschaltet.«

Parks, Museen und Denkmäler: 368 Nationalparks blieben geschlossen, die betreffenden Gemeinden verloren schätzungsweise 14 Millionen Dollar an Einnahmen aus dem Tourismusgeschäft. Auch die Museen blieben zu.

Visa und Reisepässe: Insgesamt 200 000 Anträge auf Reisepässe und täglich 20 000 bis 30 000 von Ausländern gestellte Visaanträge blieben unbearbeitet. Tourismuswirtschaft und Fluglinien erlitten hohe Verluste.

Selbstverständlich unterscheidet sich ein solcher *Shutdown* von einem echten Bankrott, sowohl der Ursache nach als auch im Hinblick auf die Dauer und Auswirkungen. So ist es den beurlaubten Angestellten verboten, während eines *Shutdowns* zur Arbeit zu erscheinen. Eine bankrotte Regierung – in welchem Land auch immer – hingegen würde womöglich sogar alle ihre Beamten zwingen, auch ohne Aussicht auf Bezahlung zu arbeiten. Vielleicht würde sie Schuldscheine emittieren; so wie der Staat Kalifornien, der während früherer Budgetkrisen statt Geld sogenannte IOUs (»I owe you« heißt: »Ich schulde dir«) ausstellte, zum letzten Mal im Juli 2009. Man bekommt also ein Stück Papier, das eine zukünftige Zahlung verspricht: Der Staat lässt bei den Bürgern anschreiben.

Da aber auch der patriotischste Staatsdiener nicht auf Dauer auf seinen Lohn verzichten kann, wird ein Staat, wenn er wirklich pleite ist, schnell eine neue Währung aufsetzen. So würde es wohl auch laufen, wenn ein europäisches Pleiteland keine Hilfen mehr aus Brüssel bekäme: Eine Weile lang würde die Regierung Schuldscheine drucken, dann käme eine neue Währung, deren Akzeptanz ein Staat mit Gesetzen und notfalls mit der Polizei durchzusetzen wüsste.

Die Bundesbank bunkerte übrigens zwischen den sechziger Jahren und der Einführung der letzten D-Mark-Serie Anfang der neunziger Jahre 30 Milliarden D-Mark an »Ersatzgeld« mit einem gegenüber der Hauptserie leicht veränderten Motiv. Über den Zweck dieser Maßnahme gibt es keine gesicherten Informationen. Als mögliche Gründe werden in Zeitungsartikeln die Angst vor der Gefahr der Überflutung mit Falschgeld aus dem Ostblock oder einem Atomkrieg angegeben.[119] Sicher ist, dass der Leiter der Hauptabteilung Hauptkasse der Bundesbank am 10. Januar 1959 in einem internen Vermerk geschrieben hat: »Es bleibt vielleicht noch zu überlegen, ob außer der für den Neudruck

119 Vgl. »Handelsblatt«, 16.10.2010 und »Spiegel online« (»Die Mark, die nie in Umlauf kam«), 1.3.2012.

endgültig zu bestimmenden Entwurfsserie nicht auch schon jetzt eine Ersatzserie festgelegt werden sollte. Meines Wissens haben einige Notenbanken für alle Fälle Ersatzplatten zur Hand, mit denen sofort der Druck völlig neuer Ausgaben aufgenommen werden kann. Diese Vorsichtsmaßnahme hat m. E. etwas für sich.«[120] Technisch ist die Einführung einer neuen Währung relativ einfach. Dass Automaten umgerüstet und Computer neu programmiert werden müssen, verursacht Kosten, stellt aber kein unüberwindliches Hindernis dar. Die Wirtschaft wird sich relativ rasch an eine neue Währung anpassen. Die sozialen Kosten staatlicher Misswirtschaft hingegen sind hoch: Die Bürger werden um ihre Ersparnisse geprellt, und wer bereits im Pensionsalter ist, muss, wenn er keine Sachwerte oder Geld in Fremdwährungen besitzt, seinen Lebensabend in Armut verbringen.

Da ein Bankrott des Staates oft mit einer Überschuldung der gesamten Gesellschaft einhergeht, ist es auch wahrscheinlich, dass die aus dem Ausland importierten Güter nicht mehr so fließen, wie man das vorher gewohnt war. In Griechenland werden bereits Arzneimittel knapp, die Versorgung von Kranken leidet. Im schlimmsten Fall werden andere Länder, die EU oder internationale Hilfsorganisationen Nahrungsmittel- und Medikamentenlieferungen organisieren müssen – wie nach einem Erdbeben.

Das Schuldenprivileg

Als Faustregel gilt: Es sind die »reichen« Staaten, die am höchsten verschuldet sind, während die Schulden der »armen« Staaten der Welt relativ niedrig sind.[121] Dass die *nominale* Höhe der Schulden von Ländern wie Deutschland oder Frankreich größer ist als die Kenias oder Perus, versteht sich ohnehin von selbst; aber auch das *Verhältnis* der Schulden

120 Reinhold Walburg: *»…, ›für alle Fälle‹… Die geheimnisvollen Banknoten aus der Zeit der Deutschen Mark*, Frankfurt a. M. 2010, S .64 (http://www.bundesbank.de/download/bibliothek/publikationen/2010_walburg.pdf)

121 Nur am Rande sei erwähnt, dass viele der ärmsten Staaten des südlichen Afrikas wesentlich besser dran wären, wenn Europa und die USA ihre ökonomische Entwicklung nicht durch Schutzzölle, Einfuhrverbote, Agrarsubventionen und »Entwicklungshilfe« gehemmt hätten – aber das ist ein Thema für ein eigenes Buch.

zur Wirtschaftsleistung ist in den Ländern der »Ersten Welt« wesentlich ungünstiger – so, als bräuchten sie sich um die Rückzahlbarkeit ihrer Schulden gar nicht zu kümmern (was sie ja in der Vergangenheit auch tatsächlich nie getan haben). Man sieht dies gut auf einer Weltkarte, in der die Schuldenhöhe im Verhältnis zum Bruttoinlandsprodukt farbig dargestellt ist: grün für Länder mit niedrigen Schulden, gelb für einen mittleren Verschuldungsgrad und orange bzw. rot für Länder mit hohen oder sehr hohen öffentlichen Schulden.[122] Kontinentalasien und Afrika sind weitgehend grün, ebenso die Andenstaaten und Australien. Orange und rot sind die meisten Staaten Westeuropas, Island, die USA, Kanada und Japan.

Einige Staaten leben also weit über ihre Verhältnisse und haben in den vergangenen Jahrzehnten ohne Aufsehen zu erregen Schulden in Billionenhöhe angehäuft, während die »armen« Länder der Welt oft aufgrund weniger hundert Millionen Euro Schulden – Geld, das vielleicht vor Jahrzehnten in die Taschen eines Diktators geflossen ist (*odious debt*) – als Problemfälle gelten. Man vergleiche etwa Griechenland mit Bolivien, dem mit Abstand ärmsten Land Südamerikas. Beide haben dieselbe Einwohnerzahl: etwa elf Millionen. Griechenland war Ende 2011 mit umgerechnet 532 Milliarden US-Dollar beim Ausland verschuldet, Bolivien mit 2,8 Milliarden. Boliviens Auslandsverschuldung ist somit um 99,5 Prozent niedriger als die Griechenlands. Auf jeden Dollar Schulden in Bolivien kommen zweihundert in Griechenland. Zugegeben, Bolivien ist vor einigen Jahren ein Großteil seiner Schulden erlassen worden (nach zwanzigjährigen Verhandlungen mit den Gläubigern), aber das waren auch nur knapp zwei Milliarden Dollar – wahrlich keine Summe, die zu irgendeinem Zeitpunkt Anlass zu Sorgen um die Stabilität der Finanzmärkte gegeben hätte. Das Beispiel Bolivien ist auch deshalb interessant, weil das Land im März 2012 die erste Emission einer Staatsanleihe seit fast hundert Jahren verkündete.[123] Auf diese Weise haben viele Ökonomen wohl zum ersten Mal Kenntnis da-

122 Wer sie sehen will, findet eine solche Karte auf: https://en.wikipedia.org/wiki/File:Dette_publique2011.jpg

123 »Luis Arce, der schmunzelnde Wirtschaftsminister, ist sich nicht sicher, ob es 1917 oder 1920 war, dass J.P. Morgan eine Anleihe zur Finanzierung einer Eisenbahn verkaufte.« Jude Webber: »Bolivia: Calling All Bond-Buyers«, »Financial Times«, 16.3.2012.

von erhalten, dass die Staatsanleihe für die Existenz eines Staates nicht so essentiell ist wie die Nationalhymne oder das Staatswappen. Die Frage, die sich aufdrängt, wenn man all die hoch verschuldeten Eurostaaten mit den moderat verschuldeten Staaten Osteuropas und fast schuldenfreien Ländern wie Bolivien vergleicht: Warum soll die Regierung eines Landes ein Naturrecht auf eine stetig wachsende Staatsverschuldung haben, nur weil dieses Land zufällig in West- oder Südeuropa liegt? Dafür gibt es keine Notwendigkeit und keine Rechtfertigung. Es müsste jedem zu denken geben, dass Griechenland, Italien und Belgien schon beim Start der Europäischen Währungsunion doppelt so hohe Schulden im Verhältnis zu ihrer Wirtschaftskraft hatten wie Argentinien zum Zeitpunkt seines Staatsbankrotts.

Woher kommt das Geld? Und wer sind die Gläubiger?

Einem Aberglauben zufolge entstehen Spekulationsblasen und Krisen dadurch, dass viele Unternehmen keine Möglichkeit mehr sähen, das Geld, welches durch ihre Türen und Fenster angeblich allezeit hereinströmt, in gewinnbringenden Investitionen anzulegen. Sie wissen nicht, wohin damit. Diese Vorstellung ist deshalb so kurios, weil sie, anders als manch anderes Gerücht, überhaupt keinen Anknüpfungspunkt zur Realität hat. Eines der Missverständnisse, die hier zusammenkommen, ist die Idee, dass das »überschüssige Geld«, das zu Börsen- und Immobilienblasen führt, wohl aus der Produktion von Gütern und Dienstleistungen herrühren müsse und sich auf mysteriöse Art und Weise an bestimmten Orten sammle wie in Onkel Dagoberts Geldspeicher, wo es weder Investitionen noch irgendjemandes Konsum dient, sondern gehortet wird. Wenn man Geld zur Bank bringt, wird es entweder Investitionen oder irgendjemandes Konsum zugeführt, liegt aber nicht brach (wenn es so wäre, könnte die Bank ja keine Zinsen zahlen). Darüber hinaus schaffen die Banken, wie wir gesehen haben, nach Belieben ein Vielfaches an Krediten. Diese Kredite entstehen in ihren Büchern (bzw. Computern) – und verschwinden ebendort auch wieder.

»Alle Wirtschaftsunternehmen zusammengenommen sind stets Nettoschuldner. Was für die Gesamtheit gilt, trifft, von einigen wenigen Fällen abgesehen (etwa Apple, Microsoft und Intel), auch für das einzelne Unternehmen zu: Seine Schulden sind fast immer höher als sein Geld in der Kasse.«

Auf der Geldspeichervorstellung basiert wohl auch die Idee, dass »die Wirtschaft« Geld zur Börse trüge – dabei besteht deren Zweck ja gerade darin, dass Unternehmen sich dort *Geld beschaffen*. Alle Wirtschaftsunternehmen zusammengenommen sind stets Netto*schuldner*. Was für die Gesamtheit gilt, trifft, von einigen wenigen Fällen abgesehen (etwa Apple, Microsoft und Intel), auch für das einzelne Unternehmen zu: Seine Schulden sind fast immer höher als sein Geld in der Kasse. Tag für Tag pumpen Unternehmen die Kapitalmärkte an, beschaffen sich durch die Emission von Anleihen oder Aktien die für Investitionen oder sonstige Zwecke notwendigen Mittel. Die Vorstellung, dass Konzerne auf Geldbergen säßen, mit denen sie nichts Besseres anzufangen wüssten, als sie in Spekulationen zu riskieren, ist absurd. Wirtschaftsunternehmen die Möglichkeit zur Kapitalaufnahme zu bieten, ist, nach der Finanzierung der Staatsschuld, der einzige Grund, warum die Kapitalmärkte überhaupt existieren.

Wer also sind nun die Kapitalgeber, die Gläubiger? Obwohl man immer wieder das Wort »Gläubigerbanken« hört, ist klar, dass sie nicht die Gläubiger der letzten Instanz sind, da sie ja nur mit dem Geld anderer Leute operieren (und also selbst die neben dem Staat größten Schuldner sind). Die echten Gläubiger sind: Versicherungen und Lebensversicherungen, die die Beiträge ihrer Kunden anlegen; Rentenfonds[124]; Pensionsfonds; Ölstaaten wie Saudi-Arabien oder Kuwait; Stiftungen; Kirchen; Gewerkschaften; Universitäten; und vor allem:

124 Fonds, die im Auftrag von Sparern in festverzinsliche Wertpapiere investieren

Milliarden einzelner Sparer. Sie alle verleihen Geld an die Wirtschaft und den Staat – und nicht etwa umgekehrt. Diese Tatsache verdient trotz ihrer Selbstverständlichkeit gesagt zu werden, da sich immer noch die aus dem Mittelalter stammende Vorstellung hält, wonach »Gläubiger« grundsätzlich »reich« und »Schuldner« grundsätzlich »arm« seien. Beide Wörter sagen nichts aus über die Vermögensverhältnisse der Betreffenden. Es gibt viele sehr reiche Schuldner (und sogar Pleitemillionäre wie Trump, Maxwell, Schneider, Kirch oder Schlecker) und Millionen von Sparern, die im Einzelfall nicht viel besitzen müssen, aber zusammen trotzdem der größte Kapitalgeber sind.

Das Zeitalter der Schuldenkrisen

Mit der Beseitigung der Reste des Goldstandards Anfang der siebziger Jahre begann die Ära der Schulden-, Währungs- und Wirtschaftskrisen. Ein Goldstandard ist das Versprechen einer Regierung, auf Inflation zu verzichten. Im August 1971 erklärte US-Präsident Richard Nixon, dass er das Versprechen nicht mehr halten und zukünftig auch nichts mehr versprechen werde. Er wolle nach Lust und Laune Inflation betreiben, der Wert des Dollars sei ihm egal. Dies sagte er sinngemäß, wenn auch in anderen Worten.[125] Seitdem ist der Dollar nicht mehr an Gold gebunden und die anderen wichtigen Währungen nicht mehr an den Dollar. Seitdem können Banken den Kredit – und damit die Geldmenge – fast ungezügelt vermehren. Warum konnten sie das vorher nicht bzw. nicht so gut? Wenn eine Währung zum Gold (oder einer anderen Ware) in einem festen Umtauschverhältnis steht, muss, wenn jeder Bürger das Recht und die Möglichkeit haben soll, sein Geld zu

125 Eingepackt in eine weitschweifige Rede sagte der Präsident: *»Ich habe Minister Connally angewiesen, die Konvertibilität des amerikanischen Dollars zeitweise zu suspendieren, außer in Mengen und zu Bedingungen, die im Interesse der monetären Stabilität und im besten Interesse der Vereinigten Staaten sind. Nun, was bedeutet dieser Akt, der sehr technisch ist, für Sie? Lassen Sie mich das Schreckgespenst, das man Abwertung nennt, beerdigen. Wenn Sie ein ausländisches Auto kaufen oder einen Urlaub im Ausland machen wollen, könnten die Marktbedingungen dafür sorgen, dass Sie ein bisschen weniger kaufen können. Aber wenn Sie sich unter der überwältigenden Mehrheit der Amerikaner befinden, die in Amerika hergestellte Produkte kauft, wird Ihr Dollar morgen noch genauso viel wert sein wie heute … Danke und guten Abend.« Office of the Federal Register Richard Nixon, containing the public messages, speeches and statements of the president – 1971*, Washington 1972, S. 886–890.

dem festgesetzten Kurs in Gold umzutauschen, die Geldmenge relativ konstant gehalten werden. Zwischen dem Goldstandard im engen Sinne (dem »klassischen«) und der völligen Freigabe der Währungen gibt es Zwischenstufen: Behinderungen und Einschränkungen der Umtauschbarkeit. So war es im Bretton-Woods-System nach 1945. Allein der US-Dollar war durch Gold gedeckt, die anderen wichtigen Währungen an ihn gekoppelt, was in der Realität bedeutete, dass die jeweiligen Notenbanken eine Geldpolitik betreiben mussten, welche durch die Höhe der Zinsen, die von den Geschäftsbanken verlangten Mindestreserven oder durch Interventionen am Devisenmarkt den angestrebten Zielkurs zum Dollar erreichte. Das war natürlich ein sehr verwässerter Goldstandard. Amerikaner durften ihre Dollars gar nicht in Gold tauschen; Ausländer durften es theoretisch, während es ihnen in der Realität ab Ende der sechziger Jahre verwehrt wurde; und wenn ein Land den Zielkurs zum Dollar nicht halten konnte, dann wertete es eben offiziell seine Währung ab (»Neujustierung« nannte man das). Nichtsdestoweniger gab es noch eine Art Anker und das Bestreben, die von den Banken geschaffene Kreditmenge nicht überhandnehmen zu lassen, weil anderenfalls nicht einmal mehr der Anschein einer Goldbindung hätte aufrechterhalten werden können. Folglich gab es auch keine Finanzkrisen. Nachdem Nixon aber das Ende der Goldbindung verkündet hatte, gab es zunächst eine rasante Geldentwertung (mit den zwei Ölpreisschocks 1973 und 1979, die freilich *auch*, aber nicht nur, politische Gründe hatten), und dann ab Anfang der achtziger Jahre die Schuldenkrisen, die uns inzwischen so vertraut geworden sind.

Die erste große Krise dieser Art war die sogenannte »Schuldenkrise der Entwicklungsländer«, die auch die »Schuldenkrise der achtziger Jahre« genannt wird. Sie begann 1982 in Mexiko und betraf neben vielen Ländern Lateinamerikas und Afrikas auch Jugoslawien und einige Staaten Asiens, war also ein weltweites Phänomen. Der Kreditboom, aus dem sie entstand, ereignete sich in den siebziger Jahren. Die OPEC-Staaten hatten durch das Jahrzehnt der hohen Ölpreise Einnahmen von schätzungsweise knapp 400 Milliarden US-Dollar, die sie, wie man es damals nannte, »recycelten«, indem sie sie europäischen Banken zur Verfügung stellten (»Eurodollar«-Markt hieß der Markt für Dollar-darlehen in Europa, der von Anfang an weitgehend unreguliert war, da sich keine Notenbank dafür zuständig fühlte), welche sie wiederum an die genannten Länder weiterverliehen.

Als die US-Notenbank 1981 im Kampf gegen die galoppierende Inflation den Leitzins auf über 18 Prozent anhob, waren viele Schuldner umgehend bankrott, was auch deshalb so schnell ging, weil die meisten Darlehen nicht in Form von langfristigen Anleihen, sondern von kurzfristigen Bankkrediten vergeben worden waren. Erschwerend war die Entwicklung der Realzinsen. Sie ergeben sich, wenn man von den Nominalzinsen, die die Bank verlangt, die Inflationsrate abzieht. Die Realzinsen sind das ökonomisch Entscheidende: Ein Zins von 90 Prozent, wie ihn die Reichsbank während der Inflation von 1923 forderte, ist niedrig, wenn die Geldentwertung hunderte oder tausende Prozent beträgt. Anders als in den siebziger Jahren, als die augenscheinlich hohen Zinsen durch die starke Geldentwertung relativiert wurden, gab es Anfang der achtziger Jahre eine Kombination aus steigenden Nominalzinsen und rückläufiger Inflationsrate, was einen starken Anstieg der Realzinsen bedeutete. Waren die Zinsen in den siebziger Jahren den Inflationsraten hinterhergeeilt, so eilten sie jetzt voraus. Da der US-Dollar, den viele 1979 für tot erklärt hatten, durch die hohen Zinsen wiederbelebt wurde, brachen auch die Rohstoffpreise ein, deren explosiver Anstieg im Zuge der großen Inflation der siebziger Jahre die ökonomische Begründung für die Darlehen an die rohstoffreichen Länder Lateinamerikas, Asiens und Afrikas gewesen war. Es entwickelte sich eine Spirale aus fallenden Steuereinnahmen, fallenden Währungen und steigender Zinslast.

Mitte der achtziger Jahre war es die japanische Notenbank, die durch extrem niedrige Zinsen eine Aktien- und Immobilienblase in Japan erzeugte. Wie in vielen späteren Fällen folgte der Boom unmittelbar auf die Liberalisierung des Finanzsektors. Das ist kein Zufall, es ist aber auch nicht so, als würde der Abbau von gesetzlichen Beschränkungen an sich die Krise verursachen. Verantwortlich ist die Kreditexpansion, die häufig auf eine solche Liberalisierung folgt. Plötzlich sind die Banken der alten Fesseln ledig, fühlen sich in die Lage versetzt, in beispiellosem Ausmaß zu verleihen. Mit der Überwachung der Risiken oder gar einer Krise haben sie oft wenig Erfahrung, sehen nur die unmittelbaren Gewinnpotenziale, die sich aus der neuen Freiheit ergeben. Wie später in Südeuropa entwickelte sich ein Kreislauf aus steigenden Immobilienpreisen und Krediten: Je teurer die Immobilien wurden, desto größere Darlehen wurden den Besitzern eingeräumt, mit denen diese wiederum weitere Immobilien erwerben und die Preise noch weiter in die Höhe treiben konnten. Als die japanische Notenbank unter anderer Führung 1989 die Geldpolitik straffte, wurden die Fehlinvestitionen bloßgestellt, die kreditfinanzierte Blase platzte, die Banken, die nun auf vielen faulen Krediten saßen – also Kunden hatten, die ihre Tilgungszahlungen nicht mehr leisten konnten –, trudelten in die Krise. Statt die Banken pleitegehen zu lassen, wurden sie, wie später in den USA und Europa, an die lebenserhaltenden Geräte des Staates angeschlossen. Hierbei spielte auch die für Japan typische traditionelle Verflechtung von Industriekonglomeraten und Banken (*keiretsu*) eine Rolle: Hätte man die Mitsubishi-Bank pleitegehen lassen, wäre auch Mitsubishi Motors am Ende gewesen, fürchtete man. Und statt nun die Banken links liegen zu lassen und die staatlichen Maßnahmen auf Überbrückungskredite für die Industrie zu konzentrieren und eine großangelegte Entflechtung einzuleiten, wurden die Banken gestützt, durch direkte staatliche Zuwendungen und die berüchtigte Nullzinspolitik, die in Japan zum ersten Mal ausprobiert wurde, bevor sie 2008 in den USA und Europa Einzug hielt. Sie zeitigte denselben Misserfolg, der sich auch in Europa mehr und mehr abzeichnet. Ein auf dem Papier solventes Banksystem ist noch lange kein gesundes und funktionierendes, das in der Lage ist, seiner Aufgabe nachzukommen: der Vergabe von Krediten an diejenigen, die sie brauchen und auch zurückzahlen. Stattdessen entstand das sogenannte *Zombie banking*: Mit zinsgünstigen Darlehen hielten Banken eigentlich insolvente Unternehmen am Leben. Um die Bankbilanzen nicht durch die Abschreibung alter Kredite belasten zu müssen, wurden diese endlos verlängert – *evergreening* nennt man das.

Von Japan hätte man lernen können, wie wichtig es für die Wirtschaft ist, dass kranke Banken aussortiert werden. Banken, die einen großen Teil ihres Kapitals verloren haben, haben nämlich eine andere

Anreizstruktur als solide Banken, und der Wettbewerb von insolventen Geldinstituten kann auch die finanzielle Solidität der Konkurrenten gefährden. Indem Banken versuchen, ihre Verluste wettzumachen, wächst der *moral hazard*, vor allem dann, wenn nicht ihr eigenes Vermögen auf dem Spiel steht, sondern das des Staates. Sie greifen nach jedem Strohhalm und finanzieren auf der Suche nach Einnahmen auch Projekte, die sie zu besseren Zeiten als zu riskant abgelehnt hätten, von deren potenziell hoher Rendite sie sich nun aber Rettung erhoffen. Indem die unsoliden Banken also einerseits insolvente Unternehmen künstlich am Leben erhalten und andererseits den Beginn risikoreicher Projekte ermöglichen, ändern sie die Struktur der Wirtschaft: Statt der Produktion der von den Konsumenten am dringendsten gewünschten Waren finanzieren sie die Aufrechterhaltung von Verschwendung und den Aufbau von unsicheren Unternehmungen, die im schlimmsten Fall zu einem weitgehenden Verlust des eingesetzten Kapitals führen können. Die zu erwartenden makroökonomischen Folgen dieser fehlgeleiteten Kreditvergabe sind Stagnation (d. h. niedrige Wachstumsraten) und eine noch größere Anfälligkeit der Gesamtwirtschaft für Störungen des Kreditflusses.

»Wandernde Blasen« und »Ansteckung«

Die Nullzinspolitik Japans begünstigte die nächste Spekulationsblase, diesmal in den Ländern Südostasiens. Der spekulative Überschwang in Südostasien Mitte der neunziger Jahre (es ist symptomatisch, dass 1998 in Malaysia der höchste Wolkenkratzer der Welt fertiggestellt wurde) war maßgeblich durch den sogenannten *Yen-Carry-Trade* mitverursacht worden: In Japan zu niedrigen Zinsen aufgenommene Kredite flossen in Länder wie Südkorea, Thailand, die Philippinen und Indonesien. Auch viele japanische Sparer investierten im benachbarten Ausland, da sie zu Hause keine Zinsen erhielten. Die Nullzinspolitik hatte also innerhalb Japans eine stark destabilisierende Wirkung, aber nicht nur dort. Die Leipziger Ökonomen Gunther Schnabl und Andreas Hoffmann haben zur Bezeichnung dieses Phänomens den Begriff

»vagabundierende Liquidität« geprägt.[126] Eng damit verbunden ist die »Ansteckung« (englisch: *contagion*) im Falle einer Krise. Was ist damit gemeint? Geographisch benachbarte Länder mit ähnlicher Wirtschaftsstruktur verschulden sich zur gleichen Zeit bei denselben Kreditgebern und erleben den gleichen inflationären Boom. Dieselbe Liquiditätswelle hebt alle Boote gleichzeitig empor. So war es in den neunziger Jahren in Südostasien und im letzten Jahrzehnt in Südeuropa und Irland. Dann erfolgt gleichzeitig ein Absturz. Schon 1995, wenige Monate nach der mexikanischen »Tequilakrise«, hatte Michel Camdessus, der Direktor des Internationalen Währungsfonds, das »Moderne« der mexikanischen Krise beschrieben: Die starke Abhängigkeit von kurzfristigen ausländischen Krediten schafft eine fortwährende Fragilität, bei der die Umkehr eines Liquiditätsstroms schnell zu einer Wirtschaftskrise führt, die mit einer Währungskrise einhergeht und wegen der Überschneidungen in den Investmentportfolios der Banken augenblicklich auf andere Länder übergreift.[127]

Selbst wenn ein Land von den Problemen eines Nachbarn im direkten Handel nur wenig betroffen wäre, kann es passieren, dass seine Finanzmärkte, die Anleihen und Aktienkurse, genauso stark einbrechen wie die des Krisenlandes. Das hat nicht nur etwas mit »Panik« zu tun oder damit, dass Investoren nicht zwischen den einzelnen Ländern zu unterscheiden wüssten, wie bei solchen Gelegenheiten häufig beklagt

---

126 »Platzte die Blase in einer Region, tauchte diese anderorts wieder auf: Blasen vagabundierten z. B. von Japan nach Ostasien, von Ostasien in die neuen Märkte der Industrieländer und von den neuen Märkten nach Osteuropa und China.« – Gunther Schnabl, Andreas Hoffmann: »Geldpolitik, vagabundierende Liquidität und platzende Blasen in neuen und aufstrebenden Märkten«, Leipzig 2007, S. 4 (http://mpra.ub.uni-muenchen.de/4019/)

127 *»Die Krise in Mexiko wurde, ich weiß nicht von wem, die erste Finanzkrise des 21. Jahrhunderts genannt, was bedeutet, dass es die erste große Krise ist, die eine Emerging-Market-Wirtschaft in unserer neuen Welt der globalisierten Finanzmärkte trifft. Und dies sagt viel über ihre Bedeutung. Die wachsende internationale Integration der Finanzmärkte hat große Vorteile gebracht, indem sie eine effizientere Allokation der globalen Ersparnisse fördert und in vielen Ländern Investitionen und Wachstum beschleunigt. Aber wir wissen, dass es eine Kehrseite gibt: Stark gewachsene Finanzflüsse über nationale Grenzen hinweg haben viele Länder anfälliger für Veränderungen in den Investmentportfolios gemacht. Wie wir gesehen haben, können Sorgen über die ökonomischen Fundamente und Fehler der Politik zu plötzlichen, massiven und destabilisierenden Anpassungen in diesen Portfolios führen. Zudem hat die finanzielle Globalisierung die Geschwindigkeit erhöht, mit der Störungen in einem Land auf andere übergreifen können.«* – »Luncheon Remarks by Michel Camdessus«, Managing Director of the International Monetary Fund at a Conference on Banking Crises in Latin America Organized by the Inter-American Development Bank and the Group of 30, Washington, D.C., October 6, 1995 (http://www.imf.org/external/np/sec/mds/1995/mds9513.htm)

wird. Es ist oft das Problem des *gemeinsamen Kreditgebers*: Erleidet er Verluste, wird er versuchen, sie an anderer Stelle durch Verkäufe auszugleichen. Das gilt insbesondere, wenn »gehebelt«, also z. B. mit hohem Fremdkapital spekuliert wird. Dann kann ein Investor durch Verluste bei einem Geschäft schnell in Geldnot geraten und gezwungen sein, andere Investments zu verkaufen, um den Liquiditätsverlust auszugleichen, so dass die Preise von Aktien, Anleihen und oft auch von Rohstoffen unterschiedslos einbrechen. Das passierte im Spätsommer 1998, als die wegen des niedrigen Ölpreises chronisch klamme russische Regierung ein Schuldenmoratorium verkündete – also pleite war. Die »Schockwellen« – um eine andere bei Börsenkommentatoren beliebte Metapher zu benutzen – trafen jetzt alles, was in die Rubrik *Emerging Markets* fiel, und führten zur Brasilien- bzw. Lateinamerikakrise der folgenden Monate. Die gleichzeitige Kreditexpansion und -kontraktion der Banken in vielen verschiedenen Ländern schafft also eine Synchronisierung der Zyklen, des Aufschwungs und der Krise: Wenn die Musik stoppt, hören alle gleichzeitig auf zu tanzen.

Wie viele Schulden sind zu viel?

Ob es zum Bankrott kommt, hängt vom Willen und von der Fähigkeit der Regierung ab, die Schulden zurückzuzahlen. Der Wille lässt sich nicht in Zahlen fassen. Die objektive Schwierigkeit aber kann anhand von Größen wie dem Verhältnis der Schulden zu den Exporten und zum Bruttoinlandsprodukt geschätzt werden. Ungefähr zumindest, denn eine exakte Grenze gibt es nicht; was der einen Regierung unter bestimmten Bedingungen möglich ist, ist für die andere unter den für sie maßgeblichen Umständen nicht machbar. Vielleicht ist ihr die Rückzahlung der Schulden auch nicht der Mühe wert – der Wille und die Fähigkeit zur Rückzahlung lassen sich nicht säuberlich voneinander trennen. Man kann aber (hier ist Empirie einmal zu etwas nütze) historische Daten studieren, um zu ermitteln, bei welchem durchschnittlichen Schuldenstand Regierungen in der Vergangenheit beschlossen haben, ihren Schuldendienst einzustellen. Nach Berechnungen der amerikanischen Ökonomen Carmen Reinhart und Kenneth Rogoff[128] lag zu diesem Zeitpunkt das Verhältnis von Auslandsschulden zum Bruttoinlandsprodukt im Durchschnitt bei 69 Prozent (also nur leicht über der im Maastricht-Vertrag gesetzten Grenze von 60 Prozent des BIP und weit unter den Werten, die viele Euroländer heute aufweisen) und die Ratio der Auslandsschulden zu den Exporten bei durchschnittlich 230 Prozent. – Zum Vergleich: Die griechischen Schulden heute betragen über 150 Prozent des BIP und über *1 500 Prozent* des Exportvolumens. – Wie die Autoren erklären, sind diese Durchschnittswerte sogar noch in die Höhe gezogen vom plötzlichen Wertverlust der jeweiligen Landeswährung, der für eine Krise typisch ist. Nur so erreichten einige Kleinstaaten extrem hohe Werte: Etwa Costa Rica 1981 (137 Prozent des BIP), Guyana 1982 (214 Prozent) und Jordanien 1989 (180 Prozent). Die Hälfte aller Staatsbankrotte, so Reinhart und Rogoff, ereignete sich bei Schuldenständen von weniger als 60 Prozent und in jedem fünften Fall sogar bei Werten von unter 40 Prozent.[129]

Mexiko hatte Schulden in Höhe von 47 Prozent des Bruttoinlandsprodukts, als es 1982 die Zahlungen einstellte, Argentinien kam 2001 auf 51 Prozent. Reinhart und Rogoff schließen daraus: »Wenn die Auslandsverschuldung von *Emerging Markets* über 30–35 Prozent des BIP beträgt, steigt das Risiko eines Kreditereignisses [das ist der elegante Oberbegriff für Zahlungsausfälle und -verzögerungen; d. Verf.] signifikant.«[130] Eine Studie des Internationalen Währungsfonds von 2002 nennt einen etwas höheren Wert und kommt zu dem Ergebnis, »dass eine Auslandsschuldenratio von 40 Prozent [des Bruttoinlandsprodukts] eine brauchbare Meßlatte« sei. Bei Ländern, die Schulden von mehr als 40 Prozent des BIP haben, steige die Wahrscheinlichkeit einer Schuldenkrise schlagartig von 2–5 Prozent auf 15–20 Prozent.[131] Wenn man die Erfahrung der Vergangenheit als Lehrerin hätte gelten lassen, hätte man sagen müssen: Viele Eurostaaten, allen voran natürlich Grie-

128 Carmen M. Reinhart, Kenneth S. Rogoff: *This Time is Different. Eight Centuries of Financial Folly*, Princeton and Oxford 2009, S. 23.
129 Carmen M. Reinhart, Kenneth S. Rogoff: *This Time is Different* ..., a. a. O., S. 22.
130 Carmen M. Reinhart, Kenneth S. Rogoff: *This Time is Different* ..., a. a. O., S. 25.
131 *Policy Development and Review Department des IWF: Assessing Sustainability*, Washington 2002, S .25.

chenland, sind nicht erst 2009 zu Pleitekandidaten geworden, sondern waren es schon zu Beginn des letzten Jahrzehnts.

Die Erklärung dafür, dass Schwellenländer eine wesentlich niedrigere Schuldenverträglichkeit haben als die großen Volkswirtschaften, sehen Reinhart und Rogoff in der oft getrübten Kredithistorie dieser Länder. Das aber kann nicht der einzige Grund sein, denn die jüngste Geschichte zeigt doch, wie leicht Gläubiger über frühere Verfehlungen von Schuldnern hinwegsehen (und der Titel des Buches der beiden Autoren – »Diesmal ist es anders« – spielt ja gerade auf diese Vergesslichkeit an). Der grundlegende Unterschied zwischen einem Land wie Großbritannien und den meisten Entwicklungsländern ist ein anderer: Großbritannien emittiert seine Anleihen in der eigenen Währung, Entwicklungsländer hingegen in der Regel in Fremdwährungen wie dem US-Dollar oder dem Euro, über die sie keine Kontrolle haben. Das ist eine wesentliche Ursache der europäischen Staatsschuldenkrise, die oft übersehen wird: Staatsschulden von mehr als 40 oder 50 Prozent des Bruttoinlandsprodukts zu haben, ist ein Luxus, den sich Länder erlauben, auf die Folgendes zutrifft: a) Sie können Anleihen in ihrer eigenen Landeswährung verkaufen, bei der es sich b) um eine handelt, nach der international große Nachfrage besteht. Trifft auf die Eurostaaten beides zu? Beim Versuch, diese Frage zu beantworten, stößt man auf ein erstaunliches Phänomen: Die Sichtweise der Anleger hat sich in den letzten Jahren völlig geändert. Vor 2008 schien für Griechenland, Spanien, Italien und Portugal beides zu gelten: Diese Länder konnten sich in einer Währung verschulden, die als Quasi-Nachfolger der D-Mark internationalen Rang besitzt; und es handelte sich nun offiziell um ihre eigene Landeswährung. Sie kamen folglich in den Genuss niedriger Zinsen. Seit Beginn der Finanzkrise 2008 hat jedoch ein Umdenken stattgefunden, das sich so beschreiben lässt: »Es mag ja sein, dass der Euro offiziell die Währung Griechenlands, Spaniens, Italiens und Portugals ist; aber worauf es ankommt, ist doch die Fähigkeit eines Landes, zur Not diese Währung selbst herstellen zu können!« Das aber können diese Länder nicht, und darum werden sie jetzt, wo die Euphorie der Angst gewichen ist, plötzlich anders bewertet– als Länder nämlich, die sich in einer Währung verschulden, die sie nicht selbst kontrollieren, die also gewissermaßen eine Fremdwährung ist, nicht *de jure*, aber *de facto*. Die Folgen sind: ein größeres wahrgenommenes Risiko und deutlich höhere Zinsen. Die Gefahr, dass die Gläubiger eines Tages Risiken in einem anderen Licht bewerten könnten, hatte man bei der Gründung der Europäischen Währungsunion schlicht übersehen. Hätte man dem Umstand Rechnung getragen, dass Euroländer so behandelt werden könnten wie Staaten, die sich in einer fremden Währung verschulden, dann hätte das Schuldenkriterium des Maastricht-Vertrags nicht bei 60 Prozent, sondern bei höchstens 30 Prozent des Bruttoinlandsprodukts liegen müssen. Dann aber hätte es den Euro niemals gegeben, zumal Belgien (mit einer Staatsverschuldung von über 100 Prozent des BIP), das Gründungsmitglied der EWG und Sitz zahlreicher EU-Institutionen, als unverzichtbar galt. Drückt man ein Auge zu und setzt das Limit bei 40 Prozent des BIP (immerhin kamen auch bei dieser Schuldenhöhe – oder sogar einer niedrigeren – schon Staaten in Zahlungsschwierigkeiten), dann würden sich nach dem Stand von Anfang 2012 folgende EU-Staaten für den Euro qualifizieren: Rumänien, Luxemburg, Bulgarien, Litauen, Schweden und Estland. Nimmt man den Wert des Maastricht-Vertrags, dann kommen zu dieser Gruppe noch Finnland, Tschechien, Dänemark, Lettland, Polen, Slowenien und die Slowakei hinzu. Alle anderen EU-Staaten, inklusive Deutschland, sind nicht einmal laut den großzügigen Kriterien des Maastricht-Vertrags eurotauglich.

Die Euro-Schuldenkrise resultiert also nicht nur daraus, dass die Maastricht-Kriterien nicht eingehalten wurden; vielmehr war das Schuldenlimit von Anfang an eines, das nur für Schönwettertage geeignet war. An die Möglichkeit eines jähen Umschwungs hatte man nicht gedacht. Die Eurostaaten haben sich leichtfertig strengeren Maßstäben unterworfen, ohne einen Gedanken an den Preis zu verschwenden. Der lautet: Entweder ihr reduziert eure Schulden, oder ihr müsst höhere Zinsen bezahlen, als Entschädigung dafür, dass ihr euch durch die Aufgabe eurer Währungssouveränität ein höheres Insolvenzrisiko eingehandelt habt. Und sogar das von den Teilnehmern der Währungsunion selbst festgelegte, extrem regierungsfreundliche Maastricht-Kriterium einer maximalen Schuldenhöhe von 60 Prozent des BIP haben die

Eurostaaten ignoriert, im Glauben daran, dass es außerhalb Europas bis in alle Ewigkeit genug sparsame Menschen geben würde, die den Europäern Geld leihen wollen.

Die Eurostaaten gleichen einer Festgesellschaft an einem Sommertag, die plötzlich von einem Unwetter überrascht wird. Die Sonnenschirme und Zelte werden vom Wind weggeweht, die Kleidung vom Regen durchnässt, und am Ende ist jeder glücklich, wenn er nicht vom Blitz erschlagen wird. Die Lehre: An die Möglichkeit eines Unwetters muss man schon denken, bevor es über einen kommt.

Währungsunionen und Währungsanker: Warum sie oft scheitern

Was ist eine Währungsunion? Die meisten heutigen Ökonomen sind der Ansicht, dass eine Währungsunion dann vorliegt, wenn in einem Währungsgebiet eine Einheitswährung im Umlauf ist oder wenn zwar mehrere Währungen existieren, zwischen ihnen aber uneingeschränkte und unwiderrufliche Konvertibilität besteht und die Wechselkursrelation absolut und endgültig festgelegt ist. Jedes Land, das eine eigene Währung hat, steht vor der Aufgabe, die Bedingungen festzulegen, unter denen sie in ausländische Währungen getauscht werden kann. Der Wechselkurs kann den Marktkräften überlassen werden (*floating exchange rate*), oder er wird fixiert (*fixed exchange rate*). Dem muss nicht eine formelle Übereinkunft zugrunde liegen: Wenn zwei Länder ihre Währung beide an dasselbe Metall (Warengeld) oder dieselbe Währung koppeln, ist das Umtauschverhältnis automatisch ein fixes. Die Währungsunion ist die extremste Form eines Systems fixer Wechselkurse. Zwischenformen, die dorthin führen können (aber nicht müssen), sind Vereinbarungen über die gegenseitige Anerkennung der Währungen und der parallele Umlauf einer Einheitswährung neben den jeweiligen nationalen Währungen. In einer Zeit, als Papiergeld nur insofern etwas wert war, als es gegen Gold, Silber oder andere Metalle getauscht werden konnte, war Währungspolitik fast ausschließlich Münzpolitik. Absprachen über das Münzmetall, das Grund- und Feingewicht, die gegenseitige Akzeptanz von Münzen und Vorschriften über die Ausgabe von Scheidegeld (Münzen, deren Metallwert geringer ist als der aufgeprägte Wert) reichten aus, um eine Währungsunion nach damaligem Verständnis zu konstituieren. Heute hingegen hängt der Wert von Geld nicht mehr von Metall ab, sondern von der Stärke einer Volkswirtschaft und der Geldpolitik der Notenbank. Zu einer Währungsunion nach heutigem Verständnis gehört deshalb, dass die währungspolitischen Befugnisse bei einer einzigen Zentralbank liegen.

Die Idee einer Währungsunion mehrerer Staaten ist nicht neu. Der deutschen Reichsgründung 1871 etwa ging eine Harmonisierung des Währungssystems voran. »Dahin zu wirken, dass in ihren Ländern ein gleiches Münz-, Maß- und Gewichtssystem in Anwendung komme«[132], beschlossen 26 der 35 Mitgliedstaaten des Deutschen Bundes bereits 1833. Drei Jahre später wurde der Gulden in den süddeutschen Staaten zur alleinigen Währung. Sie bestimmten einen festen Wechselkurs zum Preußischen Thaler. Die bald darauf unterzeichnete Dresdner Münzkonvention verpflichtete alle Mitglieder, sich entweder für den Thaler oder den Gulden zu entscheiden. Zur Erleichterung des Zahlungsverkehrs wurde die Vereinsmünze eingeführt. Mit der Reichsgründung 1871 wurde die Mark in Deutschland alleiniges Zahlungsmittel. Die politische und die monetäre Integration gingen also Hand in Hand.

Belgien, Frankreich, Italien und die Schweiz gründeten 1865 die Lateinische Münzunion, der 1876 auch Griechenland beitrat. Basis war das auf Gold und Silber basierende System Frankreichs. Der politische Grund war der Wunsch Frankreichs, seine ökonomische Macht in politischen Einfluss umzumünzen. Daneben gab es eine Reihe von Problemen, die dadurch entstanden, dass Münzen aus einem Land bereits seit Jahrzehnten in den anderen Ländern zirkulierten, ohne dass es darüber Absprachen gegeben hätte. Als nämlich in den 1850er Jahren der Silberpreis gegenüber dem Goldpreis anstieg, war es lukrativer, das Silber zu exportieren oder einzuschmelzen, statt es auszugeben. Dadurch verschwanden die Silbermünzen nach und nach aus dem Verkehr, was dazu führte, dass die für den Handel wichtigen kleinen Münzen knapp wurden. Die Schweiz und Italien reagierten, indem sie den Silbergehalt der Münzen reduzierten. Dies wiederum führte dazu, dass vor allem Frankreich von minderwertigen Münzen überschwemmt wurde. Zudem bestand offensichtlich die Gefahr eines Abwertungswettlaufs, wenn Frankreich nun ebenfalls Münzen mit geringerem Edelmetall-

132 Zollvereinigungsvertrag vom 22. März 1833, Art. 14.

gehalt geprägt hätte. Koordination war notwendig. Man traf sich zu einer Konferenz, auf der verbindliche Absprachen über die Art und Beschaffenheit der Münzen getroffen wurden. Ohne Erfolg. Bald begannen Frankreich, Italien und Griechenland, Papiergeld zu drucken, das nicht mehr gegen Gold oder Silber eingelöst werden konnte. In Frankreich war dies eine vorübergehende Maßnahme, um die Kosten des Krieges von 1870/71 zu finanzieren, in den anderen beiden Ländern aber wurde es zu einer Maßnahme der gewöhnlichen Haushaltsfinanzierung. Die Umtauschbarkeit der italienischen Lira musste mehrmals aufgehoben werden, Griechenland wurde 1908 aus dem Verbund ausgeschlossen. Mit Beginn des Ersten Weltkriegs brach die Union auseinander, da nun riesige Mengen ungedeckten Papiergeldes gedruckt wurden. Stabiler war die Lage in Norwegen, Schweden und Dänemark, die sich 1873 offiziell zu einer Währungsunion zusammenschlossen. Die gemeinsame Währung wurde Krone genannt und war durch Goldreserven gedeckt. Da alle drei Länder bei der Ausgabe von Banknoten diszipliniert waren, behauptete das Papiergeld seinen Wert, so dass ab 1894 sogar Geldscheine der jeweils anderen Länder ohne Abschlag anerkannt wurden. Den Papiergeldschub des Ersten Weltkriegs hielt aber auch diese Union nicht aus.

Der klassische Goldstandard war die stabilste Währungsunion (bis er aus politischen Gründen von den Regierungen abgeschafft wurde). Im Lauf des 19. Jahrhunderts führten die meisten wirtschaftlich entwickelten Länder Währungen ein, die durch Gold gedeckt waren. Dollar, Pfund und Mark stellten lediglich verschiedene Namen für eine bestimmte Menge Gold dar. Das erleichterte Handel, Auslandsinvestitionen und Reisen und führte zu einer wachsenden internationalen Arbeitsteilung. Der Goldstandard garantierte bis 1914 ein Maximum an Geldwertstabilität und Mobilität des Kapitals. Die Wechselkurse waren weder schwankend noch von Regierungen willkürlich festgesetzt, und der Wert des Geldes hing nicht von der Glaubwürdigkeit von Notenbanken ab.

Dann kam der Krieg, Anfang der 1920er Jahre galt der Goldstandard nur noch in den USA. Die anderen Länder versuchten, sich wieder in den Genuss von dessen Vorteilen zu bringen, doch ohne das von ihnen ausgegebene Papiergeld komplett in Gold umtauschen zu müssen. Sie erlaubten die Einlösung von Geld nur gegen große Barren – um den Normalbürger vom Umtausch abzuhalten – und bilanzierten in ihren Tresoren lagernde goldgedeckte Währungen als Gold. Mit der Transparenz und Stabilität seines Vorgängers hatte dieser Pseudogoldstandard wenig gemein. Schon 1931 war das internationale Währungssystem wieder am Ende: Als Frankreich bei der Bank of England seine Pfundnoten in Gold eintauschen wollte, stieg London kurzerhand aus dem Goldstandard aus, die meisten anderen Länder folgten.

Als sich Ende der sechziger Jahre eine mögliche Auflösung des Bretton-Woods-Systems abzeichnete, beschlossen die Regierungen der sechs Mitgliedstaaten der EWG 1969, einen Plan für eine Wirtschafts- und Währungsunion (WWU) auszuarbeiten. Das Ergebnis war der *Werner-Plan* von 1970, der die Gründung eines solchen Verbundes bis 1980 vorsah. Nach dem Ende von Bretton Woods schien es den Europäern allerdings ratsam, zunächst weniger ambitionierte Ziele zu verfolgen. 1972 wurde die »Währungsschlange« eingeführt, die so hieß, weil die Zentralbanken sich bemühen sollten, die Wechselkurse um bestimmte Zielmarken herumschlängeln zu lassen. Schon damit waren sie überfordert: 1977 gehörten nur noch die D-Mark, die dänische Krone und die Währungen der Benelux-Länder dem System an. 1979 brachten Deutschland und Frankreich das Europäische Währungssystem (EWS) in Gang. Wieder war es das Ziel, die europäischen Währungen untereinander in engen Bandbreiten zu halten. Mit Devisenmarktinterventionen allein war das nicht zu machen, sondern nur durch fiskalische und geldpolitische Disziplin. Wenn sie sich nicht dem Risiko aussetzen wollten, ihre Währungen ständig abwerten zu müssen, mussten die Notenbanken derjenigen unter ihnen folgen, die ihre Währung am wenigsten inflationierte: der Deutschen Bundesbank. Das System funktionierte besser als seine Vorgänger, bis zum September 1992. Damals hob die Bundesbank die Zinsen stark an, weil sie fürchtete, dass die im Zuge der deutschen Wiedervereinigung ausufernde Staatsverschuldung die Inflation antreiben könnte. Um die Attraktivität ihrer Währungen zu wahren, mussten die anderen europäischen Länder nachziehen und ebenfalls die Zinsen erhöhen, obwohl sich ihre Volkswirtschaften gerade in einer Rezession befanden. Großbritannien und Italien konnten die Zielkurse nicht mehr halten und waren gezwungen, aus dem EWS auszuscheiden. Trotzdem wird das Europäische Währungssystem als relativ erfolgreich angesehen, vielleicht gerade weil es Neujustierungen oder das Ausscheiden eines Mitgliedslandes erlaubte, ohne dass das gesamte Abkommen in Frage gestellt werden musste. Von einer Währungsunion war es allerdings weit entfernt.

Feste Wechselkurse und Krise

Seit Beginn der neunziger Jahre hat es eine Serie von Krisen in Ländern gegeben, die sich zuvor einer Politik der festen Wechselkurse verschrieben hatten. Das Problem ist nämlich: Da sich die ökonomischen Bedingungen jeden Tag ändern, sind Wechselkurse, die die Regierung sich an irgendeinem Tag der Vergangenheit ausgedacht hat, immer zu hoch oder zu niedrig, was zu Problemen führt, die sich selten sofort bemerkbar machen, immer aber im Lauf der Zeit. Prominenz erlangte die mexikanische Pesokrise (»Tequilakrise«) von 1994/95. Mexiko war am 1. Januar 1994 in eine Freihandelszone mit den USA und Kanada eingetreten (NAFTA) und hatte seine Landeswährung an den US-Dollar gekoppelt, nicht ganz fest, eine Schwankungsbreite wurde erlaubt (also ähnlich wie im Europäischen Währungssystem EWS). Die mexikanische Notenbank musste oft intervenieren, um den angestrebten Kurs zu erreichen. Sie kaufte also den Peso auf und verkaufte dafür US-Dollar, dabei schwanden ihre Dollarreserven. 1994 hatte Mexiko ein großes Außenhandelsdefizit, ein Zeichen dafür, dass der Peso von der Regierung mit einem zu hohen Kurs festgesetzt worden war. Die Geldmenge war in den Jahren vor Inkrafttreten des NAFTA-Vertrags stark gestiegen. Der zu hohe Pesokurs bedeutete nichts anderes, als dass die Notenbank durch ihre Pesoankäufe Importe aus den USA nach Mexiko subventionierte, was zu einem entsprechenden Importsog führte. Am 20. Dezember 1994 musste die Notenbank den Peso um 13 Prozent abwerten. Aus Angst vor weiteren Abwertungen und vor deren möglichen Konsequenzen gab es eine Flucht aus dem Peso in den US-Dollar, so dass die Notenbank schon Ende Dezember kapitulierte und den Peso frei floaten ließ. Bis März 1995 verlor er die Hälfte seines Werts. Im selben Jahrzehnt folgten etliche Krisen mit denselben Ursachen und ähnlichen Symptomen. Die Asienkrise begann 1997 in Thailand, breitete sich rasch über ganz Südostasien aus und ließ überall auf der Welt die Börsen einbrechen. Wie zuvor Mexiko hatte Thailand seine Währung, den *Baht*, an den US-Dollar gebunden. Die aufstrebenden Volkswirtschaften Südostasiens (man sprach von »Tigerstaaten« bzw. »Tigerstaaten der zweiten Generation«) waren scheinbar sehr stabil, die Staatsverschuldung war niedrig, und es gab anders als in Lateinamerika keine Geschichte von Krisen. Aber die Dollarbindung, gedacht als Instrument, diese Stabilität zu bewahren, bewirkte auch hier das Gegenteil. Der Boom führte in Thailand zu einer Kreditexpansion, die indessen nicht so lange dauerte wie in Japan, da der thailändischen Notenbank schon vorher, ähnlich wie Mexiko, die Dollars ausgingen. Nachdem sie beim Versuch, den Baht zu stabilisieren, 20 Milliarden Dollar ausgegeben hatte, gab sie den Kurs schließlich frei. Andere südostasiatische Länder mussten im Kampf mit der Realität ebenfalls kapitulieren. Allein China war stark genug, seinen festen Wechselkurs beizubehalten; China hatte es leichter als andere Länder des Kontinents, denn es war noch relativ isoliert (der Beitritt zur Welthandelsorganisation WTO verfolgte erst 2002) und musste zwar Verluste im Handel hinnehmen, die seine Wirtschaft beeinträchtigten, war aber nicht das Objekt eines durch ausländische Kredite initiierten inflationären Booms.

Argentinien: Erst feste Wechselkurse, dann Staatsbankrott

Die Argentinienkrise ist in mancherlei Hinsicht ein besonderer Fall, auch deshalb, weil der Bankrott des Landes im Jahr 2001 der bis dahin größte der Weltgeschichte war. Die Regierung stellte die Zahlungen ein, Banken taumelten, die Bürger durften ihre Ersparnisse nicht mehr abheben, wurden also vom Staat enteignet. Nicht, dass es die erste Krise gewesen wäre. Zwischen 1827 und 1993 war Argentinien insgesamt 58 Jahre lang, also etwa ein Drittel der Zeit, bankrott: Zwischen 1827 und

1857, von 1890 bis 1893, 1951, 1956 bis 1965 und von 1982 bis 1993.[133] Diesmal war die Misere in gewisser Weise das Ergebnis der falschen Schlüsse, die die Regierung gut ein Jahrzehnt zuvor aus der letzten gezogen hatte. Typisch für das Land, das immer wieder von Diktatoren beherrscht worden ist, war seit jeher die Inflation. 1984/85 hatte es eine Hyperinflation gegeben, Ende der achtziger Jahre erneut. Das Land drohte in einen Bürgerkrieg zu stürzen – auch das kann eine schlechte Geldpolitik bewirken! Aus einer zeitgenössischen Reportage:

»Ein Buchhalter eines multinationalen Unternehmens musste zusehen, wie sein Gehalt in 12 Wochen von 600 Dollar auf 200 Dollar schrumpfte. Eine Sekretärin, die ihre ganzen Ersparnisse auf ein Konto mit 60 Prozent Zinsen pro Monat eingezahlt hatte, wurde von der Inflation eingeholt, als Argentiniens Währung, der Austral, in nur einer Woche mehr verlor, als sie durch Zinsen gewann. Kreditkarten wurden suspendiert. Supermärkte verstärken die Wachmannschaften. Verkäufer zeichnen die Preise von Autos oder Apartments nur in Dollars aus. Banken – darunter auch multinationale – weigern sich oft, Kunden große Summen Bargeld auszuzahlen und sagen achselzuckend: ›Es gibt keine Australes.‹ In der Straße San Martin im Herzen des Finanzdistrikts von Buenos Aires brach ein Faustkampf aus, nachdem Geldwechsler, die über Verluste und große Schwankungen verärgert sind, sich in politische Diskussionen verstrickt hatten (…) ›Es wird einen Bürgerkrieg geben‹, sagt ein argentinischer Beamter, dessen Gehalt aufgrund der sich verschlechternden Währung in wenigen Wochen um 60 Prozent gefallen ist (…) Ein pensionierter Marineoffizier, der nun eine wichtige Position im Sicherheitsapparat hält, sagte United Press International, dass aktive Offiziere angefangen hätten, auf dem Weg zur Arbeit und zurück Schusswaffen zu tragen, aus Angst vor einem Aufstand, einem Terroranschlag, Bürgerkrieg oder einer Kombination aus allem.«[134]

Die offizielle Inflationsrate betrug 1989 fünftausend Prozent. Um die Geschichte der wiederkehrenden Hyperinflationen und Krisen endlich zu beenden, band die argentinische Regierung 1992 die Landeswährung, die inzwischen wieder Peso hieß, im Verhältnis von 1:1 an den

133 Carmen M. Reinhart, Kenneth S. Rogoff: *A Decade of Debt*, Washington 2011, S. 49.
134 United Press International, 27.5.1989.

US-Dollar. Argentinien tat also das Gleiche wie sieben Jahre später die Euroländer: Es führte, wenn auch nicht *de jure*, so doch *de facto*, eine neue Währung ein, über die es nicht mehr selbst bestimmen konnte, trat in einen Währungsverbund mit den USA ein. Um diesen festen Wechselkurs beizubehalten, versprach die argentinische Zentralbank, jeden Peso jederzeit in US-Dollar einzutauschen und dazu ihre Verbindlichkeiten, also alle Banknoten und die Reserven, die die Banken bei ihr halten, zu 100 Prozent mit Dollar zu unterfüttern (*Currency Board* nennt man diese Politik, die eigentlich aber bloß ein Versprechen ist).

Plötzlich genoss Argentinien an den Finanzmärkten wieder Vertrauen, zumal der Internationale Währungsfonds die Pläne abgesegnet hatte, was man als Zeichen interpretierte, dass er auch dafür geradestehen würde. Ausländische Devisen strömten ins Land. Die Dollarbestände bei der Zentralbank schwollen an, was zu einer wachsenden Geldbasis an Pesos führte. Die Geschäftsbanken machten daraus ein Vielfaches an Buchgeld. Zum ersten Mal seit über einem Jahrzehnt wuchs die argentinische Wirtschaft wieder. 60 Jahre des ökonomischen Niedergangs seien gestoppt, schrieb ein Reporter der »Financial Times« im Mai 1992. Aber die eigentliche Ursache der Hyperinflation der achtziger Jahre, nämlich Günstlingswirtschaft und ein großer unproduktiver öffentlicher Sektor, waren durch die Währungsreform nicht verschwunden. Statt wie früher Geld zu drucken, wurden jetzt Schulden im Ausland gemacht. Nicht einmal in den besten Boomjahren sorgte die Regierung für Haushaltsüberschüsse, von denen man in mageren Jahren hätte zehren können, sondern ließ stattdessen Schulden aus dem offiziellen Haushalt verschwinden, so dass dieser besser aussah, als er in Wirklichkeit war. Die Exporte wuchsen zwischen 1990 und 1998 zwar mit soliden acht Prozent jährlich, hielten aber nicht Schritt mit der rapide steigenden Nachfrage nach Importen, die im gleichen Zeitraum um 25 Prozent pro Jahr kletterte. »Die geringe Größe des inländischen Finanzsektors trug dazu bei, die Abhängigkeit von ausländischen Geldflüssen zur Finanzierung der privaten und öffentlichen Ausgaben zu stärken«, so der IWF rückblickend.[135] Schon 1992 gab es Kommen-

135 Vgl. IWF: *Lessons from the Crisis in Argentina*, Washington 2003, S. 8.

tatoren, die davor warnten, dass auch ambitionierte Wirtschaftsprogramme früherer argentinischer Regierungen zu Katastrophen geführt hatten: »Das Rezept des IWF hat eine überbewertete Währung geschaffen, überbewertete Unternehmen und Spekulationen«, schrieb ein kanadischer Korrespondent. »Das erinnert allzu sehr an die ›Plata Dulce‹-Periode[136], deren Kollaps vor einem Jahrzehnt zu einer Welle von Nationalismus, Hyperinflation und Schulden führte.«[137] 1994, während der »Tequilakrise«, gab es einen ersten Schock, doch danach ging die Kreditexpansion weiter. Wie nie zuvor in der Geschichte konnte die argentinische Regierung Anleihen an ausländische Investoren verkaufen. Auf dem Höhepunkt machten argentinische Bonds ein Viertel des gesamten Anleihevolumens der Schwellenländer aus.[138] Die Staatsverschuldung kletterte von 35 Prozent des Bruttoinlandsprodukts im Jahr 1994 auf 64 Prozent Ende 2001. Sie lautete fast ausschließlich auf US-Dollar. Und das war die Crux: Argentinien hatte sich in einer Währung verschuldet, die es nicht selbst drucken konnte (eigentlich wäre dies etwas sehr Gutes, wenn Regierungen denn in der Lage wären, mit ihren Steuereinnahmen zu wirtschaften).

Im Laufe des Jahres 2000 hatte die US-Notenbank etliche Male die Zinsen angehoben, um die Börsenblase (für die, die es vergessen haben: Die Themen dieser Blase waren »Internet«, »Telekommunikation« und »*New Economy*«) einzudämmen. Rückblickend kann man sagen, dass das Ende dieser Blase schon im März, bei einem Nasdaq-Stand von über 5 000 Punkten, erreicht war, aber damals war das noch nicht klar, und so erhöhte die amerikanische Federal Reserve (FED) die Zinsen weiter. Im November, als sich George W. Bush und sein Konkurrent Al Gore darum stritten, wer die Präsidentschaftswahl gewonnen hatte, setzten die Börsen weltweit zu einer Talfahrt an, die sich im Dezember fortsetzte. Gleichzeitig hatte ein Wirtschaftsabschwung begonnen, der das ganze Jahr 2001 prägte. In Argentinien verschärfte er eine Depression, die bereits seit der Lateinamerikakrise Ende 1998 andauerte.

136 »Plata Dulce« (»Süßes Geld«) war der Titel einer 1982 gedrehten argentinischen Tragikomödie über die verworrene ökonomische Situation während der Militärdiktatur zwischen 1976 und 1982, die mit massiver Staatsverschuldung einherging.

137 »Journal of Commerce«, 8.6.1992.

138 »The Economist« (»Argentina's Debt Restructuring: A Victory by Default?«), 3.3.2005.

Im Juli 2001 kam es in Argentinien zur akuten Vertrauenskrise; Befürchtungen, die Dollarparität könnte unter dem Druck der Krise aufgegeben werden, veranlassten immer mehr Bürger, ihre Pesoeinlagen in Dollar umzutauschen und sie teilweise ins Ausland zu schaffen, um möglichen Zwangsmaßnahmen der Regierung zuvorzukommen. Der sich beschleunigende Abfluss nötigte die Banken zur Kündigung ausstehender Kredite, was die Lage der am Boden liegenden Wirtschaft weiter verschlimmerte und die Zahlungsfähigkeit der Regierung einengte. Im November besaß die Notenbank nur noch 5 Milliarden US-Dollar, die gut 70 Milliarden an konvertiblen Pesos zu decken hatten.[139] Barabhebungen von Guthaben wurden auf 250 Dollar pro Person und Woche limitiert, alle Auslandsüberweisungen von mehr als 1 000 Dollar mussten genehmigt werden. Es wurde verboten, Bargeld außer Landes zu bringen – verzweifelte Maßnahmen eines bankrotten Systems. Je mehr Dollar aus dem Land flossen, desto stärker musste die Geldversorgung der argentinischen Wirtschaft beschränkt werden, was zu einem weiteren Absturz führte. Anfang 2002 wurde die Dollarbindung gekappt.

Die Lehren des argentinischen Experiments

Ein System fester Wechselkurse hat eine ähnliche Schwäche wie bimetallische, also auf Gold *und* Silber basierende Währungssysteme, die etliche Länder im Lauf der Geschichte ausprobiert haben. Dabei wurde dann z. B. vom Staat festgelegt, dass eine Goldmark zwanzig Silbermark wert sein soll. Selbst wenn die Regierung so klug war, sich dabei nach dem Marktpreis zu richten, ist dieser schon nach kurzer Zeit ein anderer, und dann stimmt die Relation nicht mehr: Entweder ist in dieser. Im Verhältnis das Gold zu billig oder das Silber. Sobald die Abweichung die Kosten für das Einschmelzen übersteigt, wird die unterbewertete Münze eingeschmolzen oder für Zahlungen im Ausland benutzt. Die Folge ist, dass entgegen der Absicht des Staates niemals Gold

---

139 Joseph T. Salerno: »Confiscatory Deflation: The Case of Argentina« (http://mises.org/daily/890#_edn1)

und Silber gleichzeitig umlaufen: Für Zahlungen werden nur noch die überbewerteten Münzen benutzt, während das unterbewertete Metall aus der Zirkulation verschwindet. Das ist das *Greshamsche Gesetz*[140]. Staaten, die feste Wechselkurse einführen, stoßen – sofern es keinen Goldstandard gibt, bei dem das Geld einen inhärenten Wert hat – auf das gleiche Problem: Der argentinischen Notenbank gingen irgendwann die US-Dollars aus, weil der Peso überbewertet war.

Argentiniens Staatsbankrott hat das Schuldenproblem auf eine gewisse Art gelöst. Nach dem Ende des Experiments der festen Wechselkurse konnte das an Rohstoffen reiche und in der Landwirtschaft hochproduktive Land vom weltweiten Wirtschaftsaufschwung profitieren und wieder starke Wachstumsraten erzielen. Argentinien zahlte auch seine Schulden beim IWF zurück und einigte sich mit 90 Prozent der Gläubiger. Die Wirtschaft steht heute besser da als je zuvor. Das Erbe der Schuldenkrise besteht darin, dass die Regierung keinen Zugang zu den internationalen Finanzmärkten hat und vor ausländischen Gerichten immer noch Klagen gegen sie anhängig sind.

Die Euroblase

Zu den vielen Dingen, an denen sich Ignoranz und politische Willkür bei der Vorbereitung der Euroeinführung ablesen lassen, gehört die Umrechnung der Währungskurse. Man nahm an, dass die Wechselkurse des Jahres 1998 die wirtschaftlichen Gegebenheiten der Teilnehmerländer angemessen reflektieren würden, ohne zu beachten, dass dies nur eine Momentaufnahme war und wie sie zustande kam. Der Wechselkurs einer Währung wird ja keineswegs nur von der Stärke der jeweiligen Volkswirtschaften bestimmt, sondern auch von der Höhe des Zinses. Bleiben alle anderen Faktoren gleich, wird ein höherer Zins dazu führen, dass eine Währung an Attraktivität gewinnt und zur Aufwertung tendiert und *vice versa*. Da die D-Mark an den Märkten ohnehin immer gefragt war, hat sich die Bundesbank nie darum kümmern

140 Nach dem Engländer Sir Thomas Gresham (1519–1579).

müssen, Bundesanleihen durch hohe Zinsen interessant zu machen. Was ihr wichtig war, war die Preisstabilität und die Konjunktur. Wenn die Wechselkurse überhaupt interessierten, dann nur insofern, als es galt, den US-Dollar im Auge zu behalten, dafür zu sorgen, dass er im Verhältnis zur D-Mark nicht zu schwach wurde, also die D-Mark nicht zu stark. Die Geldpolitik der südeuropäischen Notenbanken funktio-

---

»Zu den vielen Dingen, an denen sich Ignoranz und politische Willkür bei der Vorbereitung der Euroeinführung ablesen lassen, gehört die Umrechnung der Währungskurse.«

---

nierte ganz anders. Ihr vorrangiges Ziel war, die Wechselkurse ihrer jeweiligen Währungen in Relation zur D-Mark innerhalb der vorgesehenen Relationen zu halten. Das Mittel dazu war u. a. eine Politik der im Vergleich zu Deutschland hohen Zinsen. Ein Zinsaufschlag von mindestens zwei bis drei Prozent gegenüber Bundesanleihen war notwendig, um die Wechselkurse von Peseten, Lire, Escudos oder Drachmen gegenüber der D-Mark zu halten. Das heißt aber auch, dass diese Währungen ohne die relative Hochzinspolitik dieser Notenbanken gegenüber der D-Mark viel niedriger notiert hätten und von einem Marktpreis unter gleichen Bedingungen überhaupt keine Rede sein konnte. Wie der stellvertretende griechische Notenbankchef Panayotis Thomopoulos 2004 erklärte, spielten auch Devisenmarktinterventionen und psychologische Tricks eine Rolle bei der »Stabilisierung« der Wechselkurse. Zwischen Ende 1994 und Anfang 1998 habe die griechische Notenbank den Wechselkurs gemanagt, indem sie es nicht erlaubte, dass die Drachme so schnell an Wert verlor, wie es notwendig gewesen wäre, um den Inflationsunterschied gegenüber den Handelspartnern zu kompensieren. Dies sei absichtlich gemacht worden, um die Inflation und die Inflationserwartungen zu bremsen, die in der Vergangenheit stark von den wiederkehrenden Abwertungen genährt worden seien, die manchmal noch höher waren als der exzessive Anstieg der Löhne und Preise.[141] Im Herbst 1997, während der Asienkrise, seien aber »Spekulanten« aufgetaucht, die an eine Abwertung der Drachme »um bis zu 28 Prozent« geglaubt hätten. Die Notenbank sei jedoch in der Lage gewesen, die Parität der Drachme zum angestrebten Kurs beizubehalten, indem sie auf ihre Devisenreserven zurückgegriffen und die Leitzinsen kurzzeitig angehoben hätte, manchmal nur für einige Tage. »*Wir achteten jedoch darauf, die Märkte nicht zu erschrecken, die unsere Schritte als panisch hätten auslegen können. Darum passten wir auf, wie wir unsere straffere Geldpolitik präsentierten. Statt den Leitzins von 19 auf 330 Prozent anzuheben, führten wir Ende Oktober* [1997] *kurzzeitig eine Strafgebühr von 0,4 Prozent pro Tag ein. Dieser Schritt wirkte harmlos und ging glatt durch, während er gleichzeitig die Geldaufnahme der Banken drastisch verteuerte und bestrafte. Wir sandten also das richtige Signal an den Markt, und dies ermöglichte es uns, die Strafgebühr nach wenigen Tagen zurückzunehmen und eine quasi-normale Situation wiederherzustellen. Wir waren auch vorsichtig im Hinblick auf die Art und Weise, wie wir unsere Devisenmarktinterventionen ausführten. Meistens wollten wir unsere Entschlossenheit zeigen, die Parität zu verteidigen, und intervenierten direkt am Markt; manchmal aber schien es uns, dass eine Intervention durch eine befreundete ausländische Bank noch überzeugender sein und die Marktstimmung besser beeinflussen könnte.*«[142]

Während die Bundesbank eher versuchte, die D-Mark zu *schwächen*, setzten die Länder Südeuropas also alles daran, ihre Währungen möglichst *stark* erscheinen zu lassen. Bei gleichen Zinsen, wie sie jetzt in der Eurozone gelten, wäre die D-Mark viel höher, die Währungen Spaniens, Portugals, Italiens und erst recht Griechenlands wären viel niedriger bewertet worden. Die Bedingungen waren völlig unterschiedlich und nicht miteinander zu vergleichen – es wurde mit verschiedenen Zollstöcken gemessen. 1997 und 1998 sanken die Zinsen der Südländer zwar deutlich, aber jetzt wurden ihre Kurse schon von der *Europhorie* befeuert, waren also auf andere Weise verzerrt.

---

141 Panayotis Thomopoulos: *Anti-inflationary exchange rate policy in Greece in the 1990s.* Rede anlässlich einer Konferenz der Bank von Italien und der Europäischen Zentralbank, Neapel, 14.–15. Januar 2004.
142 Ebd.

So kam es, dass Deutschland und die anderen Niedrigzinsländer den Euro zu einem zu niedrigen Kurs einführten, die traditionellen Hochzinsländer aber ihre überbewerteten Währungen zu einem zu hohen Kurs eintauschten. Auch dies trug zu der von allen außer den Statistikern bemerkten Teuerung bei: Diesmal war es nicht ein Anschwellen der Geldmenge, das in Deutschland die Preise hochtrieb, sondern das Abfließen von Waren in die Länder Südeuropas. Dort gab es einen Boom, den man den Konvergenzboom nennen könnte.

Plötzlich konnten italienische, spanische, portugiesische, irische und griechische Banken so viele Kredite vergeben wie nie zuvor, zu Zinsen, die oft nur noch auf einem Drittel des Niveaus lagen, das ein paar Jahre früher noch normal gewesen war. Es waren ebendiese Zinssenkungen in den früheren Hochzinsländern – die notwendig waren, um auf das niedrigere Niveau Deutschlands und Frankreichs zu kommen (»Konvergenz«)–, die den Kreditboom auslösten, der zu der jetzigen Wirtschafts- und Zahlungsbilanzkrise ihrer geführt haben. So sah es 2002 auch die Bundesbank. Es zeige sich, »dass die nach Ländern aufgeschlüsselte Entwicklung der Buchkredite weitgehend den inländischen Konjunkturzyklus widerspiegelt«.[143] In den Ländern, in denen das Wachstum der nominalen Kredite am stärksten ausfalle (Griechenland, Spanien, Irland und Portugal), seien auch die Zuwachsraten des nominalen BIP am höchsten.

»Eine weitere Gruppe von Ländern (Frankreich, Italien, Luxemburg, die Niederlande und Finnland) scheint eine mittlere Position einzunehmen; hier entspricht das Kreditwachstum in etwa der durchschnittlichen Zuwachsrate des nominalen BIP im Euroraum. Die Zunahme der Buchkredite in Österreich bewegt sich ebenfalls in der Nähe dieses Durchschnitts, das jährliche BIP-Wachstum fällt hier allerdings etwas niedriger aus. Bei den restlichen Ländern (Belgien und Deutschland) sind die jährlichen Wachstumsraten der nationalen Kreditgewährung relativ gering, spiegeln jedoch wiederum die niedrigen Zuwachsraten des nominalen BIP wider.«

Dass die Länder Griechenland, Spanien, Irland und Portugal in einem Atemzug und im Zusammenhang mit der Entwicklung der expansiven

143 Monatsbericht der Deutschen Bundesbank November 2002.

Kreditvergabe genannt werden, ist wohl bemerkenswert. »Vor allem in Griechenland, Spanien, Irland und den Niederlanden« sei ein »relativ starker Anstieg der Preise für Wohnimmobilien zu verzeichnen, der mit einer kräftigen Nachfrage nach Hypothekarkrediten einherging«, heißt es weiter. Sucht man also nach der *prima causa* der Eurokrise, findet man sie in den Zinssenkungen und der darauf folgenden Kreditexpansion von Ende der neunziger Jahre bis zur Mitte des letzten Jahrzehnts.

Wäre es auch anders gegangen? Dass sich die Zinsen angleichen mussten, war ja von Anfang an klar: In einem einheitlichen Währungsraum mit einer einzigen Zentralbank konnte es auch nur eine Geldpolitik geben. Entweder mussten die Zinsen in den Niedrigzinsländern deutlich steigen, die Zinsen in den Hochzinsländern deutlich fallen – oder sie würden sich in der Mitte treffen. Aber Deutschland und Frankreich waren nicht bereit, um der Währungsunion willen höhere Zinsen in Kauf zu nehmen. Als Gerüchte über ein Treffen in der Mitte auftauchten und die Geldmarktzinsen in Deutschland und Frankreich in Antizipation eines solchen Schrittes leicht stiegen, äußerten führende Politiker, dass dies keineswegs ausgemacht sei. Der französische Finanzminister Dominique Strauss-Kahn sagte, er hoffe, »dass sie auf dem Niveau der stärksten Währungen konvergieren«. Die französischen und deutschen Zinsen seien »ein guter Indikator«. Die Eurozinsen sollten nicht bloß ein Durchschnitt der derzeitigen Sätze sein.[144] Ähnlich äußerten sich Bundesbankpräsident Tietmeyer und der Präsident des *European Monetary Institute*, der spätere EZB-Präsident Wim Duisenberg. Schon damals gab es Warnungen. Thorsten Polleit etwa, stellvertretender Direktor der ABN-Amro-Bank in Deutschland, schrieb seinerzeit:

»Würde am 1. Januar 1999 eine große EWWU beginnen, deren Geldmarktzinsniveau sich am derzeitigen bundesdeutschen ausrichtet, so hätte dies expansive Impulse in Italien, Spanien, Portugal und Irland zur Folge (die zusammen etwa 28 Prozent der Wirtschaftskraft in der EWWU ausmachen), verbunden mit einem ›Importsog‹ innerhalb Europas.«[145]

144 AFX, 19.11.1997.
145 »Zeitschrift für das gesamte Kreditwesen«, 1.1.1998.

Dass eine gemeinsame Währung die bestehenden ökonomischen Unterschiede nicht nivellieren, sondern im Gegenteil vielleicht sogar verstärken könnte, hätte man ebenfalls wissen können. Es gab ja bereits die Erfahrungen des Europäischen Währungssystems. Da war etwa aufgefallen, dass Deutschland und die Niederlande zwar schon seit Anfang der achtziger Jahre eine De-facto-Währungsunion hatten, mit sehr ähnlichen Zinsen und einem erstaunlich stabilen Wechselkurs. Trotzdem führte das nicht dazu, dass sich auch die Konjunkturzyklen assimiliert hätten. In den Jahren vor Einführung der Währungsunion erlebten die Niederlande, Finnland und Irland eine Hochkonjunktur, Deutschland hingegen nicht. Ein Kommentator der britischen Tageszeitung »Independent« bemerkte recht hellsichtig, dass man daraus eine praktische Lehre ziehen könne:

»Wenn es möglich ist, divergierende Konjunkturzyklen in der Währungsunion der Niederlande und Deutschlands zu haben, wird es divergierende Zyklen in der EWWU geben. An einem bestimmten Punkt kann eine Geldpolitik für Europa als Ganzes richtig sein, aber falsch für einige seiner Teile: zu straff für die einen, zu locker für andere.«[146]

Während aber eine »zu straffe« Geldpolitik noch nie einen dauerhaften Schaden angerichtet hat (auch wenn Theoretiker wie Ben Bernanke und Milton Friedman das im Hinblick auf die Politik der US-Notenbank in den dreißiger Jahren fälschlicherweise behauptet haben), führt eine expansive Politik zum inflationären Boom, der in eine Krise mündet. Die Euroeinführung bedeutete, dass ganz Europa in den Genuss von Deutschlands sehr niedrigen Zinsen kam, was sich im Nachhinein als kurzlebiges und sehr fragwürdiges Glück herausgestellt hat.

Die Geschichte zeigt: Währungsunionen vieler unabhängiger Staaten sind nur möglich, wenn und solange die Währungen durch etwas gedeckt sind, das sich nicht beliebig vermehren lässt, wie etwa Gold. Beim klassischen Goldstandard handelte es sich de facto um eine Währungsunion, ebenso wie beim Euro. Und anders als der Euro war der Goldstandard nicht auf einige Länder Europas beschränkt, sondern erstreckte sich auf alle seinerzeit wirtschaftlich relevanten Nationen der

146 »The Independent«, 21.10.1997.

Erde. Der Goldstandard funktionierte, der Euro funktioniert nicht. Warum? Weil die Notenbanken nur dann, wenn sie nicht frei sind, sondern dem objektiven Zwang unterliegen, eine Geldpolitik zu verfolgen, die die Goldkonvertibilität sicherstellt, dem Druck aller möglichen Interessengruppen widerstehen können, die sie drängen, billige Kredite verfügbar zu machen. Ohne Goldstandard wird die Notenbank diesem Druck früher oder später nachgeben und durch Geldvermehrung den Samen der Krise säen, die die Union sprengt.

Liquidität ohne Grenzen: Die Eurokrise

Vor dem Eurobeitritt mussten die Regierungen Spaniens, Portugals, Italiens und Griechenlands auf ihre Anleihen weit über zehn Prozent Zinsen bezahlen. So lag etwa die Rendite zehnjähriger spanischer Staatsanleihen noch Anfang 1995 bei 12 Prozent, in den achtziger Jahren waren es gar über 20 Prozent. Der Euro brachte die extrem niedrigen deutschen Zinsen zu allen Ländern der Eurozone. Diese brauchten nun auch keinen Inflationsaufschlag für die erwartete Abwertung der Währung mehr zu zahlen, wie er bei Anleihen in Peseten, Lire oder Drachmen fällig gewesen wäre; gleichzeitig schien sich über Nacht die Bonität der Regierungen und Banken Südeuropas signifikant verbessert zu haben: Sie gehörten ja nun einem Währungsverbund mit Ländern wie Deutschland, Frankreich und den Niederlanden an. Auch, wenn es nicht logisch ist, schien es den Finanzmärkten so, als wäre der Staatsbankrott eines Landes durch seinen Beitritt zur Europäischen Währungsunion ausgeschlossen. Die sogenannten Maastricht-Kriterien, die Obergrenzen für die Haushaltsdefizite, die Preissteigerungsrate und die Staatsverschuldung setzten, trugen das ihre dazu bei, die Gläubiger in falscher Sicherheit zu wiegen. Obwohl es keinen Mechanismus gab, sie durchzusetzen, sondern nur in Aussicht gestellte Strafen, die sich als leere Drohungen entpuppten: Deutschland und Frankreich überschritten zwischen 2002 und 2004 die festgelegte Haushaltsdefizitgrenze von drei Prozent des BIP und erhielten dafür bloß eine kleine Rüge. Das war das Signal an die anderen, dass der Maastricht-Vertrag nicht mehr eingehalten werden muss.

Seit Ende der neunziger Jahre gingen in Griechenland eine explodierende Staatsschuld, eine ebenso rasant anwachsende private Verschuldung und ein ungezügelter Immobilienboom Hand in Hand. Die Anbindung an die Eurozone hatte nicht nur monetäre Folgen, sie veränderte auch die Art, wie Griechenland wahrgenommen wurde und sich selbst wahrnahm: vom Armenhaus zum Florida Europas. Seit jeher war Immobilienbesitz für die Griechen wichtig gewesen. Angesichts rapider Geldentwertung, eines kleinen und unterentwickelten Kapitalmarkts und strenger Kapitalkontrollen waren Häuser die beste Möglichkeit, Ersparnisse zu sichern und an die nächste Generation weiterzugeben. Verglichen mit anderen Ländern war die Quote der Eigenheimbesitzer in Griechenland darum schon immer sehr hoch. Zu dem Zeitpunkt, als Griechenland dem Euro beitrat, lebten 80 Prozent der Griechen in ihrem eigenen Haus, in ländlichen Gegenden gar 97 Prozent, verglichen mit durchschnittlich 60 Prozent im gesamten Euroraum. 14 Prozent der griechischen Haushalte besitzt ein Zweithaus, auch das ist der höchste Wert in der Europäischen Union.[147] Gemessen am gesamten privaten Vermögen macht der Immobilienbesitz etwa 80 bis 90 Prozent aus. Der griechische Hypothekenmarkt hingegen war bis Ende der achtziger Jahre aufgrund institutioneller Schranken unterentwickelt. Das Bankensystem war gekennzeichnet durch die Allgegenwart des Staates und reguliert durch ein komplexes System von Kreditregeln. Die Zinsen wurden vom Staat festgelegt, die Kreditvergabe der Banken folgte den wirtschaftspolitischen Prioritäten. Sie lagen in der Exportförderung, der Unterstützung kleiner und mittlerer Unternehmen und der Finanzierung der Staatsbetriebe. Es gab keine Kreditkarten, keine Verbraucherdarlehen, und nur einige darauf spezialisierte Institute vergaben Hypothekenkredite. Die Folge dieser engen vom Staat gezogenen Grenze war, dass Privathaushalte zum großen Teil von der Kreditvergabe ausgeschlossen waren. Hauskäufe wurden meist in Bargeld getätigt, das gespart oder von Verwandten oder Freunden zur Verfügung

147 Nicholas Apergis und Anthony Rezitis: »Housing Prices and Macroeconomic Factors in Greece: Prospects within the EMU«. (http://www.iefs.org.uk/Papers/Apergis.pdf)

gestellt wurde. Manchmal wurde auch ein Finanzierungsvertrag mit dem Bauunternehmer oder »Projektentwickler« geschlossen.[148]

Alles änderte sich mit der Liberalisierung des griechischen Bankwesens Anfang der neunziger Jahre. Banken können seither zu von ihnen selbst festgelegten Konditionen verleihen. Es wurde ihnen gestattet, Hypotheken- und Konsumentenkredite zu vergeben, Ende 1993 wurden die Kapitalverkehrskontrollen aufgehoben, seit 1994 dürfen sie auch Kreditkarten ausstellen. Der Mindestreservesatz, der vorschreibt, wie hoch das Guthaben der Bank bei der Zentralbank zu sein hat, wurde von zwölf auf drei Prozent (mit dem Eurobeitritt auf zwei Prozent) gesenkt. Gleichzeitig sanken die Zinsen. Der durchschnittliche Zinssatz für einen Hypothekenkredit, der 1993 noch bei 20 Prozent gelegen hatte, sank bis 2005 auf vier Prozent. Es wurden also nicht nur die Reglementierungen gelockert oder beseitigt, sondern gleichzeitig ungeheure Liquidität freigesetzt – und genutzt. Von Mitte der 1990er bis Mitte der 2000er Jahre stieg das Volumen der Hypothekenkredite mit einer durchschnittlichen Jahresrate von 25 Prozent, im Einklang mit der beträchtlich wachsenden Nachfrage nach Zweit- und Ferienhäusern insbesondere auf den Inseln. Die Konsumentenkredite wuchsen im selben Zeitraum mit gleicher Geschwindigkeit.[149] Ganz Griechenland kaufte und baute Häuser. 1995 machten Hypothekenkredite 15 Prozent der von Banken vergebenen Darlehen aus, 2005 waren es 30 Prozent – bei einem viel höheren Gesamtvolumen. Der Anteil der Hypothekenschulden am Bruttoinlandsprodukt verfünffachte sich von 5 auf 25 Prozent. Die Kreditschwemme führte zu einem rasanten Preisanstieg von Immobilien. Zwischen 1997 und 2007 stiegen die Preise in den urbanen Gebieten Griechenlands um 160 Prozent[150], was einer durchschnittlichen Jahresrate von zehn Prozent entspricht. In guten Jahren wie 2001, 2002 und 2006 wurden gar 14 Prozent erreicht. Das Krisenjahr 2009 war das erste Jahr im Gedächtnis der heute lebenden Griechen, in dem die Preise fielen.

---

148 Sarantis E.G. Lolos, Evangelia Papapetrou: »Housing credit and female labour supply: Assessing the evidence from Greece.« Bank of Greece Working Paper, November 2011 (http://www.bankofgreece.gr/BogEkdoseis/Paper2011141.pdf)

149 Sarantis E.G. Lolos, Evangelia Papapetrou: *Housing credit and female labour supply*, a. a. O.

150 Quelle: Bank of Greece. Die Daten wurden von den Kreditinstituten gesammelt und in einem Index gewichtet.

Wer am Boom partizipierte – und das taten nicht nur Griechen, sondern auch ausländische Investoren –, wurde reich. Mit Immobilien Geld zu verdienen ist besonders deshalb so attraktiv, weil man sie zu einem großen Teil fremdfinanzieren kann; man leistet eine Anzahlung, finanziert den Rest über ein Darlehen und hebelt so seine Gewinne. Wer 1997 in Griechenland ein Haus mit einer Anzahlung von zehn Prozent erworben hatte, konnte so innerhalb von zehn Jahren einen Profit von weit über 1 000 (in Worten: tausend) Prozent erzielen. Und diese Rechnung beruht auf dem Durchschnittswert. In einer besonders begehrten Stadt wie Thessaloniki gab es in manchen Jahren Steigerungen von 21,8 Prozent (1998) oder gar 26,5 Prozent (2005); die Preise vervierfachten sich zwischen 1995 und 2007. Das heißt, wer 1995 in Thessaloniki ein Haus für 250 000 Euro kaufte und 25 000 Euro eigenes Kapital mitbrachte, hatte 2007 ein Vermögen von einer Million bzw. das 40-Fache der ursprünglichen Summe.

»*Als Argentinien in den neunziger Jahren und Griechenland in den 2000ern in der Lage waren, im großen Stil in harter Währung zu borgen, hätten die Ergebnisse vorhergesagt werden können*«, sagt der griechische Ökonom Jason Manolopoulos. »*Während des Booms kauften die Menschen mehr, als sie brauchten: Häuser, Zweithäuser, Ferienhäuser. Der Anschein des Wohlstands schuf die Illusion, dass alle Hypothekenzahlungen geleistet werden könnten. Ein anderes Luxusgut waren Autos. Während der 2000er Jahre wurde Griechenland der größte Pro-Kopf-Importeur von Porsche Cayennes. Zahlen der* Association of Motor Vehicle Importers-Representatives *(AMVIR) zeigen, dass der Verkauf von Geländewagen zwischen 2001 und 2005 von 4 010 auf 9 288 anstieg. Wie wurden all die ausländischen Autos finanziert? Im Jahr 2010 standen Autokredite in Höhe von acht Milliarden Euro (3,5 Prozent des BIP) aus.*«[151]

Als sich andeutete, dass die Immobilienpreise nicht mehr weiter stiegen, sondern nachgaben, und gleichzeitig immer weniger Baugenehmigungen beantragt wurden, wurden die Menschen vorsichtiger, was zu einem weiteren Abbröckeln der Preise führte, zuerst langsam, dann

151 Jason Manolopoulos: *Greece's ›Odious Debt‹. The Looting of the Hellenic Republic by the Euro, the Political Elite and the Investment Community*, London und New York 2011, S. 23ff.

schneller. Im Dezember 2009 drohten Probleme bei Dubais größtem Bauunternehmen die Zahlungsfähigkeit des ganzen Emirats zu beeinträchtigen; das warf die Frage auf, ob auch andere Länder, die ebenfalls einen mit Auslandsschulden finanzierten Boom erlebt hatten, aber wenig ökonomische Substanz aufwiesen, angesichts der globalen Kreditklemme in ähnliche Schwierigkeiten kommen könnten. Die Griechenlandkrise kam ans Licht.

Spanien

Auch in Spanien führten die Eurokonvergenz und die Niedrigzinspolitik der EZB zu einem Aufschwung, der sowohl die privaten Haushalte als auch den Staat erfasste und einen Berg an faulen Krediten hinterließ. Ein Immobilienblase und -crash läuft ja eigentlich immer nach dem gleichen Muster ab. Es macht also keinen großen Unterschied, ob man Athen, Island oder Las Vegas als Beispiel nimmt. Ursache, Phänomen und Konsequenzen sind ähnlich – das macht die Tatsache, dass Notenbanken einer sich entwickelnden Immobilienblase keinen Einhalt gebieten, ja so scheinbar rätselhaft. Der Immobilienboom in Spanien, der 2007 endete, findet allerdings wohl nur außerhalb Europas seinesgleichen: Zwischen 1999 und 2007 wurde jede dritte Wohnung, die in der Europäischen Union entstand, in Spanien gebaut. Das spanische Wirtschaftswunder lockte auch viele Ausländer an, die dort Urlaubsdomizile erwarben (offenbar vor allem Briten, wenn mehr als ein Dutzend Ratgeber für den Immobilienkauf in Spanien, die man auf der britischen Internetseite des Buchhändlers Amazon bestellen kann, ein Indiz sind).

Finanziert wurde die Bautätigkeit vor allem von den Sparkassen, den *cajas* bzw. *cajas de ahorro*. Diese regional tätigen und oft von einer der großen Parteien des Landes (oder von beiden zusammen) kontrollierten Institute sollen überall in Spanien eine Versorgung mit Bankdiensten anbieten.[152] Bei Beginn der Finanzkrise unterstanden die *cajas* nur

152 Eine empirische Studie kommt zu dem nicht überraschenden Ergebnis, dass diejenigen *cajas*, die von ehemaligen Politikern geleitet wurden, überdurchschnittlich viele schlechte Kreditentschei-

oberflächlicher Aufsicht durch die Zentralregierung und waren wenig transparent, so dass die Regierung in Madrid kaum etwas über ihren Zustand wusste. Die Kunden der *cajas* waren oft Familien und kleine und mittlere Unternehmen, die für die großen Banken nicht interessant waren oder als wenig kreditwürdig galten. Wichtige Informationen über die von ihnen vergebenen Kredite wie etwa die Zahlungshistorie, die Sicherheiten, die Beleihungsquote oder die Höhe mussten die *cajas* nicht offenlegen. Da sie nicht börsennotiert sind, gab es auch keine Aktienkurse, die hätten alarmieren können. Darum erkannte die spanische Regierung erst spät die Risiken, die die *cajas* darstellen. Schlimmer noch: Als die beiden größten Banken Spaniens, Santander und BBVA, ihr Kreditgeschäft zu Beginn der weltweiten Krise im Jahr 2007 drosselten, sprangen die *cajas* ein und bedienten diejenigen, die bei den Banken keinen Kredit mehr erhielten. Im Jahr 2009 hielten die *cajas* 56 Prozent aller spanischen Hypothekenkredite; ein Fünftel ihres Geschäfts besteht aus Darlehen an Projektentwickler.[153] Als die Bauunternehmen in Zahlungsschwierigkeiten kamen, trudelten auch die *cajas*.

Eine Besonderheit Spaniens ist die starke Stellung der autonomen Regionen und ihr Anteil an der Krise. Nach dem Ende der Franco-Diktatur setzte sich der starke Föderalismus gegen den verhassten Zentralstaat in vielem durch: Die autonomen Regionen haben weitreichende Befugnisse und sind grundsätzlich für Schulen, Universitäten, das Gesundheitswesen, soziale Dienste, Kultur und Entwicklung zuständig, in einigen Fällen auch für die Polizei. Die Zentralregierung in Madrid hatte bislang wenige Möglichkeiten, sich in die Belange der autonomen Regionen einzumischen. Diese konkurrierten in den letzten Jahrzehnten untereinander und mit der Zentralregierung darum, wer die meisten Schulden machte und am meisten Beton verbaute (in der hohen Dichte von Stadien, Turn- und Schwimmhallen sehen viele einen wichtigen Grund für die starken Leistungen Spaniens in einer Vielzahl von Sportarten).

---

dungen getroffen haben und nun auf den größten Verlusten sitzen. Vgl. Vicente Cuñat und Luis Garicano: »Did Good Cajas Extend Bad Loans? Governance, Human Capital and Loan Portfolios«, London 2010 (http://www.garicano.com/index_files/cajasnov09.pdf)

153 »Spain Bombs World Markets. A Special Report«, in: »Wall Street Journal«, 13.4.2012.

Eines der berühmtesten Beispiele für staatlich geförderte Verschwendung ist der *Aeropuerto Central Ciudad Real* in der Provinz La Mancha, der auch unter den Alternativnamen *Aeropuerto Don Quijote* oder *Aeropuerto Madrid Sur-Ciudad Real* firmiert. Er liegt 200 Kilometer südlich von Madrid und öffnete im Dezember 2008 als erster privater Flughafen, mit einer Abfertigungskapazität von mehreren Millionen Passagieren pro Jahr und einer Start- und Landebahn von 2,5 Kilometern Länge, die keinen internationalen Vergleich zu scheuen braucht. Auch eine Hochgeschwindigkeitsbahn nach Madrid war geplant. Nur an Passagieren haperte es auf dem 1,1 Milliarden Euro teuren Don-Quijote-Flughafen. Im Oktober 2011 wurde der Betrieb eingestellt, nachdem der Betreiber AeropuertosCR einige Monate zuvor Bankrott gemacht und 290 Millionen Euro Schulden hinterlassen hatte. Käufer für den Flughafen konnten nicht gefunden werden (auch wenn auf einigen Blogs das Gerücht kursierte, die Drogenmafia habe Interesse bekundet).

Finanziert worden war das Projekt von den Sparkassen Caja Castilla-La Mancha and Cajasur, die Anfang 2009 unter die Kontrolle der spanischen Notenbank gestellt wurden. Die »Idee«, die örtliche Politiker mit dem Projekt verfolgt hatten, war es gewesen, dem überlasteten Flughafen in Madrid Konkurrenz zu machen. Doch dort baute man einfach einen weiteren Terminal und löste so das Problem. »Der solcherart völlig unnötige Flughafen in Ciudad Real wurde auf ›Aeropuerto Central‹ umgetauft, vielleicht deshalb, weil er in der Mitte von Nirgendwo liegt«, schrieb der Reporter der Wiener »Presse« und nannte die politischen Hintergründe des Desasters:

»Bei seiner Eröffnung wurde das Projekt als ›erster privater Flughafen Spaniens‹ gefeiert. Privat war er freilich nur auf dem Papier des Handelsregisters. Als größter Aktionär fungierte mit 35 Prozent die Caja Castilla-La Mancha, eine regionale Sparkasse unter politischer Kontrolle. Im Aufsichtsrat saßen Vertreter aller Parteien. Die Bank stellte zusätzlich Kredite über ein Viertel der Investitionen. Der Rest des Kapitals kam von lokalen Bauunternehmern, die das Geld dafür oft als Kredit bekamen – von der Caja, versteht sich. Die Unternehmer konnten die Politiker, mit denen sie eng verbunden waren, schnell begeistern. Einige schafften es so-

gar, sich eine goldene Nase zu verdienen: dank der Aufträge, die sie selbst für den Bau erhielten – ein schöner Kreislauf.«[154]

Mit dem Geisterflughafen korrespondieren Geisterbrücken, Geisterautobahnen und natürlich Geisterstädte, von denen es in Spanien ebenfalls viele gibt. Ein Bericht aus dem Madrider Geistervorort Sesena: *»Klotzige Wohnblocks, komplett mit Swimmingpools und Kinderspielplätzen ausgestattet, werfen ihre Schatten über leere Straßen, unkrautüberwucherte Brachen und gähnende Baugruben. Die einzige Bank hier in ›Manhattan‹, wie das bombastische Bauprojekt Sesena nahe Madrid spöttisch genannt wird, hat seit zwei Jahren geschlossen. Die meisten Ladenfronten im Erdgeschoss sind zugemauert. Wohnungen zuhauf stehen zum Verkauf, zu Schleuderpreisen. Nur 45 Autominuten vom Zentrum der spanischen Hauptstadt sollte hier auf der Grünen Wiese ein Refugium für 30 000 Menschen aus dem Boden gestampft werden. Über 13 000 Wohnungen waren geplant, gebaut wurden nur 5 100. Die meisten davon stehen leer, und tausende spanische Durchschnittsbürger, die sie als Geldanlage gekauft hatten, versuchen sie jetzt mit hohen Verlusten wieder loszuschlagen. Was einmal ein quirliger Vorort Madrids werden sollte, ein Paradies für junge Familien, ist mit dem Platzen der Immobilienblase und der Finanz- und Wirtschaftskrise zu einer von vielen Investitionsruinen geworden. Die spanische Landschaft ist voller solcher moderner Geisterstädte, die langsam verfallen. In vielen Vororten stehen halb fertige Wohnblocks herum, viele geplante Siedlungen sind über Straßen und Straßenlaternen nicht hinausgekommen.«*[155]

Manchmal gibt es noch nicht einmal die: Viele sogenannte Projektentwickler haben für viel Geld Flächen gekauft, auf denen sie irgendetwas bauen wollten. Als ihnen das Geld ausging, wanderten die als Sicherheiten hinterlegten Besitzansprüche zu den Kreditgebern, deren getrübtes Urteilsvermögen die Krise erst ermöglicht hat. Die Regierung schätzt, dass die spanischen Banken – vor allem die *cajas* – 300 Milliarden Euro an Projektentwickler verliehen haben, von denen mehr als die Hälfte als ausfallgefährdet gilt. Zeitungsinformationen zufolge schuldete der spanische Bausektor den Banken Mitte 2010 die Sum-

---

154 Karl Gaulhofer: »Keiner fliegt mehr zu Don Quijote«, in: »Die Presse« (Wien), 6.11.2011.
155 »Welt online«, 5.3.2012.

me von 181 Milliarden Euro.[156] Weil bankrotte Bauunternehmen wohl kaum ihre Schulden bezahlen werden, haben Sparer und Investoren das Vertrauen in den spanischen Bankensektor verloren und Gelder von dort abgezogen, was die Banken in noch größere Not stürzte. Seit 2009 wurden etliche *cajas* zwangsweise zusammengeschlossen und unter die Kontrolle der Notenbank gestellt.

Nicht nur die Banken sind insolvent, sondern auch ein Großteil der Bevölkerung. Durch den Einbruch der Immobilienpreise hat einer von vier spanischen Hausbesitzern mehr Schulden, als sein Besitz wert ist.[157] Während Hypothekenschuldner in den USA ihre Schulden los sind, wenn sie den Schlüssel zurückgeben, bleiben ruinierte Immobilienbesitzer in Spanien an ihren Schulden haften. Beide Gesetzgebungen haben Vor- und Nachteile. Die amerikanische Variante ist eine Aufforderung zum Missbrauch und erlaubte es vielen Betrügern, ein Haus zu kaufen, dort ein Jahr lang kostenlos zu wohnen und niemals eine Rate zu zahlen. Darum traf die »Subprimekrise« die US-Banken schon 2007 mit voller Wucht, da viele »Käufer« eines Hauses nie die Absicht gehabt hatten, jemals auch nur einen Cent zu bezahlen. Andererseits sorgt die Regelung dafür, dass Verluste schnell aufgedeckt und die Häuser zwangsverkauft werden können, und verhindert, dass ein wichtiger Teil der Bevölkerung durch einen Hypothekenvertrag dauerhaft seiner Mobilität beraubt wird. Wer an sein Haus gekettet ist, kann keine Beschäftigung außerhalb der Region annehmen. Wenn das zu einem Massenphänomen wird, ist das nicht nur ein Schaden für ihn selbst und seine Familie, sondern für die gesamte Wirtschaft, wie man an Spaniens Rekordarbeitslosigkeit von über 20 Prozent ablesen kann.

Spaniens Verschuldung betrug laut IWF Anfang 2012 78 Prozent des Bruttoinlandsprodukts gegenüber gut 60 Prozent Anfang 2011. Das klingt im europäischen Vergleich noch nicht sehr hoch. Aber die Beispiele Irland und Island, die durch die »Rettung« ihrer Banken zu den am höchsten verschuldeten Staaten der Erde wurden (mehr als 1 000 Prozent des Bruttoinlandsprodukts), haben gezeigt, dass man in der Ära des staatlichen Rettungswahns die Schulden der Banken zu denen

156 Ebd.
157 Bloomberg (Sharon Smyth), 2.4.2012.

des Staates hinzuzählen muss, wenn man einen realistischen Eindruck von dessen Solidität erhalten will.

Der durch den Immobiliencrash ruinierte spanische Bankensektor gilt als einer der wichtigsten Herde der Eurokrise. Gleichzeitig ist er wenig durchsichtig. Nicht nur die *cajas*, sondern auch andere kleinere Kreditinstitute wurden verstaatlicht oder unter der Aufsicht des Staates mit anderen fusioniert. So entstand *Bankia*, die viertgrößte spanische Bank. Aber auch die war im Mai 2012 pleite und benötigte 19 Milliarden Euro an zusätzlichem Kapital. Da Spanien die Last seiner Geldinstitute nicht mehr allein tragen kann, sprang im Juni 2012 die EU ein. Weil für Deutschland und Frankreich in Spanien viel auf dem Spiel steht, kam es zu einer Eilrettung, der Zusage von Kreditlinien in Höhe von 100 Milliarden Euro. Anders als in den Fällen Griechenland und Irland, wo die Regierungen pleite waren und Geld brauchten, handelt es sich bei Spanien um eine nur für die Banken konzipierte Maßnahme, heißt es bislang, so dass der spanische Staat weiter so tun kann, als käme er ohne fremde Hilfe aus. Doch die Zinsen, die er bei der Auktion von Anleihen zahlen muss, werden genau beobachtet, Renditen von über sieben Prozent gelten als Alarmsignal. Anders als in Griechenland ist die Lage in Spanien nicht hoffnungslos, wenn es der Regierung gelingt, im Bankensektor Ordnung zu schaffen und die solventen Institute von den aussichtslosen Fällen zu trennen. Der Kern des Problems ist der Immobiliensektor. Hier drängt die Zeit: Massenversteigerungen sollten abgehalten werden, bevor die leerstehenden Gebäude verfallen und dann nur noch abgerissen werden können.

Italien

Italien hatte wie Griechenland und Belgien schon bei seinem Eintritt in die Währungsunion eine extrem hohe Staatsverschuldung, die mit etwa 100 Prozent des Bruttoinlandsprodukts weit über dem im Maastricht-Vertrag vorgesehenen Wert von 60 Prozent lag; im Verhältnis zur wirtschaftlichen Leistungsfähigkeit ist das weniger als im Falle Griechenlands. Dafür würde aber die schiere absolute Höhe – zwei Billionen Euro – eine »Rettung« von außen völlig unmöglich machen, wenn das Land bankrott wäre (das gesamte jährliche BIP der noch zahlungskräftigen Eurostaaten Deutschland, Holland, Österreich und Finnland ist mit 3,5 Billionen Euro nicht einmal doppelt so hoch wie die italienische Schuld). Im Juni 2012 lagen die Zinsen für langfristige italienische Staatsanleihen bei sechs Prozent. Ende 2011 waren Renditen von sieben Prozent erreicht worden. Das ist kein besonders hoher Wert, verglichen mit den 14 Prozent, die Italien Anfang 1995 zahlen musste. Gemessen am BIP waren Italiens Staatsschulden damals nicht viel geringer. Was war anders? Früher besorgte sich die Regierung das Geld einfach bei der Notenbank. Umsonst war das nicht; weil immer mehr Lire gedruckt wurden, verlor die Währung ständig an Wert: Im Jahr 1991 konnte man etwa 750 Lire in eine D-Mark tauschen, im Jahr 1995 brauchte man über 1 200 Lire.

Die Bürger zahlten also gewissermaßen die fälligen Zinsen in Form einer durch die Währungsabwertung bewirkten kontinuierlichen Senkung ihrer Reallöhne – so wie auch die anderen Südeuropäer und die Franzosen. In einer gegenüber der Lira relativ stabilen Währung tun die Zinsen plötzlich viel mehr weh: Auch bei einem Zinssatz von nur sechs Prozent muss Italien für seine Megaschulden Megazinsen zahlen: Sechs Prozent von zwei Billionen sind 120 Milliarden Euro pro Jahr. 25 Millionen Berufstätige gibt es in Italien. Statistisch betrachtet muss also jeder von ihnen pro Jahr 5 000 Euro Zinsen für die Staatsschulden zahlen. Die Einnahmen des Staates lagen laut IWF im Jahr 2011 bei 729 Milliarden Euro. Jeder sechste eingenommene Euro muss für Zinszahlungen ausgegeben werden. Steigen die Zinsen auf zwölf Prozent – wie Mitte der neunziger Jahre –, wäre es jeder dritte. Glücklicherweise gab es keinen ausgeprägten Immobilienboom, so dass die private Verschuldung weniger hoch ist als in Spanien. Und anders als Griechenland verfügt Italien über eine funktionierende Wirtschaft und große inländische Ersparnisse, zudem hat das Land zwar eine riesige aus der Vergangenheit stammende Verschuldung, in den letzten Jahren ist sie aber anders als in Griechenland oder Spanien nicht rapide gewachsen, sondern vergleichsweise konstant geblieben.

Frankreich liegt in allen Bereichen in der Mitte. Die Staatsverschuldung von 90 Prozent des Bruttoinlandsprodukts (Stand 2011) ist eineinhalbmal so hoch, wie der Maastricht-Vertrag erlaubt, aber niedriger als die Italiens oder gar Griechenlands.

Die Wirtschaft stagniert, und die Arbeitslosenquote ist mit zehn Prozent relativ hoch, stellt sich aber viel besser dar als in Spanien, was vor allem der Tatsache zu danken ist, dass das Land von einem Immobilienboom weitgehend verschont blieb. Da sich die Verschuldungsquote während eines Wirtschaftsabschwungs rasch verschlechtern kann (aufgrund der sinkenden Steuereinnahmen und der steigenden Ausgaben für die Arbeitslosenunterstützung), ist die psychologisch wichtige Marke von 100 Prozent allerdings nicht weit entfernt. Frankreich riskiert somit, von einem der Garanten europäischer Stabilität, als welcher es gern wahrgenommen werden würde, zu einem weiteren Krisenherd zu werden. Die größte Schwachstelle sind die im europäischen Vergleich sehr exponierten Banken. Deren Bilanzen sind wenig solide. Crédit Agricole gilt mit einer Eigenkapitalquote von nur 1,5 Prozent als die am stärksten gehebelte Großbank Europas, und mehr als andere sind Frankreichs Banken in den Krisenländern engagiert. Sie haben in Italien 416 Milliarden Euro an Krediten vergeben, in Spanien 151 Milliarden, in Portugal 26 Milliarden, in Irland 32 Milliarden und in Griechenland 56 Milliarden. In Italien und Griechenland sind französische Banken die größten Kreditgeber, in Spanien liegen sie nur hinter den deutschen. Der in der Kommunal- und Hypothekenfinanzierung tätige multinationale Finanzkonzern *Dexia* wird von Frankreich und Belgien mit Garantien in Höhe von 90 Milliarden Euro über Wasser gehalten. Die anderen französischen Bankhäuser gelten noch als solvent und haben von dem Eine-Billion-Euro-Kredit-Programm der EZB (LTRO, *longer-term refinancing operation*) profitiert, bei dem sie sich mehrere hundert Milliarden Euro geliehen haben. Auch französische Staatsanleihen gelten noch als relativ sicher. Wenn sie es bleiben sollen, wird Präsident Hollande sein Ziel eines ausgeglichenen Haushalts im Jahr 2017 erreichen müssen.

Das letzte Mal, dass eine französische Regierung mit den Steuergeldern ausgekommen ist, war Mitte der siebziger Jahre.

Alle europäischen Krisenländer haben eines gemeinsam: Die niedrigen Eurozinsen haben sie nicht dazu motiviert, ihre Schulden abzubauen, sondern zu vergrößern.

Als der künstliche Boom endete, sanken die Steuereinnahmen, während wegen der höheren Arbeitslosigkeit gleichzeitig die Ausgaben stiegen. In einem Umfeld, in dem Banken danach trachteten, ihre Risiken zu senken, waren sehr hohe Defizite nicht mehr so billig zu finanzieren wie früher. Die Zinsen begannen, sich wieder in Richtung Vor-Euro-Niveau zu bewegen.

Dass der Finanzsektor in vielen Staaten Europas im Verhältnis zur Wirtschaftsleistung des betreffenden Landes völlig überdimensioniert ist, macht das Doppelproblem von Staatsschulden und schwachen Banken zur schier unlösbaren Eurokrise. Die gesamte Bilanzsumme der italienischen Banken beträgt ungefähr 250 Prozent des italienischen Bruttoinlandsprodukts. In Deutschland, Belgien und Spanien sind es etwa 300 Prozent und in Frankreich und den Niederlanden 400 Prozent. Die Größe der Banken stellt ein permanentes Risiko dar, sie müssen also dringend geschrumpft werden. Gleichzeitig aber wird von ihnen erwartet, mehr Staatsanleihen zu kaufen und der Wirtschaft mehr Kredite zu geben. Das ist ein Paradox, das sich nicht auflösen lässt. Nur, wenn die private und staatliche Verschuldung deutlich sinkt – was ohne höhere Zinsen und eine Rezession nicht zu haben sein wird –, lassen sich die Risiken reduzieren und die Probleme langfristig lösen. Wenn Europas Zentral-, Regional- und Kommunalregierungen nicht den Beweis erbringen, dass sie in der Lage sind, mit den eingenommenen Steuergeldern zu haushalten, ohne immer neue Schulden zu machen, wird die akute Eurokrise zu einer ewigen. Immer neue Hilfsgelder können Bankrotte zwar verschieben, aber nicht verhindern.

Handel Währung, Wettbewerb: Wo ist das Problem?

Eine Standarderklärung der Eurokrise geht so: Früher hätten die südeuropäischen Länder ihre Wettbewerbsfähigkeit auf dem Weltmarkt durch Währungsabwertungen verbessert. Seit der Euroeinführung geht das nicht mehr, darum müssen sie »intern abwerten«, indem sie die Löhne senken, was aber aufgrund der Macht der Gewerkschaften nur schwer möglich ist. Die Folge ist eine Krise durch fehlende Wettbewerbsfähigkeit. Ist das eine exakte Darstellung der Wirklichkeit? Einige Schwächen dieser Beschreibung sollen im Folgenden aufgezeigt werden.

Abwertung durch Inflation fördert nicht die Konkurrenzfähigkeit

Sind Regierungen in der Lage, allein durch Manipulation der Währung zusätzlichen Wohlstand zu schaffen? Wenn das stimmte, wäre nicht nur ein Weg zu mehr Wohlstand gefunden, sondern erstmals einer, gegen den keine Interessengruppe etwas einzuwenden hätte. Allein dadurch, dass der Außenwert der Währung vermindert wird, ginge es allen besser – ohne zusätzliche Anstrengung, ohne Erhöhung der Produktivität und ohne dass irgendjemand einen Nachteil erleiden müsste. Warum schaffen dann nicht alle Länder der Welt auf diese Weise Reichtum? Dass das möglich wäre, glauben selbst die Naiven nicht. Ökonomen, die es gewohnt sind, jede Medaille auf die Kehrseite zu drehen, stoßen bei der Fahndung nach denen, die die Kosten einer Abwertung zu tragen haben, für gewöhnlich auf das Ausland. Das Land, das seine Währung abwerte, habe zwar tatsächlich einen Vorteil, sagen sie dann, aber eben nur dadurch, dass andere Länder, die ihre Währungen weniger stark entwerten, auf dem Weltmarkt nun schlechter dastünden; ihre Produkte seien teurer und würden darum nicht mehr gekauft. Zur Beschreibung dieser Strategie, »auf Kosten des Auslands« zu wachsen, fand man irgendwann einmal den Begriff *Beggar-Thy-Neighbour*, was sich etwa mit »Ruinier deinen Nachbarn« übersetzen lässt. Wenn alle so verfahren würden, argumentiert man weiter, wäre ein »Wettlauf nach unten« bzw. ein »Währungskrieg« die Folge. Was gut für das einzelne Land sei, sei ruinös für alle zusammen – eine Art Gefangenendilemma. In diesem Szenario ist es dann lediglich das Verantwortungsgefühl, das ein Land davon abhält, seine Währung ebenfalls in immer schnellerem Tempo abzuwerten.

Wo liegt der Irrtum hierbei? Darin, nicht zu sehen, dass das abwertende Land nur einen *temporären* Vorteil hat – und zwar auf Kosten der *eigenen* Bevölkerung!

Sehen wir uns das Phänomen der »Abwertung« genauer an. Unter dem Goldstandard war das eine relativ einfache Angelegenheit. Jeder im Umlauf befindliche Geldschein bezeichnete offiziell eine bestimmte Menge Gold. In den USA war der Dollar zwischen 1900 und 1933 definiert als 23,22 Gran Gold (das sind 1,505 Gramm). Eine Feinunze Gold (31,1g) kostete somit 20,67 Dollar. Das Pfund Sterling war 1870 als 113,0016 Gran Gold festgelegt worden, der offizielle Wechselkurs zwischen Pfund und Dollar lag folglich bei 4,8665 Dollar. Unter dem Goldstandard ist eine Abwertung, die mit einem administrativen Akt beginnt und erst in der Folge zu höheren Preisen führt, zumindest vorstellbar[158] (in der Praxis waren es allerdings auch hier meist die Papiergeldproduzenten, also die Banken und die Regierung, die durch die von ihnen geschaffene Inflation die Abwertung de facto herbeiführten und der offiziell verkündeten Abwertung vorauseilten. Die bestätigte dann nur noch das, was am Markt schon eine Tatsache war). Eine Abwertung des Dollars um zehn Prozent ginge dann so: Die Regierung würde verkünden, dass man ab sofort bei der Zentralbank pro Dollar nur noch 20,9 Gran Gold erhält. Folglich würde der Goldpreis pro

158 Tatsächlich ließ US-Präsident Franklin D. Roosevelt 1933 den Goldpreis auf 35 Dollar anheben, wertete also den Dollar entsprechend ab.

Unze auf 22,74 Dollar steigen und das Britische Pfund *automatisch* auf 5,35 Dollar klettern. Die Erhöhung der Geldbasis wäre die Folge: Denn jetzt könnte pro Unze Gold zehn Prozent mehr Zentralbankgeld geschaffen werden.

Anders die Lage im heutigen Zeichengeldsystem: Bei freien Wechselkursen (*floating exchange*) ohne irgendeine Deckung beeinflussen Regierung und Notenbanken den Umtauschkurs nicht durch eine Erklärung oder einen einmaligen Federstrich, sondern durch ihr tägliches Handeln (wobei eine Geldentwertung den meisten Ländern weitaus leichter fällt als das Gegenteil). Dadurch, dass der Staat die Geldmenge anwachsen lässt, z. B. durch Staatsverschuldung, vermindert er sowohl die Kaufkraft im Inland als auch – gleichzeitig – den Außenwert der Währung. Die Abwertung des Wechselkurses gegenüber den ausländischen Währungen[159] steht hier also nicht am Anfang, sondern ist die Folge der Inflation. Anders als unter dem Goldstandard, wo die Abwertung theoretisch von einem Moment auf den anderen erfolgen kann, ist sie hier – abgesehen von Zeiten der Panik – ein gradueller, langgezogener Prozess.

Was sind nun die angeblichen Vorteile der Abwertung? Durch die Inflation sinken die Reallöhne. Für denselben Geldbetrag können die Lohnempfänger weniger kaufen; das gilt für alle Waren, insbesondere aber für Importartikel, denn der geringere Außenwert der Währung macht sie teurer. In seiner *Allgemeinen Theorie der Beschäftigung, des Zinses und des Geldes* empfiehlt Lord Keynes übrigens aus genau diesem Grund Inflation als Mittel zur Reallohnsenkung (Betrug an den Arbeitern hätte man das früher genannt). Seine Argumentation: In einer Wirtschaftskrise fallen die Warenpreise, nicht aber die Löhne. Die Arbeiter weigerten sich, Kürzungen ihrer Löhne hinzunehmen, obwohl doch ihre Lebenshaltungskosten sänken, ihre Reallöhne also trotz sinkender Nominallöhne konstant bleiben würden. Selbst wenn die Gewerkschaften einsähen, dass die Löhne zu hoch seien, gebe es

159 Ebenso gegenüber dem Gold, könnte man hinzufügen, denn die Abwesenheit des Goldstandards bedeutet ja nicht das Ende des Tauschs von Papiergeld gegen Gold überhaupt, sondern lediglich, dass es keinen festen Umtauschkurs gibt, der Kurs des Papiergeldes gegenüber der Feinunze Gold also hin- und herschwankt (was landläufig als »Schwankung des Goldpreises« ausgedrückt wird).

immer noch ein Koordinationsproblem, denn jede Spartengewerkschaft habe Angst, am Ende die einzige zu sein, die Lohnkürzungen zustimmt; denn damit würde die Kaufkraft ihrer Mitglieder in Relation zu der anderer gesellschaftlicher Gruppen sinken. Die zu hohen Löhne führten zu Unternehmenspleiten und Arbeitslosigkeit. Eine allgemeine von der Regierung dekretierte Lohnsenkung sei leider höchstens in diktatorisch regierten Staaten vorstellbar, nicht aber in den USA oder Großbritannien.[160] Sehr einfach sei es hingegen, Geld zu drucken, die Preise steigen zu lassen und so die Reallöhne zu drücken. Flexible Löhne und eine flexible Geldmenge liefen zwar auf das Gleiche hinaus (auch hier irrt Keynes: Veränderungen der Geldmenge wirken sich auf die Millionen von Preisen in völlig unterschiedlichem Maße aus; außerdem werden die Gewerkschaften auf die Inflation reagieren und höhere Löhne fordern), doch die Geldmenge zu manipulieren, falle nicht so sehr auf. Inflation sorgt also dafür, dass die Reallöhne gesenkt werden, zumindest bis zur nächsten Tarifrunde.

Importe, die in ausländischer Währung bezahlt werden müssen, werden teurer, Exporte verbilligen sich. Weil dadurch in dem betreffenden Land weniger Importwaren gekauft werden und mehr exportiert wird, kann der Anschein entstehen, als hätte das Land einen Vorteil auf Kosten seiner Nachbarn. Es ist aber kein kostenloser Vorteil, kein *free lunch* – denn die, bei denen das neue Geld zuletzt ankommt, haben den Nachteil. Und es ist kein permanenter Wettbewerbsvorsprung, denn die Löhne und Preise steigen, um die Abwertung auszugleichen. Wenn dieser Prozess der Neujustierung abgeschlossen ist, ist das Land

160 Keynes wörtlich: »*Anzunehmen, dass eine Politik flexibler Löhne die richtige und passende Ergänzung eines Systems ist, das im Ganzen auf* Laissez-faire *basiert, ist das Gegenteil der Wahrheit. Nur in höchst autoritären Gesellschaften, wo plötzliche, beträchtliche und allgemeine Veränderungen dekretiert werden können, kann eine Politik flexibler Löhne funktionieren. Man kann sie sich in Italien, Deutschland oder Russland vorstellen, aber nicht in Frankreich, den Vereinigten Staaten oder Großbritannien*« (*General Theory of Employment, Interest, and Money*, New York 1997, S. 269). Die Stelle korrespondiert ideologisch mit dem Satz aus dem Vorwort zu der 1936 im NS-Deutschland veröffentlichten deutschen Erstausgabe von Keynes' *Allgemeiner Theorie*, in dem Keynes sagt, dass seine Ideen »viel leichter den Verhältnissen eines totalen Staates angepasst werden« könnten »als die Theorie der Erzeugung und Verteilung einer gegebenen, unter Bedingungen des freien Wettbewerbes und eines großen Maßes an *Laissez-faire* erstellten Produktion« (Vorwort zur deutschen Erstausgabe der *Allgemeinen Theorie der Beschäftigung, des Zinses und des Geldes*, München und Leipzig 1936, S. IX). Der keynesianische Ökonom John Kenneth Galbraith äußerte einmal, Hitler sei »der wahre Protagonist der keynesianischen Idee« gewesen (John Kenneth Galbraith: *The Age of Uncertainty*, London 1977, S. 221).

nicht konkurrenzfähiger als zuvor, nur seine Währung ist im Ausland weniger wert, die Bürger können folglich für dieselbe Menge Geld weniger kaufen – sie sind also *ärmer.*[161]

Was ist mit den Unternehmen, die ins Ausland exportieren? Gemäß der *Beggar-Thy-Neighbour*-Theorie müssten sie zu den Gewinnern gehören. Doch im Zuge der Geldentwertung steigen auch ihre Kosten (auch hier wieder sind es natürlich besonders die Preise von ausländischen Erzeugnissen – darunter Öl, Gas, Benzin, Diesel –, die besonders stark anziehen), wodurch ihre Gewinne geschmälert werden. Nehmen wir aber einmal an, ein Unternehmer kann tatsächlich einen höheren, eventuell sogar einen über seinen Erwartungen gelegenen Gewinn ausweisen. Hat *Beggar-Thy-Neighbour* funktioniert? Zwei Dinge sind zu berücksichtigen. Erstens handelt es sich wie gesagt um ein temporäres Phänomen, das nur so lange anhält, bis die Angestellten und Lieferanten auf die Geldentwertung reagieren, bis also die Löhne steigen und die Preise für die einzukaufenden Vorleistungen sich verteuern. Zweitens ist es möglich, dass der Unternehmer den vermeintlichen Extragewinn aus seiner eigenen Tasche bezahlt: Was ihm bei der Bilanz vielleicht nicht auffällt, ist, dass er die Gewinnsteigerung mit einer Aufzehrung von Kapital bezahlt hat. Er hat bei der Aufrechnung von Kosten und Erlösen so getan, als würden beide in derselben Währung anfallen. Und das tun sie ja auch – *scheinbar*. In Wirklichkeit aber handelt es sich eigentlich um zwei verschiedene Währungen: die vormalige und die durch Inflation entwertete. Seine Kapitalgüter hat er vor der jüngsten Geldentwertung angeschafft, also mit dem alten, höherwertigen Geld bezahlt, seine Waren bezahlen die Kunden in der entwerteten Währung. Er täuscht sich also und berechnet den Kapitalverschleiß zu

161 *»Die oft erzählten Vorteile, die eine Abwertung für den Außenhandel und den Tourismus bringen soll, resultieren allein aus der Tatsache, dass die Anpassung der inländischen Preise und Löhne an den von der Abwertung geschaffenen Stand der Dinge etwas Zeit benötigt. Solange dieser Anpassungsprozess noch nicht abgeschlossen ist, wird der Export angeregt und der Import gehemmt. Das bedeutet aber lediglich, dass die Bürger des abwertenden Landes in der Zwischenzeit weniger für das bekommen, was sie ins Ausland verkaufen, und mehr für das bezahlen, was sie von dort kaufen; sie müssen also ihren Konsum einschränken. Dieser Effekt mag denen, in deren Meinung die Handelsbilanz der Maßstab für den Wohlstand einer Nation ist, als ein Segen erscheinen. In gewöhnlicher Sprache muss man es so beschreiben: Der britische Bürger muss mehr britische Güter exportieren, um die Menge Tee zu kaufen, die er vor der Abwertung für eine geringere Menge exportierter britischer Güter erhielt.«* Ludwig von Mises: *Human Action*, Bd. III, Indianapolis 2007, S. 791.

niedrig. Den Irrtum bemerkt er dann, wenn Ersatzinvestitionen notwendig werden und er nun einen höheren Preis bezahlen muss, als er ursprünglich veranschlagt hatte.[162]

Beggar-Thy-Neighbour ist also in Wirklichkeit *Beggar-Thyself*, »Ruinier dich selbst«. Der kurzzeitige Exportboom, der in einem Land tatsächlich entstehen kann, wenn es seine Währung entwertet, resultiert daraus, dass es seine Waren zu billig verkauft – wie bei einem Schlussverkauf. Wird die Politik fortgesetzt, führt sie zu Verarmung der Bevölkerung bei gleichzeitiger Kapitalaufzehrung. Unternehmen, die sich in ausländische Devisen flüchten können, profitieren mooglicherweise kurzzeitig von sinkenden Reallöhnen. Die anderen werden auf die Preissteigerungen mit Entlassungen reagieren – oder der Verschleppung von Investitionen, was langfristig zu einer niedrigeren Produktivität und/oder zu einer schlechteren Qualität der Waren führt, mit entsprechenden Folgen für die Wettbewerbsfähigkeit. Einem Land vorzuschlagen, es solle seine Währung abwerten, ist so, als würde man einem Händler sagen, er solle einen Ausverkauf mit stark reduzierten Preisen veranstalten. Die Methode sorgt einige Tage lang für einen vollen Laden und hohe Umsätze, ist aber keine Strategie für langfristigen Erfolg. Wenn sie es wäre, müssten diejenigen, die sie propagieren, Beispiele von Ländern zeigen können, die in den letzten Jahrzehnten oder Jahrhunderten durch ständige Währungsabwertung den Ländern mit stabilerer Währung ökonomisch weit vorausgeeilt sind und großen Wohlstand geschaffen haben. Solche Beispiele finden sich aber nicht, das Gegenteil ist der Fall. »Dies ist schon aus vielen Beweisgründen hinlänglich einleuchtend«, schrieb schon Nikolaus Kopernikus 1526, *»außerdem lehrt uns aber die Erfahrung selbst, die Mutter aller Dinge, dass dies so ist: wir sehen ja doch diejenigen Länder in höchster Blüte stehen, welche eine gute Münze haben, diejenigen aber dahinsiechen und zugrunde gehen, in welchen eine schlechte umläuft. So hat ja auch*

162 Der Staat ist hier übrigens unerbittlich und tut beim Erheben der Steuern so, als gäbe es die Geldentwertung gar nicht: Der Unternehmer kann nur die Anschaffungskosten seiner Kapitalgüter als Abschreibung geltend machen, nicht die gestiegenen Wiederbeschaffungskosten. Das Gleiche gilt, wenn ein Sparer in einer Phase ausgeprägter Geldentwertung höhere Zinsen erhält: Dann steht er steuerlich schlechter da, weil er die höheren Zinsen nicht mit dem Wertverlust des Geldes verrechnen kann.

Preußen früher einmal in Blüte gestanden, als eine preußische Mark noch zwei ungarische Gulden wert war und als (…) zwei preußische Mark und acht Skot ein Halbpfund oder eine Mark Feinsilber kaufen konnten. Weil die Münze aber seither Tag für Tag schlechter geworden ist, verfällt auch unser Vaterland mehr und mehr und ist durch diese Plage (…) bis an den Rand des Abgrunds gebracht worden.«[163]

Warum man Abwertungen aber nicht um jeden Preis vermeiden soll

Dass es für ein Land unsinnig und aussichtslos ist, in der Hoffnung auf einen Wettbewerbsvorteil durch Inflation eine Abwertung der eigenen Währung anzustreben, heißt allerdings nicht, dass man dem entgegengesetzten Irrtum das Wort reden sollte. Hat ein Land bereits Inflation betrieben und sind in der Folge die Löhne und Preise stark gestiegen, dann gibt es für eine Regierung nichts Dümmeres, als den Außenwert der Währung auf einem marktfernen, zu hohen Niveau festsetzen zu wollen. Das bedeutet nämlich, das Pferd von hinten aufzuzäumen: Statt dass sich der Umtauschkurs der Währung nach den Preisen und Löhnen richtet, müssen diese nun dem festgesetzten Devisenkurs angepasst werden, was nicht über Nacht geschieht, sondern ein langer, schmerzhafter Prozess ist. In der Geschichte ist dies schon einige Male von schlecht beratenen Regierungen unternommen worden.

Großbritannien etwa führte 1821 nach 24 Jahren Abwesenheit wieder den Goldstandard ein, und zwar zum selben Kurs wie vor den Napoleonischen Kriegen, obwohl der Marktpreis des Britischen Pfunds inzwischen niedriger lag. Dafür musste es mit einer deflationären Krise büßen, d. h. Preise und Löhne fielen. Das wäre kein Problem, wenn sie alle gleich stark fielen und untereinander die Relation wahren würden. Das ist aber in der Praxis niemals der Fall, und bis dieser Preisfindungsprozess abgeschlossen ist (was nichts anderes heißt als: bis durch die subjektiven Entscheidungen von Millionen Men-

163 Erich Sommerfeld: *Die Geldlehre des Nicolaus Kopernikus, a. a. O.*, S. 57.

schen die neuen Umtauschrelationen gefunden sind), befindet sich die Wirtschaft in einer Krise, da das vormalige dynamische Gleichgewicht der Löhne und Preise zerstört ist und ein neues erst gefunden werden muss. David Ricardo, einer der prominentesten Befürworter einer Rückkehr zu einer goldkonvertiblen Währung, wies die Verantwortung für die durch die zu hohe Bewertung der Währung verursachte Krise zurück:

»Ich würde nie einer Regierung raten, eine Währung, die 30 Prozent an Wert verloren hat, wieder auf Par zu bringen; ich würde ... empfehlen, dass die Währung zu dem geringeren Wert fixiert wird, indem man den Standard senkt und von da an keine Abweichungen mehr zulässt.«[164]

Hundert Jahre später aber machte die nun herrschende britische Regierung denselben Fehler wie ihre Vorgängerin, indem sie das Britische Pfund auf dem Stand von vor dem Ersten Weltkrieg im Goldstandard verankern wollte: Bei Kriegsausbruch hatten alle europäischen Staaten die Goldkonvertibilität ihrer Währungen aufgehoben und Papiergeld gedruckt, um die Kosten bezahlen zu können. Wie aber sollte es nach dem Krieg mit dem Geld weitergehen? Um »die Probleme des Übergangs vom Krieg zum Frieden zu untersuchen und eine angemessene Politik vorzuschlagen«[165], tagte in London ab Januar 1918 das *Cunliffe Committee on Currency* mit Vertretern des Schatzamtes, der Banken und der Universitäten unter Führung von Lord Cunliffe, dem Gouverneur der *Bank of England*. Der Zwischenbericht von August 1918 stellte fest: »Während des Krieges haben die für die Aufrechterhaltung des Goldstandards notwendigen Bedingungen aufgehört zu bestehen. Der Hauptgrund hierfür war das Wachstum der Kredite durch die kriegsbedingte Verschuldung der Regierung bei der *Bank of England* und anderen Banken.«[166] Der Vorschlag zur Lösung des Problems kam ohne Umschweife:

»Unserer Ansicht nach ist es unerlässlich, dass nach dem Krieg die zur Aufrechterhaltung eines effektiven Goldstandards notwendigen Be-

164 Brief an John Wheatley, 18.9.1821. In: *Letters of David Ricardo to Hutches Trower and Others*, hrsg. v. J. Bonar und J. H. Hollander, Oxford 1899, S. 160.
165 John H. Wood: *A History of Central Banking in Great Britain and the United States*, Cambridge u. New York 2005, S. 286.
166 Ebd.

dingungen ohne Verzögerung wiederhergestellt werden. Solange der Mechanismus (insbesondere der Leitzins), der, wie langjährige Erfahrung gezeigt hat, der einzige ist, der eine ungünstige Handelsbilanz und unmäßiges Kreditwachstum verhindern kann, nicht wiedereingesetzt ist, besteht die große Gefahr einer fortschreitenden Kreditexpansion, die zu Goldabflüssen ins Ausland führt und so die Umtauschbarkeit unserer Währung gefährdet und die internationale Handelsposition des Landes bedroht.«[167]

So weit, so gut. Leider wollte man den Goldstandard zum alten Kurs wiedereinführen. Das verlangte Bedingungen, bei denen ein Pfund Sterling in Gold wieder genauso viel wert war wie vor dem Krieg. In der Zwischenzeit war jedoch die Geldmenge gewachsen, die Goldreserven hingegen nicht. Das Pfund war zwar während des Krieges weitaus stabiler geblieben als andere europäische Währungen; aber einen Teil seines Werts hatte es eingebüßt, sowohl in interner Kaufkraft gemessen – viele Marktpreise waren deutlich gestiegen – als auch im Hinblick auf seinen Außenwert: Gegenüber dem US-Dollar lag es Anfang 1921 bei 3,15 Dollar, also gut ein Drittel unter dem Vorkriegsstand. Wie schon hundert Jahre zuvor wurde die Wiedereinführung des Goldstandards zu einem niedrigeren Kurs nicht in Erwägung gezogen. Um den angestrebten Umtauschkurs zu erreichen, musste die Geldmenge verkleinert, also eine Deflation eingeleitet werden. Dass das Verwerfungen mit sich bringen würde, war den Verantwortlichen bekannt. Schatzkanzler Winston Churchill berief eine Runde von Experten ein, unter ihnen Keynes und der frühere Schatzkanzler McKenna. Churchills Privatsekretär James Grigg beschrieb das Treffen so:

»Das Symposion dauerte bis nach Mitternacht (…) Keynes' These, die von McKenna unterstützt wurde, war, dass die Diskrepanz zwischen den britischen und den amerikanischen Preisen nicht bei 2,5 Prozent liege, wie der Wechselkurs anzeigte, sondern bei zehn Prozent. Wenn wir zum alten Stand zum Goldstandard zurückkehrten, müssten wir also die inländischen Preise um ungefähr so viel senken. Das würde Arbeitslosigkeit und Anpassung der Löhne nach unten bedeuten und lang anhal-

167 Ebd.

tende Streiks in einigen Teilen der Schwerindustrie, an deren Ende wir feststellen würden, dass diese Industrien eine dauerhafte Kontraktion durchschritten hätten (...) Nachdem Winston den düsteren Prognosen von Keynes und McKenna zugehört hatte, wandte er sich an den letzteren und sagte: ›Aber dies ist keine rein ökonomische Angelegenheit; es ist eine politische Entscheidung (...) Sie waren selbst Politiker und sogar Schatzkanzler. Welche Entscheidung würden Sie in der gegebenen Situation treffen?‹ McKennas Antwort war – und ich kann den Inhalt beschwören: ›Es gibt keinen Ausweg. Sie müssen zurückkehren; aber es wird die Hölle sein.‹«[168]

Die Staatsausgaben wurden gekürzt; die Vorgaben zu drastischen Streichungen, die das von Sir Eric Geddes geleitete »Komitee für Staatsausgaben« machte, wurden als die »Geddes-Axt« berüchtigt. Die Zinsen wurden auf sieben Prozent angehoben, um ausländisches Kapital anzuziehen. Mit Unterstützung der US-Notenbank, die ihrerseits die Zinsen niedrig hielt (um den Dollar gegenüber der britischen Währung weniger attraktiv zu machen), erreichte das Pfund 1925 tatsächlich wieder den Vorkriegsstand. Schatzkanzler Winston Churchill erklärte, dass es von nun an wieder zum alten Kurs in Gold umgetauscht werden könnte. Ein feierlicher Augenblick, so wie der Beitritt Griechenlands zur Europäischen Währungsunion 2001. Doch in beiden Fällen ging es von da an nicht bergauf, sondern rapide bergab. Die Hoffnung Londons, dass sich das Preisniveau auf dem Weltmarkt an das höhere britische anpassen würde, erfüllte sich nicht; stattdessen fielen die Weltmarktpreise nach 1925, und viele Länder kehrten zu einem niedrigeren Umtauschkurs zum Goldstandard zurück, darunter Deutschland, Frankreich, Belgien, Italien und Japan.

Die Veränderung der Umrechnungskurse hatte die Relationen zwischen allen Preisen im In- und Ausland durcheinandergewirbelt. Die Folge war eine Krise der britischen Industrie und eine negative Außenhandelsbilanz. Diese wiederum hätte Goldabflüsse ins Ausland nach sich gezogen (was von der Politik nicht erwünscht war); um das zu verhindern, mussten die Zinsen hoch gehalten werden. Das verteuerte

---

168 Zitiert nach: David Kynaston: *City of London. The History*, London 2011, S. 317.

nicht nur Kredite für die Industrie, sondern auch den Schuldendienst des Staates, was wiederum hohe Steuern erforderte. Die Industrie machte Verluste und reagierte mit Lohnsenkungen. Es kam zu zahlreichen Streiks, deren Höhepunkt der zehntägige Generalstreik vom Mai 1926 war, initiiert zur Unterstützung von einer Million streikender Bergarbeiter. In Lancashire, dem Zentrum der britischen Textilindustrie, traten im August 1929 500 000 Arbeiter in den Ausstand, auch die Handelsmarine und sogar einige Matrosen der Kriegsmarine streikten. Die britische Wirtschaft konnte die Löhne nicht so stark senken, wie der Umtauschkurs es erfordert hätte. Hätte man das staatlich verordnete Deflationsprogramm beendet, hätte das entweder den Ausstieg aus dem Goldstandard bedeutet – (ein Schritt, vergleichbar mit einem Austritt Griechenlands aus der Währungsunion) oder aber eine einmalige Abwertung, zu der man sich – aus welch merkwürdigen Gründen auch immer – nicht entschließen konnte. Nach dem Börsenkrach von Oktober 1929 kam die Sorge um die Stabilität der Finanzmärkte dazu: Würde Großbritannien den Goldstandard verlassen, würden andere Länder folgen, was zu einem Chaos und einer Bankenkrise führen könnte, meinte man. Im September 1931 aber entschloss Großbritannien sich dann doch zu diesem Schritt. Das Pfund verlor in kurzer Zeit deutlich an Wert, die Wirtschaft erholte sich, denn das Problem war nun beseitigt. Worin hatte es bestanden? Es hatte nicht nur etwas mit dem internationalen Wettbewerb zu tun, sondern damit, dass es schwierig war, völlig neue, funktionierende, marktgerechte Preis- und Lohnrelationen herzustellen: Niemand will der Erste sein, der auf etwas verzichtet.

Wie Griechenland hatte Großbritanniens Regierung die Währung auf eine Weise verankert, deren Folgen sie nicht verstand. Der Unterschied: Was der britischen Wirtschaft zwischen 1925 und 1931 widerfuhr, könnte man als eine vom Staat angeordnete Kreditkontraktion beschreiben. Darum kam es 1931 zu einem relativ raschen wirtschaftlichen Wiederaufstieg, die Arbeitslosigkeit ging bis 1937 deutlich zurück (eine Erinnerung daran, dass die »Große Depression« in erster Linie ein hausgemachtes Phänomen der USA war, von dem andere Länder insofern betroffen waren, als die Vereinigten Staaten ab 1931 einen Zollkrieg gegen den Rest der Welt führten, der vor allem den Herstellern der global gehandelten Güter zu schaffen machte[169]). In Griechenland hingegen ist die jetzige Kontraktion bzw. Deflation nicht von der Regierung befohlen, sondern nackte Notwendigkeit, nachdem der Kreditstrom aus dem Ausland versiegt ist.

Unterproduktion: Nicht zu teuer, sondern zu wenig

Wie steht es um die oft diskutierte Wettbewerbsfähigkeit von Ländern wie Griechenland? Hat sie sich durch den Euro verschlechtert? Hans-Werner Sinn, der Präsident des Münchener IFO-Instituts, sieht den Grund für Griechenlands Probleme vor allem in zu hohen Löhnen, die dazu geführt hätten, dass griechische Produkte im In- *und* Ausland nicht mehr konkurrenzfähig seien. Wenn Griechenland nach einem Austritt aus der Europäischen Währungsunion wieder eine schwache Währung hätte, würde sich seine Lage verbessern. »Die Griechen würden ihre Tomaten und ihr Olivenöl dann nicht mehr aus Holland und Italien, sondern von den eigenen Bauern kaufen.«[170] Wenn Professor Sinn recht hätte, würden die Tomaten und Oliven heute in Griechenland auf den Feldern verrotten, weil sie wegen Unverkäuflichkeit gar nicht erst geerntet würden. Griechenland würde aufhören, ein großer Exporteur von Obst und Gemüse zu sein. Das ist eindeutig nicht der Fall.

Die griechischen Ausfuhren sind seit dem Beitritt zur Währungsunion nicht zurückgegangen, sondern gestiegen. Vielleicht ist dem

---

169 *»Der Eindruck, den ein Beobachter von der Konjunktur der britischen Industrie in den 1930er Jahren gehabt hätte, hätte sehr stark variiert und wäre von Region zu Region und von Industrie zu Industrie unterschiedlich gewesen. In den ›Special‹ oder ›Depressed Areas‹ von Wales, dem Nordosten, dem Nordwesten und Schottland, wo zwischen 1929 und 1936 22 Prozent der versicherten Bevölkerung arbeitslos war, wäre der Eindruck einer von praktisch ungemildertem Verfall und Trübsal gewesen. In den Gebieten um London, den South Midlands, dem Südosten und dem Südwesten hingegen war die Arbeitslosenrate nur halb so hoch wie in Wales und dem Norden. Der Eindruck wäre der von neu eröffneten Fabriken, Beschäftigungsmöglichkeiten und vielerorts von einem moderaten Aufschwung gewesen. Dieser Gegensatz resultierte aus der starken geographischen Konzentration der im Niedergang befindlichen Industrien Kohlebergbau, Schiffsbau und Baumwolltextilien … und Beschränkung der neuen expansiven Industrien auf die Midlands und den Süden.«* Philip S. Bagwell, G.E. Mingay: *Britain and America 1850–1939. A Study of Economic Change*, London 1970, S. 260.

170 »Spiegel online«-Interview, 20.2.2012. Das Argument mit den Tomaten und dem Öl war Professor Sinn so wichtig, dass er es am 12.6.2012 im Interview mit der »FAZ« wiederholt hat.

einen oder anderen Leser aufgefallen, dass seit einigen Jahren kaum ein Monat vergeht, ohne dass es bei Aldi, Lidl oder Penny eine Aktionswoche mit griechischen Lebensmitteln gibt. Die Statistik bestätigt den subjektiven Eindruck: Im Jahr 2000 exportierte Griechenland Waren im Wert von elf Milliarden Euro, im Jahr 2011 waren es über 20 Milliarden. Das ist beinahe eine Verdopplung. Das wachsende Außenhandelsdefizit rührt also nicht etwa daher, dass die Exporte zurückgegangen wären; der Grund ist vielmehr, dass die Importe

---

»Wenn, wie es in Griechenland der Fall war, Kredite nicht für Investitionen verwendet werden, sondern Konsum finanzieren, dann können die Waren, die die Konsumwünsche befriedigen, auch nicht aus gestiegener inländischer Produktion stammen, sondern müssen importiert werden.«

---

noch schneller gewachsen sind: von 33 auf 63 Milliarden Euro in den Boomjahren zwischen 2000 und 2008.[171] Denkt man einen Augenblick darüber nach, kommt man darauf, dass dies auch gar nicht anders sein konnte. Wenn, wie es in Griechenland der Fall war, Kredite nicht für Investitionen verwendet werden, sondern Konsum finanzieren, dann können die Waren, die die Konsumwünsche befriedigen, auch nicht aus gestiegener inländischer Produktion stammen, sondern müssen importiert werden. Mit Krediten aus Deutschland wurden deutsche Konsumgüter gekauft.

Im Falle Spaniens zeigt sich übrigens ein ähnliches Bild: Die Exporte haben sich in den zehn Jahren seit Beginn der Währungsunion verdoppelt, die Importe aber ebenfalls. Und da die spanischen Importe schon damals deutlich größer waren als die Exporte, hat sich also auch das Handelsdefizit verdoppelt. Der Beitritt zum Euro führte überall in

171 Quelle: EZB.

Europa zu Niedrigzinsen, was die Sparneigung dämpfte und zur Kreditaufnahme ermunterte. Überkonsum, Überschuldung und immer schwächere Banken waren die Folge. Mit der von Professor Sinn behaupteten mangelnden Wettbewerbsfähigkeit der Exportindustrie aber hat all dies nichts zu tun. Wenn man etwas aus dem Argument der Exportschwäche machen will, muss man es anders formulieren. Man könnte etwa sagen, dass das Export*potenzial* der Länder Südeuropas viel größer wäre, wenn sie denn mehr produzieren würden. Dieses Argument hat einiges für sich. Die existierende Exportindustrie hat aber allein durch die Euroeinführung nicht an Wettbewerbsfähigkeit eingebüßt.

Der Konsument, das unbekannte Wesen. Ein Märchen aus der neueren Zeit

Die Volkswirtschaften Südeuropas kranken nicht in erster Linie an zu hohen Kosten. Für den Verkaufserfolg einer Ware spielt zwar der Preis eine Rolle, aber er ist nicht das einzige Kriterium. Vorderhand kommt es darauf an, überhaupt etwas herzustellen, dazu etwas, *das ein anderer begehrt*. Das ist keine unwichtige Kleinigkeit: Wenn jemand ein Pfund Mehl kaufen möchte, ist ihm nicht damit gedient, dass ihm der Händler sagt, Mehl sei leider ausverkauft, er würde ihm aber stattdessen eine rote Pappnase zum halben Preis verkaufen (denn damit seien die Lager derzeit bis oben gefüllt). Der Kunde ist mit der festen Absicht losgegangen, Mehl zu kaufen; er hätte das Mehl auch dann gekauft, wenn es 20 Cent teurer wäre als erwartet. Die Pappnase hingegen kauft er auch dann nicht, wenn sie weit unter dem üblichen Marktpreis für Pappnasen feilgeboten wird (wo immer der liegen mag). Da er für sie keine Verwendung hat, rangiert sie in seiner Wertskala sehr weit unten. Auf den Fall Europas gemünzt: Es kommt nicht nur darauf an, wie teuer eine Ware in einem Land produziert wird, sondern dass sie überhaupt (und in hinreichender Menge) hergestellt wird und in den Augen der Konsumenten begehrenswert ist. Wenn es einem Land gelänge, ein völlig unnützes Gut zu sehr niedrigen Kosten zu produzieren, wäre damit niemandem gedient. Dass Ressourcen auf die Produktion von Unnützem verschwendet werden, ist aber leider in der Realität der Fall. Hunderttausende Griechen, die in der Bürokratie und in unproduktiven Staatsbetrieben tätig sind, könnten ökonomisch betrachtet ebenso gut Pyramiden bauen (was laut Keynes ja ebenfalls den Wohlstand einer Nation erhöht – aber eben nur, wenn sie aus Menschen besteht, für die die Besichtigung von Pyramiden das einzige Konsumbedürfnis ist). Weder stellen sie etwas her, das dem Konsum dient, noch etwas, das im Ausland für Konsumgüter eingetauscht werden könnte.

Für den gewöhnlichen Menschenverstand ist das eine einfache Sache, für Ökonomen, die nur Statistiken vor Augen haben, könnte daraus ein verzwicktes Problem werden: Woran mag es liegen, dass die Wirtschaft schrumpft? Verzichtet man auf jedwede mikroökonomische Betrachtung und interessiert sich nicht für die Präferenzen der Konsumenten, dann sind Pappnasen einfach eine x-beliebige Ware. Der Ursache der Krise wird man aus dieser Vogelperspektive nicht auf den Grund kommen. Stattdessen werden nun die gängigen »Lösungen« angeboten werden: Soll man, weil der Marktpreis zu niedrig ist, die Pappnasenproduzenten direkt subventionieren, um ihre Existenz zu sichern? Soll man den Kauf von Pappnasen staatlich fördern? Oder, um gerecht zu sein, ein möglichst breit angelegtes Konjunkturprogramm in Gang setzen, das dann unter anderen den Pappnasenherstellern zugutekommt? Sinkende Preise für Pappnasen seien ein Alarmsignal, sagt der Chef der Zentralbank, der Pappnasenbranche drohe eine gefährliche Deflation. Der Staat solle einstweilen seine Verschuldung erhöhen, um die überschüssigen Pappnasen aufzukaufen und so die Preise zu stabilisieren. Das koste ihn langfristig übrigens nicht einmal etwas: Die Pappnasenhersteller würden dann mehr investieren und zusätzliche Leute einstellen. Unternehmen und Angestellte würden mehr Steuern zahlen, auf diese Weise bekomme der Staat das Geld zurück. »Womit sollen die Leute die Pappnasen bezahlen?«, fragt der Chef der Gewerkschaft. »Die Löhne müssen so hoch sein, dass die Arbeiter die von ihnen produzierten Pappnasen auch kaufen können.« – »Völlig falsch«, kontert der Präsident eines Wirtschaftsforschungsinstituts, die Pappnasenstückkosten seien zu hoch; dadurch habe die einheimische Pappnasenindustrie gegenüber dem Ausland an Wettbewerbsfähigkeit verloren. Das, worauf sich die meisten einigen können, ist Folgendes: Die Notenbank sollte die Leitzinsen senken. Dann werden die Banken mehr Kredite vergeben, und niemand zweifelt daran, dass dies auch den Herstellern von Pappnasen auf unerfindliche Weise zugutekommen wird, die dann ihre Produktion erweitern werden.

Aber ist das die optimale Lösung? Wie wäre es, fragt der Kunde den Händler, wenn man einfach weniger Pappnasen herstellen würde und dafür mehr von anderen Gütern? Er brauche Mehl. Der Händler ist überrascht, den Vorschlag hat noch niemand gemacht. »Wissen Sie«, sagt er, »es war ja nicht immer so.« Früher sei auch Mehl produziert worden, aber dann kam der Pappnasenboom. Im Januar habe die Nachfrage spürbar angezogen, in der ersten Februarwoche sei sie dreimal so hoch gewesen wie im ganzen Januar, und kurz vor Karneval sei sie geradezu explodiert. Er habe die Preise verdoppelt und trotzdem alle Pappnasen verkauft. Kollegen hätten Ähnliches berichtet. Daraufhin hätten sie alle hohe Kredite aufgenommen und langfristige Investitionen getätigt. Man habe errechnet, wie groß die Nachfrage im Jahr 2016 sein werde, wenn sie auch nur halb so stark wachsen würde wie in den Tagen vor Weiberfastnacht. Die Bank sei begeistert gewesen und habe das Darlehen für den Bau neuer Pappnasenfabriken anstandslos zur Verfügung gestellt. Durch Zahlung von überdurchschnittlich hohen Löhnen sei es auch gelungen, die nötigen Arbeitskräfte anzuwerben, darunter alle Müller des Landes, was die Sache mit dem fehlenden Mehl erkläre. Dann kam das Unglück. Am Karnevalsdienstag ging die Nachfrage schlagartig zurück, und seit Aschermittwoch sei nicht eine einzige Pappnase mehr verkauft worden. Dabei habe er, in der Hoffnung auf weiter steigende Preise, extra einige Kisten im Lager zurückbehalten. Jetzt aber steige die Produktion von Monat zu Monat, und niemand wolle die Nasen mehr haben. »Mehr Mehl, weniger Nasen«, insistiert der Kunde. Der Händler gibt zu, dass der Mann da einen nicht ganz unwichtigen Punkt anspreche, aber so einfach sei das nicht: Die Müller hätten langfristige Arbeitsverträge in der Pappnasenfabrik, und die Maschinen ließen sich auch nicht so einfach umrüsten, sie seien eben für die Produktion von Pappnasen konzipiert. Er erwarte aber, sagt der Händler und Pappnasenfabrikant, dass sich der Wind bald wieder drehen werde. »Wir haben zu viel investiert, als dass wir jetzt einfach davonlaufen können.« Dank der Kredite der EZB werde die derzeitige Flaute bald vorbei sein. Er sei fest entschlossen, auszuharren und weiter Pappnasen zu produzieren.

Das Beispiel scheint absurd – aber warum genau? Warum werden eigentlich niemals zu viele Pappnasen produziert? Zum einen ist das Ereignis, das zu der Nachfrage führte, durch den Karneval, also durch ein Datum, bestimmt und antizipierbar. Ebenso ist vorherzusehen, dass nach dem Karneval die Nachfrage enden wird. Die Pappnasenhersteller verfügen wie alle anderen Unternehmer über langjährige Erfahrung und sind geübt im Einschätzen der Nachfrage: In allen Bereichen der Wirtschaft wird fast immer genau so viel hergestellt, wie nachgefragt wird, nicht mehr und nicht weniger. Warum ist das im Boom anders? Nehmen wir z. B. den Immobilienboom. Bei ihm ist weder die plötzliche Nachfrage noch ihr Ende für die Beteiligten absehbar. Der Boom wird ausgelöst durch Kreditinjektionen der Banken und endet abrupt, wenn die Bankmanager kalte Füße kriegen. Das unterscheidet die Situation vom ökonomischen Normalfall (der lautet: Jede Waschmaschine, die hergestellt wird, wird auch verkauft, es gibt weder einen Waschmaschinenboom noch eine Waschmaschinenkrise).

Da jede Ware, die produziert wird, entweder direkt oder, im Falle von Kapitalgütern, indirekt dem Konsum dient, muss die Struktur der Wirtschaft der Verteilung der Bedürfnisse der Konsumenten entsprechen – und tut es auch. Durch den kreditinduzierten Boom aber ändern die Konsumenten ihr Verhalten. Dank niedriger Zinsen und lockerer Kreditvergabe tritt plötzlich eine Anomalie auf: Unerwartet werden unverhältnismäßig viele langlebige Güter wie Häuser und Autos gekauft. Hält dieses Phänomen über einen gewissen Zeitraum an, ändert sich dadurch die ökonomische Struktur der gesamten Wirtschaft, sie reagiert auf die Nachfrage und passt sich dem neuen Konsummuster an – so, als wäre das temporäre Phänomen von Dauer, als würden dauerhaft so viele Häuser, Küchen, Badezimmer, Autos usw. gekauft werden, was aber natürlich nicht der Fall ist. Mit dem Ende des

Booms ändert sich auch schlagartig das Verhalten der Konsumenten. Das heißt, dass wiederum eine neue ökonomische Struktur gefunden werden muss, die dem neu etablierten Konsummuster entspricht. Das bedeutet ferner: Es kann nicht die Rede davon sein, dass lediglich »zu teuer« produziert würde[172], sondern es ist

1.) das Falsche: Zwei Jahrzehnte Immobilienboom haben in Ländern wie Spanien, Griechenland und Irland die Struktur der Produktion geprägt. Nun wird aber nicht mehr länger dieselbe Anzahl an Maurern, Dachdeckern, Architekten, Innenarchitekten, Möbelverkäufern, Maklern, Bankern etc. gebraucht. So, wie während des Booms Ressourcen aus anderen Teilen der Wirtschaft (und aus dem Ausland) in die aufsteigenden Branchen transferiert wurden, muss auch jetzt eine Neuverteilung der Ressourcen erfolgen. Firmen müssen schließen, neue eröffnen, Menschen sich andere Beschäftigungen suchen. Das ist die typische akute Krise nach dem Boom.

2.) zu wenig: Der Teil der Bevölkerung, der in der Bürokratie, in Staatsunternehmen oder eben dem Immobiliensektor und assoziierten Branchen tätig ist, produziert, wenn er überhaupt etwas produziert, nicht das, was die Konsumenten in Griechenland, Spanien usw. jetzt wünschen. Darum kaufen sie es im Ausland, was zu der negativen Handelsbilanz und Auslandsverschuldung führt. Die Krise ist eine Unterproduktionskrise; sie ist in einigen Ländern seit Jahrzehnten chronisch, durch den Boom aber noch einmal verstärkt worden.

Der französische Ökonom Jean-Baptiste Say (1767-1832) hat diesen wesentlichen Teil der Eurokrise schon vor 200 Jahren erklärt. Ein Land, sagte er, kaufe nur das, was es bezahlen könne, denn wenn es nicht zahlen würde, würden die Leute schnell müde werden, ihm etwas zu verkaufen. »Aber mit welchen Waren«, fragte er,

---

172 Dafür gibt es ohnehin keinen objektiven Maßstab, es liegt allein im Ermessen der Konsumenten, die ja diejenigen sind, die mit ihren Löhnen die Löhne der Produzenten bezahlen müssen. Für sie aber kommt es nicht auf die Arbeit an, sondern auf das Produkt (weswegen ein Schauspieler, der zig Millionen verdient, nicht überbezahlt sein muss), so dass die Lohnhöhe maßgeblich von der *Produktivität* abhängt: Höhere Produktivität führt zu höheren Löhnen.

»können die Italiener die Engländer bezahlen? Mit Ölen, Seiden und Rosinen; womit, außer mit diesen und einigen anderen Artikeln, würden sie bezahlen, wenn sie noch weitere englische Produkte erwerben wollten? Mit Geld! Aber sie müssen erst das Geld selbst erwerben. Sie verstehen, Sir, dass eine Nation, um ausländische Produkte zu erwerben, erst selbst etwas produzieren muss, wie ein Individuum.«[173]

Das sehen wir auch in der Gegenwart. China ist heute der zweitwichtigste Absatzmarkt der deutschen Industrie, noch vor 20 Jahren war es auf wirtschaftlichem Gebiet relativ unbedeutend. Es ist nur deshalb einer der größten *Importeure* deutscher Waren, weil es gleichzeitig einer der größten *Exporteure* ist. Wirtschaft ist der Austausch von Waren gegen andere Waren. Das Angebot einer Ware ist für den Austausch ebenso wichtig wie die Nachfrage. Diese aber ergibt sich von allein (da niemals alle Wünsche befriedigt werden können und in dem Moment, wo sie es wären, sofort neue entstünden) – vorausgesetzt, die Ware hat einen Nutzen und der Preis erscheint dem Käufer angemessen. Was den Austausch beschränkt, ist also das knappe Angebot einer Ware B in Relation zur Ware A. Wenn also gesagt wird, dass ein Land »nicht genug Geld« habe, um ausländische Waren zu kaufen, bedeutet das nichts anderes, als dass der Wert bzw. die Menge der von ihm zum Tausch angebotenen Güter in Relation zu den von ihm gewünschten zu gering sind. Das lässt dem Land drei Optionen offen: Kredite aufnehmen, die Einfuhren reduzieren (also weniger konsumieren) oder die Ausfuhren erhöhen. Eine vierte gibt es nicht.

Big Oil

Was muss Griechenland tun, wenn es mehr produzieren will? Kehren wir zu Professor Sinns Beispiel von Olivenöl und Tomaten zurück. Es ist das schlechteste, das er finden konnte. Griechisches Olivenöl verkauft sich auch in der Krise; die Exportunternehmen sind ebenfalls von der allgemeinen Misere betroffen, aber nicht deshalb, weil sie zu

173 Jean-Baptiste Say: *Letters to Mr. Malthus On Several Subjects of Political Economy And On the Cause of the Stagnation of Commerce*, London 1821, S. 8.

teuer wären, wie er glaubt. Was das Problem ist, beleuchtet ein Artikel, der im Herbst 2011 im »Handelsblatt« erschien. Es geht um eine Unternehmerin, die, ja: Olivenöl herstellt. Ihr größtes Problem seien die klammen Banken.

»Um ein Fünftel haben die Hausbanken Agro Vim die Kreditlinien gekürzt, obwohl der Ölexport boomt. Dabei muss Gyftea jedes Jahr den Bauern die Ernte abkaufen, Oliven für sechs Millionen Euro liegen dann im Lager. ›Wir finden keine Bank, die die Vorfinanzierung übernimmt‹, sagt sie. Sie muss tricksen: Bauern bekommen ihr Geld später, sie managt die Bargeldströme professioneller denn je, bittet langjährige Kunden, Geld schneller zu überweisen. ›Das können wir nur machen, weil wir schon 25 Jahre im Geschäft sind‹, sagt sie. ›Die Kunden vertrauen uns.‹ Zweites Problem: der Staat. ›Erst haben wir 18 Prozent Steuern auf unsere Produkte kalkuliert, dann waren es plötzlich 25 Prozent‹, sagt sie. Dazu Gewinnsteuer, mehrere Krisensteuern. Plötzlich waren 60 Prozent des Gewinns beim Finanzamt. Zugesagte EU-Subventionen für ein bereits gebautes Logistikzentrum bleiben beim Staat hängen, das Elektrizitätswerk braucht Monate, um ein geplantes Solardach zu genehmigen.«[174]

Über einen Fall, der ebenfalls sehr gut die Probleme der griechischen Wirtschaft illustriert, berichtete die »Neue Zürcher Zeitung«. Es ging um den Kampf mit der Bürokratie, den ein paar junge Leute ausfechten mussten, um ihr Geschäft zu eröffnen, den Verkauf von Olivenöl über das Internet:

»Lange Stunden verbrachten die Unternehmer zunächst damit, in den Büros der Steuerbehörde die nötigen Formulare für eine legale Geschäftstätigkeit zusammenzutragen. Nächste Destinationen waren die Handelskammer in Athen, das Gesundheitsinspektorat, dann sogar die Feuerwehr und schließlich Banken. Am surrealsten waren dabei zweifellos die Forderungen der Beamten des Gesundheitsinspektorats: Diese verlangten nämlich von allen Aktionären des kleinen Unternehmens Röntgenbilder der Brust sowie Stuhlproben. Nach diesem Hürdenlauf durch staatliche Institutionen war die Reihe an den Banken. Dort bildete das Hauptproblem der Zahlungsverkehr. Zur Natur eines Online-Shops gehört es, dass

174 »Handelsblatt«, 27.10.2011.

Zahlungen mittels Kreditkarten ausgeführt werden. Dies wurde von den griechischen Banken moniert, die bei der Verifikation der Kartendaten Forderungen stellten, die fast nicht erfüllbar waren. Unter anderem verlangten sie, dass die Website des Shops vollständig in griechischer Sprache erstellt werden müsse, obwohl der angepeilte Markt für die Produkte eindeutig im Ausland liegt. Am Ende entschlossen sich Antonopoulos und seine Geschäftspartner nach drei Monaten ergebnislosen Feilschens mit Bankmanagern, als Zahlungssystem PayPal zu verwenden, und eröffneten Konten bei ausländischen Banken. Damit war das Problem dann innerhalb nur eines Arbeitstages gelöst.«[175]

Dass es auch einfacher geht, sahen sie, als sie bei der amerikanischen Food and Drug Administration die Zulassung für den US-Markt beantragten:

»Der Kontakt zur Behörde wurde über eine E-Mail hergestellt. Als Antwort kam ein Online-Formular, das innerhalb von fünf Minuten ausgefüllt war. Die Zulassung zum amerikanischen Markt kam anschließend innerhalb von 24 Stunden. Der Kontrast zur griechischen Bürokratie hätte nicht größer sein können. Inzwischen ist der Online-Shop der Olivenöl-Händler schon fünf Monate in Betrieb und führt Bestellungen aus aller Welt aus.« Olivenöl also lässt sich sehr wohl exportieren. Bürokratie hingegen ist kein Exportgut, eine Immobilie in Athen ebenfalls nicht.

Griechenland, Spanien, Portugal und Italien stellen zu wenige *tauschbare* Güter her. Die griechische Wirtschaft hat Ähnlichkeit mit der eines Landes, das sich im Krieg befindet. Ein großer Teil der Bevölkerung ist unproduktiv im Dienst des Staates beschäftigt; entweder in der regulären Armee und den Waffenfabriken oder in der Armee der Bürokraten und den anderen staatlichen Unternehmen, die nichts produzieren, sondern allein die Aufgabe haben, Günstlinge der Regierung auf Kosten der übrigen Bevölkerung mit Geld und Privilegien zu versorgen.[176] Die Folge ist, wie im Krieg, chronische Unterproduktion.

---

175 »Eine Odyssee durch die griechische Bürokratie«, NZZ Online«, 27.2.2012 (http://www.nzz.ch/nachrichten/wirtschaft/aktuell/eine_odyssee_durch_die_griechische_buerokratie_1.15309076.html)

176 *»Erst auf Druck von IWF und Euroländern zählte Griechenland im Juli 2010, wie viele Beamte es eigentlich bezahlt: 768 000. Rund 200 000 davon sind Soldaten und Armeeangestellte: Griechenland ist, gemessen an seiner Einwohnerzahl, das am stärksten militarisierte Land der EU. Zu den Beamten kommen über 600 000 Angestellte meist verlustbringender Staatsfirmen, die Griechenlands Statistikbehörde der Internationalen Arbeitsorganisation in Genf für 2008 gemeldet hat«* (»Ein Schrecken ohne Ende«, »Welt«,

Früher wären Inflation, Massenauswanderung und Hungersnot die Folgen einer solchen Politik gewesen; heute sind es Inflation, Massenauswanderung und ein Außenhandelsdefizit, denn die Menge der im Land hergestellten Waren ist im Verhältnis zur Konsumneigung der Bevölkerung zu gering. Früher, da hat Professor Sinn völlig recht, hätte eine Abwertung der Drachme das Problem in gewisser Weise gelöst; aber nicht so, wie er meint, sondern durch die dadurch herbeigeführte allgemeine Teuerung, also erzwungenes Sparen. Im Euroraum verteilt sich die Teuerung aber auf alle Länder ähnlich, kann also den Konsum nicht eindämmen. Wenn ausländische Banken dann auch noch großzügig Kredite vergeben, ist eine Schuldenkrise die Konsequenz. Das Beispiel der Olivenölverkäufer zeigt indessen nicht nur das Problem, sondern auch die Lösung: Nicht durch staatlichen Zwang – und das Handeln des Staates ist immer Zwang – ist die Krise zu überwinden. Die Gesetze sind oft selbst die größten Übel. Wenn der griechische Staat seine Bürger von den Zwängen, Kontrollen und feudalen Strukturen[177] befreit, mit denen er sie in der Vergangenheit drangsaliert und in die »Schattenwirtschaft« gedrängt hat (die nach einigen Schätzungen etwa ein Viertel der griechischen Wirtschaft ausmacht[178]), dann besteht eine vage Hoffnung, dass sich etwas bessern könnte.

Conclusio: Inflation mit dem Ziel der Währungsabwertung bringt einem Land keinen Vorteil. Sind aber die Lohn- und Preisrelationen im Verhältnis zum Ausland durch einen politischen Beschluss aus den Fugen geraten (wie im Beispiel Großbritanniens in den zwanziger Jahren), kann eine einmalige Abwertung im Vergleich zur langwierigen Anpassung aller Löhne und Preise eine große Zeitersparnis bringen,

---

13.2.2012).

177 Bis Anfang 2012 gab es in Griechenland über 130 »geschlossene Berufe« (darunter Taxi- und Lkw-Fahrer, Fremdenführer, Straßenhändler, Architekten, Kosmetiker und Kioskbesitzer), die man nur ausüben durfte, wenn man für eine oft sechsstellige Summe eine »Lizenz« erworben hatte. Die meisten wurden inzwischen geöffnet, aber einigen Gilden – darunter Apotheker, Anwälte und Notare – gelang es, ihr Monopol zu wahren.

178 *»Zahlen, die von Professor Friedrich Schneider von der Universität Linz in Österreich zusammengestellt wurden, zeigen, dass Griechenlands Schattenökonomie – Handel, Güter und Dienstleistungen, legaler und illegaler Natur, wo keine Steuern bezahlt werden – auf 25,4 Prozent im Jahr 2010 gestiegen ist. Zum Vergleich: In Großbritannien sind es 10,7 Prozent, in Deutschland 13,9 Prozent, in Spanien 19,4 Prozent und in Italien 21,8 Prozent.«* (»Greece's Shadow Economy Raises Fresh Fears«, »Daily Telegraph«, 18.9.2011).

die Krise also verkürzen. Die Beispiele von Ländern, die ebenfalls von der Krise heimgesucht wurden, aber nicht der Europäischen Währungsunion angehören, zeigen, dass eine eigene Währung ein Vorteil ist. Bulgarien, Rumänien, die baltischen Staaten und sogar Island (alles Länder übrigens, die, da ihnen nichts anderes übrig blieb, Austerität praktiziert haben) verzeichnen wieder Wirtschaftswachstum und stehen heute in vielerlei Hinsicht besser da als Spanien, Portugal oder Griechenland. *Keiner* Währungsunion anzugehören, bringt übrigens noch einen weiteren Vorteil mit sich: Niemand fürchtet einen möglichen Austritt. Diesen Vorteil (bzw. den einer Währungsunion innewohnenden Nachteil) sollte man keinesfalls unterschätzen. Die Möglichkeit eines Währungswechsels bedeutet immer Unsicherheit. Diese Unsicherheit lässt Kapital aus dem Land abfließen, welches notwendig wäre, um das Hauptproblem der Krisenländer zu lösen: die zu niedrige Produktion. Ein Ende der Währungsunion würde ein Ende der Unsicherheit bedeuten und wäre damit die Basis für die Lösung der anderen Probleme.

Der Staat und seine Banken

Ponzi und sein Bruder: Wie Staaten Zahlungsfähigkeit vorgaukeln

Ein Schneeballsystem ist ein Betrug, bei dem jemand von einer wachsenden Zahl mehr oder weniger naiver Anleger Geld einsammelt, indem er ihnen Renditen zahlt, die ihm nicht durch reelle Geschäfte zufließen, sondern durch das Anwerben weiterer Opfer. Berühmt-berüchtigt wurde damit in den USA im Jahr 1920 ein italienischer Einwanderer namens Charles Ponzi (1882–1949), weswegen eine solche Masche in den USA *Ponzi Scheme* genannt wird. Ein Brief aus Spanien brachte ihm seine »Geschäftsidee«: Die Internationalen Antwortscheine, mit denen der Empfänger eines Briefes aus dem Ausland dem Absender zurückschreiben konnte, ohne eine Briefmarke kaufen zu müssen, waren durch die Inflation in Europa in Dollar gerechnet viel billiger als in den USA. Könnte man nicht ein Vermögen machen, indem man sie in großem Stil in Europa kauft und in den USA auf irgendeine Art und Weise zu Geld macht? Das Ausnutzen von Preisunterschieden durch gleichzeitiges Kaufen und Verkaufen bezeichnet man als *Arbitrage*, es ist ein legales Geschäft (da durch die Arbitragegeschäfte selbst die Preisdifferenzen nivelliert werden, sind solche Gelegenheiten kurzlebig und selten ergiebig). Ponzi erklärte:

»Der Antwortschein kostete mich in Spanien umgerechnet einen Cent, aber ich konnte ihn hier in Amerika gegen Briefmarken im Wert von sechs Cent tauschen. Dann studierte ich weitere Wechselkurse in Europa. Ich begann das Geschäft in kleinen Mengen. Es funktionierte. Im ersten Monat wurden aus 1 000 Dollar Einsatz 15 000 Dollar. Dann beteiligte ich meine Freunde.«[179]

---

179 Gerald Braunberger: »Finanzskandale (1): Charles Ponzi. Internationale Antwortscheine als Spekulationsobjekt«, »FAZ«, 23.1.2009.

In Wahrheit stellte Ponzi rasch fest, dass das Geschäft nicht funktionierte. Denn weder war es möglich, in Europa Millionen Antwortscheine zu kaufen (von denen jeder nur ein paar Pfennig kostete), noch gab es in den USA einen Markt, wo man sie hätte verkaufen können. Trotzdem behauptete Ponzi, sein Geschäft laufe gut, zahlte anfangs tatsächlich die versprochenen Gewinne aus und benahm sich im Übrigen wie ein Geschäftsmann: »Hatte Ponzi sein Unternehmen anfangs allein betrieben, musste er nach einigen Monaten bereits 30 Mitarbeiter beschäftigen, mit denen er jetzt in einem stattlichen Haus in bester Lage residierte.«[180] Im Juni 1920 bekam Ponzi jede Woche eine Million Dollar an neuen Mitteln, von denen er einen Teil dazu benutzte, frühere »Anleger« auszuzahlen, wodurch er den scheinbaren Beweis erbrachte, dass es sich um ein reelles Geschäft handelte und er Wort hielt – was wieder Scharen neuer Geldgeber anlockte.

Es ist nicht anzunehmen, dass jeder, der Ponzi sein Geld gab, so naiv war zu glauben, dass alles mit rechten Dingen zuging. Einige glaubten vielleicht, das Geschäft mit den Antwortscheinen sei nur eine Fassade für kriminelle Aktivitäten und in Wahrheit stammten die Gewinne aus dem Handel mit Alkohol (denn sechs Monate zuvor hatte die Prohibition begonnen). »You cannot cheat an honest man« – einen ehrlichen Mann kann man nicht betrügen, pflegen die Amerikaner zu sagen.

Wie dem auch sei: Solange die versprochenen Renditen gezahlt wurden (eine Verdopplung des Einsatzes innerhalb von neunzig Tagen), konnten viele, die auf schnellen Gewinn aus waren, ihr Gewissen und ihre Vernunft gut unter Kontrolle halten. Einen Journalisten, der geschrieben hatte, dass es keinen Weg gebe, wie er auf legale Weise in so kurzer Zeit solche Gewinne erzielen könne, verklagte Ponzi und bekam eine Entschädigung von 500 000 Dollar zugesprochen. Damit genoss er nun eine Art Immunität gegen weitere Vorwürfe.

Doch jedes Schneeballsystem hält nur so lange, wie eine ständig wachsende Zahl neuer »Investoren« gewonnen werden kann. Als Ponzi mit einem Möbelverkäufer Streit über eine unbezahlte Rechnung hatte, wollten viele aus Sorge ihr Geld zurückhaben (Ponzi war »ins

180 Ebd.

Visier der Spekulanten geraten«, würden manche Kommentatoren heute wohl schreiben). Kurz darauf jedoch druckte die »Boston Post« einen Artikel, der Ponzis Geschäft sehr wohlwollend beurteilte, was wie ein moderner Rettungsschirm wirkte und noch einmal Millionen in die Kasse spülte (in der heutigen Sprache: Ponzis Lage stabilisierte sich). Das System brach im August 1920 zusammen, als der Finanzjournalist Clarence Barron darüber schrieb, dass, um den von Ponzis Firma, der Securities Exchange Company, behaupteten Gewinn zu erzielen, 160 Millionen Antwortscheine in Umlauf sein müssten, es jedoch tatsächlich nur 27 000 seien. Das mathematische Argument überzeugte: Die Leute wollten ihr Geld zurück, Ponzi konnte aber, wie wir uns denken können, nicht alle auszahlen. Das Geschäft wurde ein Fall für die Polizei und die Staatsanwaltschaft, und Ponzi musste für drei Jahre ins Gefängnis.

Heute wäre ihm sicherlich die Notenbank zu Hilfe geeilt und hätte ihn über Wasser gehalten, mit dem Argument, dass er systemrelevant sei; dass sein Ruin zum Verlust der Einlagen führe; dass, wenn die Opfer dann womöglich ihre Rechnungen nicht mehr bezahlen könnten, dies zu einer gefährlichen Kettenreaktion führen könnte.

Wenn ein Staat Schulden in Höhe von 60 Prozent seines Bruttoinlandsprodukts hat, auf die er sechs Prozent Zinsen zahlen muss, sind das jedes Jahr 3,6 Prozent des Bruttoinlandsprodukts – mehr als das Wirtschaftswachstum, das in Europa in einem Jahr der Hochkonjunktur üblicherweise erreicht wird. Italien, Belgien, Portugal oder Spanien haben aber Schulden von 80 bis über 100 Prozent der jährlichen Wirtschaftsleistung, so dass bei einem Zinssatz von, sagen wir: sechs Prozent fünf bis sechs Prozent des BIP allein in Zinszahlungen fließen. Das aber ist mehr als das Wirtschaftswachstum selbst der besten Jahre!

Nur durch ein Ponzi-Schema können diese Schulden bedient werden: mit neuen Schulden. Europas Staaten haben gegenüber Charles Ponzi einige Vorteile: Sie haben Banken und eine Zentralbank. Das stiftet Konfusion unter den Anlegern, so dass die EU nicht so bankrott aussieht, wie sie in Wirklichkeit ist. Die symbiotische Beziehung von Staat und Banken könnte man »Ponzi und sein Bruder« nennen. Immer, wenn ein Staat pleite ist, leiht er sich Geld bei der Bank. Wenn die Bank pleite ist, borgt sie beim Staat bzw. der Zentralbank. Es ist, als wäre Charles Ponzi auf die Idee gekommen, die Anleger mit Schuldscheinen zu bezahlen, die bei seinem Bruder einzulösen wären, während dieser wiederum Schuldscheine auf Charles ausstellt.

»Wenn ein Staat Schulden in Höhe von 60 Prozent seines Bruttoinlandsprodukts hat, auf die er sechs Prozent Zinsen zahlen muss, sind das jedes Jahr 3,6 Prozent des Bruttoinlandsprodukts – mehr als das Wirtschaftswachstum, das in Europa in einem Jahr der Hochkonjunktur üblicherweise erreicht wird.«

Früher gab es noch eine Anstandsgrenze zwischen Banken und Staat: Der Staat tat so, als würde er auf echten Kapitalmärkten echte Marktzinsen zahlen, die Banken gaben vor, sie würden um Spargelder konkurrieren und bei der Notenbank nur ausnahmsweise borgen. Dieser Schein ist passé: Die Europäische Zentralbank schiebt vor aller Augen den Banken das aus dem Nichts geschaffene Geld rüber, die wiederum benutzen es, um damit Staatsanleihen zu kaufen – mit denen dann womöglich wiederum neue Hilfen für die Banken finanziert werden. Die Banken reichen die eben erstandenen Staatsanleihen dann wieder bei der EZB ein und erhalten dafür neues Zentralbankgeld, mit dem sie weitere Staatsanleihen kaufen usw. ad infinitum. Staat und Banken sind nicht mehr voneinander zu unterscheiden – man könnte von einem Syndikat sprechen – und fühlten sich lange Zeit beide sehr wohl dabei. Der halbstaatliche Charakter, den die Banken immer schon hatten (denn sie sind völlig abhängig von der Notenbank) gestattete es den Regierungen, sich über alles Maß zu verschulden, und ermöglichte den Banken einen Gewinn ohne Risiko, denn der Staat zahlt seine Schulden immer zurück – oder zumindest dachte man das bislang.

Trotzdem haben die USA und die meisten Staaten Westeuropas – also die Großschuldner dieser Welt – schon vor der Krise nicht allein auf die Freiwilligkeit der Banken vertraut. 1960 wurde in den USA das *Primary Dealer* (PD)- System eingeführt. Nur 21 Banken[181] sind berechtigt, an der Auktion von US-Staatsanleihen teilzunehmen, dazu haben sie im Verkehr mit der Federal Reserve weitere Privilegien. Ihre Pflicht: Jede von ihnen muss an diesen Auktionen teilnehmen und bei jeder Auktion mindestens drei Prozent des angebotenen Volumens aufkaufen. Es ist also von vornherein sichergestellt, dass mindestens 63 Prozent der Anleihen Käufer finden. Fast alle entwickelten Länder besitzen inzwischen ein solches System (Deutschland, Australien, Neuseeland, Polen und Chile gehören zu den Ausnahmen), die meisten europäischen Länder haben es im Lauf der achtziger und neunziger Jahre eingeführt. Großbritannien machte 1986 den Anfang, es folgten Frankreich (1987) und Spanien (1988). Eine regelrechte Welle gab es dann in den Neunzigern, so etwa Belgien (1991), Italien (1994), Irland (1995), Ungarn (1996) sowie Portugal und Griechenland (1998). Island folgte 2002. Eine Studie des Internationalen Währungsfonds von 2003 zeigt, dass die im Verhältnis zum Bruttoinlandsprodukt am höchsten verschuldeten Länder über ein Primary-Dealer-System verfügen.[182] Schon damals ganz oben auf der Liste: Belgien, Italien und Griechenland. Da auch das im Angesicht der Megaschulden, die Westeuropa und die USA aufgehäuft haben, nicht reichte, um genug Käufer für die Schuldscheine zu finden, sind die Federal Reserve, die Bank of England und die EZB dazu übergegangen, selbst Staatsanleihen zu kaufen (»Finanzierung der Staatsschuld über die Notenpresse« nennt man das umgangssprachlich) »in unbegrenzter Menge« wie EZB-Chef Draghi ausdrücklich sagt. Was diese neue Masche von der alten unterscheidet, erklärt Bill Gross, Gründer und Manager des weltgrößten Rentenfonds PIMCO:

»Staatsverschuldung hatte immer schon eine Ponzi-ähnliche Eigenschaft. Zugegeben, es gab Zeiten, wo die USA ihre Schulden zurückge-

---

181 Es handelt sich um: Bank of Nova Scotia, BMO, BNP Paribas, Barclays Capital, Cantor Fitzgerald, Citigroup, Credit Suisse, Daiwa, Deutsche Bank, Goldman Sachs, HSBC, Jefferies & Company, J.P. Morgan, Merrill Lynch, Pierce, Fenner & Smith, Mizuho, Morgan Stanley, Nomura, RBC, RBS, SG Americas, UBS (Quelle: Federal Reserve of New York).

182 Marco Arnone, George Iden: »Primary Dealers in Government Securities: Policy Issues and Selected Countries' Experience«, Washington 2003, S.13. (http://www.imf.org/external/pubs/ft/wp/2003/wp0345.pdf)

zahlt haben, aber es gab immer die Annahme, dass, solange Gläubiger gefunden werden könnten, um die bestehenden Kredite zu verlängern – und neue zu vergeben –, das Spiel ewig weitergehen könnte. Souveräne Staaten haben immer implizit zugegeben, dass die existierenden Schulden niemals zurückgezahlt werden würden, da sie aus der offenkundig misslichen Lage herauswachsen und mit der zukünftigen Prosperität ihre heutigen Rechnungen bezahlen würden. Jetzt jedoch, wo dieses Wachstum in Frage gestellt ist, hat die Fed Charles Ponzi auf eine höhere Stufe gestellt. Statt lediglich die Schulden mit den Geldern von Gläubigern des Finanzsektors zu bezahlen – Banken, Versicherungen, Nationen mit überschüssigen Reserven und Investmentmanager, um die bedeutendsten zu nennen –, gesellt sich die Fed jetzt selbst zu der Party. Statt das Spiel von oben zu dirigieren, ist sie selbst in den Teich zu den anderen Schwimmern gesprungen. Eineinhalb Billionen hat sie 2009 an Schecks ausgestellt, und weitere Billionen liegen vor uns. Die Fed sagt den Märkten de facto, dass sie sich nicht um unser Haushaltsdefizit sorgen sollen, weil sie der Käufer der ersten und vielleicht auch der letzten Instanz sein wird. Es gibt keine Notwendigkeit, wie bei Charles Ponzi eine immer wachsende Zahl zukünftiger Naivlinge zu finden, sie schreibt die Schecks einfach selbst. Ich frage Sie: Hat es jemals ein so dreistes Ponzi-Schema gegeben? Nein.«[183]

Basel-II-Syndrom: Das eingebildete Eigenkapital der Banken

Seit dem 1. Januar 2007 gelten die vom Basler Ausschuss für Bankenaufsicht vorgeschlagenen Eigenkapitalvorschriften »Basel II« kraft einer EU-Richtlinie.[184] Eigentlich sollten sie Risiken mindern, doch in Wirklichkeit erlaubten sie es den Banken, die Risiken in ihren Büchern kleinzurechnen, und waren eine Art Anleitung für die Finanzkrise. Entweder können die Banken eigene Modelle der Risikobewertung

183 William H. Gross: »Run Turkey, Run«, Investment Outlook November 2010 (http://www.pimco.com/EN/Insights/Pages/RunTurkeyRun.aspx)

184 Richtlinie 2006/48/EG des Europäischen Parlaments und des Rates vom 14. Juni 2006 über die Aufnahme und Ausübung der Tätigkeit der Kreditinstitute.

nutzen, sofern sie sie in einer rückwirkenden Simulation, die sich auf einen Zeitraum von zwölf Monaten (ein nicht gerade sehr aussagekräftiger Erfahrungswert) erstreckt, getestet haben, und die nationale Aufsichtsbehörde sie absegnet. Oder sie halten sich an das Prinzip der im Basel-II-Katalog enthaltenen »Risikogewichtung«. Und hier liegt der Hase im Pfeffer: Je niedriger die Risikogewichtung, desto weniger Eigenkapital muss die Bank vorhalten – bis hin zu *null.* Da die Gewinnmarge und das Gehalt des Vorstands von der Höhe der Bilanzsumme[185] abhängen, hat die Bank ein Interesse daran, die Risiken möglichst klein erscheinen zu lassen, um möglichst viele Kredite vergeben zu können – und das will auch der Staat, da ja seine Anleihen auch noch Platz in der Kiste finden sollen (und Politiker ohnehin immer für mehr Kreditvergabe zur Stimulation des Wachstums sind).

All die »Finanzinnovationen« mit Namen wie ABS, CDO, CLN oder CDS, die für die Bankenkrise mitverantwortlich gemacht werden, die 2007 begann, stehen in engem Zusammenhang mit den Regeln der Notenbanken und den Eigenkapitalvorschriften Basel II. Anerkannt als Mittel der »Risikominderung«, ermöglichten sie eine noch stärkere Kreditexpansion. Etwa die berühmte Technik der Verbriefung, die auf Englisch *securitization* heißt. *Securities* sind Wertpapiere, und *securitization* beschreibt folglich den Vorgang, bei dem die Kredite zu handelbaren Wertpapieren gemacht wurden. *Securitization* erlaubte es, eine Vielzahl einzelner Kredite durch Bündelung und Benotung durch die Ratingagenturen handelbar zu machen (und damit aus der Bilanz des Kreditgebers zu eliminieren) und sogar notenbankfähig. »Notenbankfähig« meint ungefähr: die Kredite werden der EZB als Pfand in den Tresor gelegt, und dafür geht die Bank mit einem Sack Zentralbankgeld aus der Tür heraus. Welche Papiere notenbankfähig sind, erfährt man auf der Website der EZB.[186] Außerdem verringerten die Verbriefungen und Kreditversicherungen die Eigenkapitalanforderungen nach Basel II.

185 *»Die Bilanzsumme ist die Summe aller Aktivposten (aber auch aller Passivposten). Die Bilanzsumme ist auf beiden Seiten der Bilanz gleich. Ist die Aktivseite größer als die Passivseite, ist eben ein Gewinn entstanden, der unter Eigenkapital ausgewiesen werden muss, und die Bilanzsummen sind wieder identisch. Eine Bilanz ›geht eben immer auf‹. Auf die Bilanzsumme beziehen sich einige Kennzahlen der Bilanzanalyse, z. B. die Eigenkapitalquote«* (Hans-Jürgen Probst: *Bilanzen lesen leicht gemacht,* Heidelberg 2007, S. 47).

186 http://www.ecb.int/paym/coll/assets/html/list.en.html

Denn die richten sich nach den Ratings der Ratingagenturen: Je besser das Rating eines von der Bank gehaltenen Wertpapiers, desto niedriger die Eigenkapitalanforderung.[187] Das ermunterte die Banken zu folgender Praxis: Statt auf die Vergabe von Darlehen zu verzichten, die ihren Risikoappetit überstiegen, bündelten sie all die Kredite, die sie nur mit schlechtem Gewissen vergeben hatten, zu *Asset-Backed Securities* (ABS) oder *Collateral Debt Obligations* (CDO). Diese konnten sie dann gegen Ausfall versichern lassen, z. B. bei dem weltgrößten Versicherer AIG. Da AIG von den Ratingagenturen bis September 2008 mit dem höchsten Rating »AAA« bewertet wurde, hatten auch alle von AIG versicherten Papiere diese Benotung und mussten – jetzt kommt wieder der Staat ins Spiel – laut Basel II nur mit 20 Prozent »gewichtet« werden, was bei einer Eigenkapitalanforderung von 8 Prozent bedeutete, dass lediglich 1,6 Prozent Eigenkapital fällig waren. Die Vorschriften waren also eine Einladung dazu, Risiken einzugehen, sie kreativ zu verfälschen und zu vertuschen. In den Worten der Bundesbank klang das so:

»Auf Basel I aufbauend zielt die neue Baseler Rahmenvereinbarung über die Eigenkapitalempfehlung für Kreditinstitute (Basel II) auf eine

---

187 Die Idee, Eigenkapitalanforderungen am Urteil der Ratingagenturen auszurichten (wodurch der Staat ihnen erst die Macht überträgt, über die seine Repräsentanten, die Politiker, so oft jammern), geht zurück auf das Amerika der dreißiger Jahre. Während der Bankenkrise von 1931 hatte sich die Qualität vieler von den Banken gehaltener Papiere stark verschlechtert. Der Comptroller of the Currency, der ein Teil der amerikanischen Bankenaufsicht ist, ordnete an, dass Banken nur Papiere, die von einer der Ratingagenturen mindestens mit der vierthöchsten Note *BBB* (bis heute die Grenze des *investment grade*, alles, was darunter ist, bezeichnet man als *Junk Bonds*) bewertet wurden, zu ihrem Nominalwert bilanzieren durften – also der Summe, die am Ende der Laufzeit zurückgezahlt wird, wenn der Schuldner nicht Pleite macht. Die anderen mussten zum jeweiligen – in der Regel niedrigeren – Marktwert bilanziert und die Differenz in der Bilanz als Verlust ausgewiesen werden. 1936 verschärfte die Finanzaufsicht die Vorschrift dahingehend, dass Banken nur noch Wertpapiere mit *investment grade* halten durften. Die staatliche Aufsicht wurde also an die Ratingagenturen delegiert. Schon damals gab es Kritik an den Privilegien, die der Staat damit den Ratingagenturen in die Hand gab. Der Ökonom Melchior Palyi sagte: »Die Bestimmung des Comptrollers hat die ›anerkannten‹ Agenturen in eine strategische Position gebracht, die es ihnen erlaubt, den Markt praktisch zu kontrollieren. Die Agenturen sind keiner staatlichen oder sonstigen Kontrolle unterworfen. (...) Sie sind sehr heimlichtuerisch bezüglich der Methoden, mit denen sie zu ihren Urteilen gelangen« (»Time«, 20.6.1938.). Der Banker und Statistiker J. Harvey Wilkinson jr. schrieb in seinem 1938 veröffentlichten Leitfaden *Investment Policies for Commercial Bankers*: »Ratings basieren auf Fakten der Vergangenheit und einer willkürlichen Gewichtung verschiedender Faktoren; sie können nicht mehr, als das Vergangene repräsentieren. Es ist interessant zu beobachten, wie eng die Ratings dem Kurs einer Anleihe folgen: niedriger Kurs, niedriges Rating, hoher Kurs, hohes Rating. Würde man Ratings folgen, würde man Anleihen immer zum falschen Zeitpunkt kaufen.« Das Problem ist seit 80 Jahren das gleiche: Es gibt kein objektives Kriterium für die Ausfallwahrscheinlichkeit einer Anleihe, also nimmt der Gesetzgeber das in seinen Augen zweitbeste, nämlich das subjektive – und eben keineswegs immer unbestechliche – Urteil der Ratingagenturen.

Stärkung der Sicherheit und Solidität des Finanzsystems ab. Wesentliches Ziel der neuen Eigenkapitalregelung ist es, die Kapitalanforderungen an Banken stärker als bisher vom eingegangenen Risiko abhängig zu machen sowie neuere Entwicklungen an den Finanzmärkten und im Risikomanagement der Institute zu berücksichtigen [Hervorhebungen d. Verf.] *(...) Die fortgeschritteneren und präziseren Verfahren der Risikomessung können zu* Erleichterungen bei den Kapitalanforderungen *führen.* [Basel II] *gibt einen* flexiblen *Rahmen vor, innerhalb dessen eine Bank, unter Vorbehalt der aufsichtlichen Überprüfung, einen Ansatz verwenden kann,* der ihrer Komplexität und ihrem Risikoprofil am besten entspricht.«[188]

Die Krise, die 2007 begann, könnte man darum auch eine »Basel-II-Krise« nennen. Basel II war die Anweisung der Staaten an die Banken, wie sie mit »innovativen« Finanztechniken ihre Eigenkapitalanforderungen senken (und so die Profite erhöhen) konnten; die Banken folgten im Gleichschritt und hatten hernach alle die gleichen Probleme.

Ebenso ist Basel II eine Ermunterung, die Schuldtitel von Staaten zu kaufen, denn auch dafür müssen Banken kaum Eigenkapital vorhalten. Staatsanleihen werden nach Basel II unterteilt in solche, die ein Staat in der eigenen Währung emittiert, und solche in Fremdwährung. Beginnen wir mit dem zweiten Fall. Selbst Staaten, die sich in fremder Währung verschulden, sind – trotz des Währungsrisikos – gegenüber Unternehmen mit gleicher Bonität privilegiert. Bei einem Rating von BBB+ bis BBB– liegt die Eigenkapitalanforderung für Unternehmensanleihen bei 100 Prozent des Standardwerts von acht Prozent, bei Staatsanleihen sind es nur 50 Prozent des Standardwerts, also vier Prozent. Bei einer Kreditsumme von einer Million wären das im ersten Fall 80 000, im zweiten Fall nur 40 000 Euro. Bei einem Rating von A+ bis A– liegt die Eigenkapitalanforderung bei Staatsanleihen bei 20 Prozent des Standardwerts, also bei 1,6 Prozent, Unternehmensanleihen werden mit 50 Prozent gewichtet, was einer Eigenkapitalanforderung von vier Prozent entspricht. Staatsanleihen mit dem Rating AAA bis AA– werden mit »0 Prozent« Risiko bewertet, die Bank darf den Kauf

---

188 Bundesbank: »Basel II. Die neue Baseler Eigenkapitalverordnung« (http://www.bundesbank.de/bankenaufsicht/bankenaufsicht_basel.php)

also vollständig fremdfinanzieren. Der eigentliche Hammer ist der folgende Passus der EU-Richtlinie, mit der Basel II implementiert wurde: »Den Forderungen an den eigenen Zentralstaat und die Zentralbanken der Mitgliedstaaten wird ein Risikogewicht von 0 % zugewiesen, sofern die Forderungen auf die Landeswährung jenes Zentralstaats und jener Zentralbank lauten und in dieser Währung refinanziert sind.«[189]

Das heißt: Eine Bank der Eurozone könnte theoretisch die gesamten Staatsschulden der Euroländer in ihren Büchern haben, ohne gegen die europäische Eigenkapitalrichtlinie zu verstoßen. Man kann sich denken, dass Banken scharf darauf waren, diese »risikolosen« Anleihen zu erwerben, die sie dazu auch noch bei der EZB hinterlegen können, wann immer sie Bedarf an Zentralbankgeld haben. Auch dieser Punkt ist bei der Beantwortung der Frage zu berücksichtigen, warum die Probleme Griechenlands zu so schweren Verwerfungen an den Finanzmärkten geführt haben: Jahrelang hatte die Politik die Fiktion aufrechterhalten, Eurostaatsanleihen seien absolut risikofrei, nun galt es plötzlich nicht mehr. Die ganze Illusion brach mit lautem Krach zusammen.

Den von der Europäischen Bankenaufsicht EBA im Sommer 2011 durchgeführten Stresstest haben fast alle europäischen Geldinstitute bestanden. Warum macht man sich dann eigentlich noch Sorgen? Aus dem genannten Grund handelte es sich um einen Stresstest mit sehr wenig Stress. Denn die »Risikogewichtung« hat Folgen für die wahrgenommene Stabilität der Banken. Die erste ist, dass die sogenannte »Kernkapitalquote«, mit der Banken und Bankenaufseher operieren, überhaupt kein realistisches Bild des Risikos gibt, da sie nicht das Eigenkapital ins Verhältnis zum Gesamtvolumen der Kredite setzt, sondern zum »risikogewichteten«. Wenn aber ein Staat zahlungsunfähig ist, bedeutet das ja nicht, dass er vier, eins komma sechs oder gar null Prozent seiner Schulden nicht bezahlt, sondern 50, 60 oder 100 Prozent. Angesichts der geringen Eigenkapitalquote der Banken würde aber schon ein viel kleinerer Teil davon zu ihrer Zahlungsunfähigkeit führen. Die »Risikogewichtung« täuscht also über die tatsächlichen Risiken hinweg, und der Begriff »Kernkapitalquote«, der auf dem Konzept der »Risikogewich-

189 Amtsblatt der Europäischen Union C 227 E/257 1.2.4

tung« basiert, suggeriert – auch durch die semantische Nähe zu dem Wort »Eigenkapitalquote« – eine viel höhere Solidität des europäischen Bankensektors, als eine realistische Prüfung entdecken würde.

Auch fast alle deutschen Banken bestanden den »Stresstest« (mit Ausnahme der bankrotten Hypo Real Estate, der NordLB und der Hessischen Landesbank, die aus Protest gegen die Spielregeln zurückzog). Gefordert war eine »Kernkapitalquote« von sechs Prozent. Für die meisten kein Problem: Die Deutsche Bank etwa schaffte eine Kernkapitalquote von 8,76 Prozent, die Commerzbank 9,99 Prozent, die LBBW 8,15 Prozent. Schlusslicht war die NordLB mit 4,56 Prozent.

Wie viel die »Risikogewichtung« ausmacht, sieht man, wenn man die »risikogewichteten Aktiva«, die für den »Stresstest« herangezogen wurden, mit der gesamten Bilanzsumme vergleicht. Die Commerzbank hat eine Bilanzsumme von 771 Milliarden, als »risikogewichtete Aktiva« weist sie 267 Milliarden aus. Die LBBW hat eine Bilanzsumme von 374 Milliarden, »risikogewichtete Aktiva« von 120 Milliarden. Bei der BayernLB ist das Verhältnis 316 zu 123 Milliarden, bei der WestLB 191 zu 48. Am dramatischsten ist der Unterschied ausgerechnet beim größten deutschen Kreditinstitut, der Deutschen Bank (der laut japanischer Finanzaufsicht »systemrelevantesten Bank der Welt«[190]). Ihre Bilanzsumme beträgt 1,9 Billionen Euro, die »risikogewichteten Aktiva« nur 347 Milliarden. Ihre tatsächliche Eigenkapitalquote, das sogenannte *Leverage*, beträgt nur mickrige 1,59 Prozent.

Im Durchschnitt weisen die deutschen Kreditinstitute eine Kernkapitalquote von über neun Prozent auf – das ist die Zahl, die zu PR-Zwecken in den Vordergrund gerückt wird. Die tatsächliche Eigenkapitalquote liegt aber bei durchschnittlich zwei Prozent. Schein und Realität liegen also weit auseinander. »Während die Zahl von mehr als neun Prozent nach einer vergleichsweise soliden Eigenkapitalausstattung klingt, lässt die zweite Zahl eher Erinnerungen an extrem gehebelte Hedgefonds aufkommen«[191], urteilt Dorothea Schäfer, Bankenexpertin des Deutschen Instituts für Wirtschaftsforschung (DIW).

---

190 »Handelsblatt«, 29.12.2010.

191 Dorothea Schäfer: »*Leverage* ist das bessere Risikomaß«, in: Wochenbericht des DIW Berlin 46 / 2011, *S. 13*.

Ein Zahlungsausfall ist nicht die einzige Gefahr für die Bank. Dazu kommt das Liquiditätsrisiko, das daraus resultiert, dass Banken kurzfristig borgen, aber langfristig verleihen, gerade im Falle von Staatsanleihen.

Nehmen wir an, Paul hat sich 100 Euro von Peter geliehen, die er in drei Monaten zurückzahlen soll. Er verleiht dieses Geld für ebenfalls drei Monate an Vater Staat. In diesem Fall hat Paul kein Problem, er kann seine Schulden bei Peter mit dem Geld zurückzahlen, das er von Vater Staat in drei Monaten bekommt. Hat er Vater Staat aber für 30 Jahre geliehen und finanziert dieses Darlehen immer wieder auf Drei-Monats-Basis, muss er sich ein und dieselbe Summe in den nächsten 30 Jahren insgesamt 120mal borgen, und jedes Mal besteht die Gefahr, dass gerade kein Peter da ist, der willens und in der Lage ist, ihm das Geld zu geben.

Hier kommt natürlich wieder die EZB ins Spiel. Sie springt ein, wenn eine Bank knapp bei Kasse ist. Die Reaktion der Europäischen Zentralbank auf die Banken- und Staatsschuldenkrise könnte man als antiautoritäre Geldpolitik bezeichnen. Es gibt keine Strafen für Banken, die ihre Pflichten verletzen, sondern es soll ihnen im Gegenteil möglichst einfach gemacht werden, an Zentralbankgeld zu kommen, so dass sie schnell möglichst viel Geld in Form von Krediten in den Wirtschaftskreislauf injizieren können. Je schlechter eine Bank wirtschaftet, desto mehr wird ihr geholfen. Der in den Augen der EZB beste Weg zum Ziel der Inflation besteht darin, an die Banken möglichst niedrige Anforderungen zu stellen. Sinngemäß sagt sie: »Hier habt ihr so viel Geld, wie ihr wollt, gebt mir eure Bierdeckelsammlung oder irgendwas anderes als Sicherheit, und denkt bitte gar nicht daran, das Geld in den nächsten Monaten zurückzubringen. Vielleicht komme ich euch zwischendurch besuchen und kaufe euch einige Bierdeckel ab, damit ihr noch mehr Geld habt. Ach ja, noch was: Wenn ihr Schulden in Dollar, Schweizer Franken oder Yen habt, kann ich euch diese Währungen auch besorgen.« In der Notenbank eigenen Worten:

»Im Einzelnen umfasst der erweiterte Ansatz zur Unterstützung der Kreditvergabe fünf Maßnahmen:

1. die Bereitstellung von Liquidität an Banken in unbegrenzter Höhe zu einem festen Zinssatz gegen entsprechende Sicherheiten bei allen Refinanzierungsgeschäften,
2. die Verlängerung der maximalen Laufzeit der Refinanzierungsgeschäfte von drei Monaten vor der Krise auf ein Jahr,
3. die Ausweitung des Verzeichnisses der notenbankfähigen Sicherheiten,
4. die Bereitstellung von Liquidität in Fremdwährung (insbesondere US-Dollar) und
5. die Durchführung von Direktkäufen am Markt für gedeckte Schuldverschreibungen.«[192]

Das zitierte Dokument trägt den Titel »Der geldpolitische Kurs während der jüngsten Krise« und war eigentlich in retrospektiver Absicht geschrieben, als Beichte der Sünden, die in der »Sondersituation« 2008/2009 begangen wurden. Darum auch das Gelöbnis der Besserung:

»Das vorrangige Ziel der Preisstabilität - aufgrund dessen der geldpolitische Kurs in Reaktion auf den gedämpften Preisauftrieb während der Finanzkrise sowohl durch konventionelle als auch durch Sondermaßnahmen umgesetzt wurde - bedeutet auch, dass eine Rückkehr zu einem normaleren geldpolitischen Handlungsrahmen ein selbstverständliches Ziel ist.«[193]

Wir werden wieder normaler. Wann? Zu gegebener Zeit:

»Mit Blick auf die künftige Entwicklung werden außerordentliche Liquiditätsmaßnahmen, die nicht im gleichen Umfang wie zuvor benötigt werden, nach und nach schrittweise und zu gegebener Zeit zurückgenommen. Um jeglicher Gefahr für die Preisstabilität auf mittlere bis längere Sicht effektiv entgegenzuwirken, werden die entsprechenden Maßnahmen auslaufen, sobald dies erforderlich ist. Hierdurch wird der EZB-Rat weiterhin sicherstellen, dass die mittelfristigen Inflationserwartungen fest verankert bleiben.«[194]

192 Europäische Zentralbank: »Der geldpolitische Kurs während der jüngsten Krise«, in: Monatsbericht Januar 2010, S. 73.
193 a.a.O., S. 74.
194 a.a.O., S. 76.

Und die EZB stellt nicht nur eine Rückkehr zur Normalität in Aussicht, sie beteuert auch Einsicht. Der Inflationskurs kann nicht ewig beibehalten werden, wenn nicht alles den Bach runtergehen soll: Eine Weiterführung dieser Maßnahmen »über einen zu langen Zeitraum« würde »Verzerrungen« nach sich ziehen, und dem Bankensektor würden »keine angemessenen Anreize gegeben, die ein nachhaltiges Wirtschaftswachstum und eine stabile längerfristige Preisentwicklung fördern«.[195] Gleichwohl glaubte die EZB, dass auch nach der Rücknahme der »Sondermaßnahmen« diese weiter heilende Kräfte verströmen würden. Das war im Januar 2010. Die »außergewöhnlichen Umstände« sind inzwischen zur ewigen Krise geworden, die vermeintlichen »Sondermaßnahmen« zum normalen Tagesgeschäft. Nur radikaler wurden sie im Lauf der Zeit: Die Liste der notenbankfähigen Sicherheiten wurde immer länger, die Kriterien mithin immer lascher, ebenso die Laufzeit der Refinanzierungsgeschäfte.

Schon 2007 umfasste die Liste der von der EZB akzeptierten Sicherheiten neben den Papieren aller staatlichen und halbstaatlichen Emittenten augenscheinlich sämtliche Bausparkassen Europas, dazu Anleihen privater Banken wie der Commerzbank, hypothekenbesicherte CDOs – darunter ein von einer Zweckgesellschaft der Hypo Real Estate gegründeter CDO mit dem Namen »Rosenkavalier« und einer Laufzeit bis 2058 (!) – und die Anleihen der Athener Verkehrsbetriebe. Das reichte offenbar nicht, darum verkündete die EZB im Dezember 2011, dass sie noch schlechtere Papiere als Sicherheit in den Tresor legen werde, indem sie das erforderliche Mindestrating absenkt, das ABS erfüllen müssen, und es den nationalen Notenbanken gestattet, nach eigenem Gutdünken zusätzliche Papiere als Sicherheit zu akzeptieren.[196]

Dazu kauft EZB-Präsident Mario Draghi – der von 2002 bis 2005 Vizepräsident von Goldman Sachs in London war und sich darum mit Ramschpapieren bestens auskennt – Wertpapiere mit einer Geschwindigkeit auf, die selbst die Federal Reserve in den Schatten stellt. Es ist

---

195 Ebd.

196 »To increase collateral availability by (i) reducing the rating threshold for certain *asset-backed securities* (ABS) and (ii) allowing national central banks (NCBs), as a temporary solution, to accept as collateral additional performing credit claims (i.e. bank loans) that satisfy specific eligibility criteria.« Pressemitteilung vom 8.12.2011 (http://www.ecb.int/press/pr/date/2011/html/pr111208_1.en.html)

das, was in den USA *Quantitative Easing* genannt wird, und was es nach Aussagen führender Notenbanker in Europa niemals geben sollte. Anfang März 2012 übersprang die Bilanzsumme der EZB die Drei-Billionen-Marke. Das ist über ein Drittel des Bruttoinlandsprodukts der Eurozone, selbst die US-Notenbank, die zuerst mit Programmen wie dem *Troubled Asset Relief Program* (TARP) Schlagzeilen machte, kommt nur auf 19 Prozent des BIP.[197] Das sei »insofern ungewöhnlich, als die Federal Reserve mit ihrem Programm der quantitativen Lockerung durch einen massiven Ankauf von Staatsanleihen und anderen Wertpapieren als Inbegriff der ultra-expansiven Geldpolitik durch Geldvermehrung gilt«, stellt ein Kommentator des »Handelsblatts« – mit etwas gespielter Überraschung – fest.[198]

Die EZB engagiert sich nicht nur in einer Tätigkeit, die eher in das Feld von Investmentbanken und Hedgefonds fällt als in das einer Zentralbank, sondern sie log lange Zeit, indem sie es leugnete. Seit 2009 hat sie immer wieder behauptet, dass sie anders als die US-Notenbank nicht vorhabe, in großem Stil Wertpapiere am Markt aufzukaufen. Aber sie tat es eben doch, worüber zwischen der EZB und der Bundesbank immer wieder offene Meinungsverschiedenheiten zutage traten.

Im Oktober 2010 kritisierte der damalige Bundesbankpräsident Weber den Ankauf von Wertpapieren: Das Programm habe nicht funktioniert und müsse auslaufen.[199] »Nein!«, antwortete der damalige EZB-Chef, »das ist nicht die Position der überwältigenden Mehrheit im Rat.« Es handele sich um eine unkonventionelle Methode, um den Geldmarkt wieder zur Normalität zu führen. »Und wir werden die gesamte Liquidität, Euro für Euro, wieder abziehen, die durch dieses Programm zur Verfügung gestellt wurde.«[200] Unter den Nachfolgern von Trichet und Weber geht der gleiche Zank weiter. Der neue Bundesbankpräsident Weidmann mahnte in einem Brief an den neuen EZB-Chef Mario Draghi eine Rückkehr zu höheren Anforderungen an die

---

197 Vgl. Brian Blackstone: »Flood of Loans Reflects Rising Risk at ECB«, in »Wall Street Journal«, 6.3.2012.
198 »Euro-System-Bilanzsumme seit Krisenbeginn um 160 Prozent gestiegen«, »Handelsblatt«, 13.4.2012.
199 »Handelsblatt«, 18.10.2010.
200 Ebd.

hinterlegten Wertpapiere an, wie sie vor der Krise gegolten hatten. Der Bericht der »FAZ« sprach von einem »Brandbrief«.[201] Die EZB aber wird ihren Kurs fortsetzen, im September 2012 kündigte sie offiziell den »unlimitierten« Ankauf von Staatsanleihen an. Denn es ist das Wesen aller inflationären Politik, dass sie kein logisches Ende kennt. Eine »Normalisierung«, ein »Abziehen von Liquidität«, wird immer wieder in Aussicht gestellt, um die Kritiker zu beruhigen, findet aber niemals statt. Jedes neue Inflationsprogramm wird als die Maßnahme dargestellt, die die Krise endgültig beenden wird. In Wahrheit reicht die Wirkung nicht über einen Publicity-Effekt hinaus: Für ein paar Tage oder Wochen steigen die Aktienkurse, manchmal aber auch nur für ein paar Stunden – oder gar nicht. Das Problem der Überschuldung – nicht nur der Staaten, sondern auch der privaten Haushalte – in Südeuropa wird durch mehr Schulden nicht gelöst. Stattdessen schafft die Geldvermehrung immer neue Unsicherheit. Denn alle monetären Maßnahmen verzerren die Aussagekraft wirtschaftlicher Daten und haben die Tendenz, sich selbst rückgängig zu machen. Die Inflation von heute ist, um es noch einmal zu sagen, die Deflation von morgen.

Man braucht nicht über ausgefeilte Analysemethoden zu verfügen, um vorauszusehen, dass spätestens im Jahr 2013 die folgende Frage auftauchen wird: Was passiert eigentlich, wenn die eine Billion Euro, die die EZB den Banken zur Jahreswende 2011/2012 zu einem Zinssatz von einem Prozent für die Dauer von zwei Jahren zur Verfügung gestellt hat, Anfang 2014 zurückgezahlt werden müssen? Was jetzt eine Blutinfusion war, wird dann zu einem Aderlass. Was wird die EZB wohl tun, wenn diese Aussicht zu neuer Angst führt? Natürlich: Sie wird schon lange, bevor das Eine-Billion-Euro-Programm ausläuft, eine Verlängerung – und vielleicht sogar Aufstockung – verkünden. Und so setzen sich die inflationären Maßnahmen immer weiter fort, und ihr Kaliber wird immer größer.

»Dicke Bertha« nennt Draghi sein Inflationsprogramm. »Bazooka« war es vorher genannt worden, aber die sei kein passender Namensgeber, fand der EZB-Präsident: »Er habe sich immer gefragt, warum sich

201 »EZB-Chef Draghi: Bundesbank war nie isoliert«, »FAZ«, 8.3.2012.

ausgerechnet ein so kleinkalibriges Schießgerät als Bild durchgesetzt habe«[202], sagte er Reportern. Dem französischen Finanzminister François Baroin war auch das zu wenig, er fordert eine monetäre »Atombombe«.[203] Gibt es noch irgendeinen Zweifel daran, dass die europäische »Rettungs«-Politik von Irren bestimmt wird – und dass sie zu nichts anderem führen kann als zu einer vernichtenden Katastrophe?

Hat Basel III die Staatsschuldenkrise begünstigt?

Das Paradoxe an der Politik ist, dass im selben Moment, wo die Zentralbanken mit immer neuen Mitteln versuchen, die Banken zu einer neuerlichen Kreditexpansion zu bewegen – also zu *mehr Risiko* –, die Regierungen Maßnahmen beschlossen haben, um die Banken zu einer *weniger* riskanten und *weniger* expansiven Kreditvergabe anzuhalten. Als Lehre aus der Finanzkrise wurde der Basel-II-Katalog Mitte 2009 um einige Zusatzkriterien ergänzt (»Basel 2.5«), Ende 2010 folgte eine grundlegende Überarbeitung: Basel III. Schrittweise sollen bis 2019 deutlich strengere Eigenkapitalregeln eingeführt werden, darunter eine *Leverage*-Ratio, die für das Eigenkapital ein noch zu bestimmendes Verhältnis zu den *ungewichteten* Risikoaktiva vorsieht. Zudem sollen Banken in guten Zeiten Kapitalpuffer aufbauen, von denen sie in der Krise zehren können.

Das ist, zumindest dem Prinzip nach, eine Abkehr von der »Erlaubt ist, was gefällt«-Politik, die in der Vergangenheit galt. Aber woher soll das zusätzliche Kapital für die höheren Anforderungen kommen? Wenn die einbehaltenen Gewinne nicht ausreichen, um eine solche Position aufzubauen, müssen die Banken entweder mehr Kapital aufnehmen, indem sie neue Aktien emittieren (einige Banken haben das bereits getan), sich von Positionen trennen oder aber: weniger Kredite vergeben.

Das ist ein Dilemma der Eurokrise, das vielen Politikern und jenen Journalisten, die die angeblich hohen Zinsen beklagen, die Staaten wie Spanien für ihre Anleihen bezahlen müssen, nicht bewusst zu sein

202 »Zweiter Auftritt von Draghis ›Dicker Bertha‹«, »FAZ«, 25.2.2012.
203 »Wer mit der Bombe spielt«, »FAZ«, 29.3.2012.

scheint: Man kann entweder eine Politik verfolgen, die Banken sicherer zu machen, d. h. sie zu einer Verringerung der Kreditvergabe anhalten, was auch höhere Zinsen für einige Großschuldner bedeutet. Oder man kann sie dazu auffordern, mehr Darlehen zu vergeben. Aber beides gleichzeitig geht nicht.

Hat Basel III die Staatsschuldenkrise ausgelöst? Gewiss haben die etwas strengeren Vorschriften sie nicht *verursacht*, das haben die Regierungen und Notenbanken ganz allein geschafft. Aber man kann die Frage stellen, warum die Sorgen um Griechenland ausgerechnet zur Jahreswende 2009/2010 begannen. Zum einen war da natürlich das im Oktober 2009 bekannt gewordene Eingeständnis, dass Griechenlands vergangene Haushalte geschönt gewesen seien und das Haushaltsdefizit in Wirklichkeit doppelt so hoch sei; auch die – inzwischen schon fast vergessene – Dubaikrise im Dezember 2009, die das Thema »Staatsbankrott« wieder ins Bewusstsein gerückt hat, hat eine Rolle gespielt. Aber die Nachricht von den neuen Eigenkapitalvorschriften, die die Banken zur Verringerung der Kreditvergabe zwingen, war mit Sicherheit auch ein wichtiger Grund für die Eskalation. Es war nämlich just im Dezember 2009, dass der Basler Ausschuss in einem Konsultationspapier erste Hinweise auf die neue Marschrichtung gab. Schon wenige Tage später kursierten erste Schätzungen, wonach die europäischen Banken bis zu eine Billion Euro mehr Kapital bräuchten, um den neuen Regeln Genüge zu tun. Da konnte sich jeder ausrechnen, ob sie sich den Luxus, Kredite an Pleitestaaten zu vergeben, noch leisten können. Die Zwickmühle aller international gültigen Eigenkapitalvorschriften: Einerseits sollen des Wettbewerbs wegen für alle die gleichen Regeln gelten; andererseits führt dies dazu, das Verhalten der Banken zu synchronisieren.

Im alten Rom war es den Truppen verboten, im Gleichschritt über eine Brücke zu marschieren. Man hatte nämlich herausgefunden, dass die dabei entstehenden Schwingungen, wenn sie mit der Eigenfrequenz der Brücke übereinstimmen, zu deren Einsturz führen können; Resonanzkatastrophe nennt man das. Ebenso können staatliche Vorschriften für die Banken unter bestimmten Bedingungen zu Resonanzkatastrophen an den Finanzmärkten führen, wenn sie zur Folge haben, dass alle ihre Kreditportfolios auf dieselbe Art strukturieren.

200 Jahre Keynesianismus

Keynes ist zweifellos der einflussreichste (nicht der beste) Ökonom der letzten hundert Jahre. Das hat damit zu tun, dass er gar nicht als Ökonom behandelt wird, sondern als religiöse Autorität. Er sanktioniert das, was Regierungen ohnehin am liebsten tun: Schulden machen. Wenn der Professor sagt, dass es gut ist, wer würde dann etwas dagegen haben? Eines können wohl selbst seine Jünger nicht leugnen: das merkwürdige Missverhältnis zwischen der Anbetung, die Keynes von Politikern und Journalisten zuteilwird, und der doch sehr geringen Zahl der politischen Reden und publizistischen Beiträge, in denen tatsächlich auf sein Hauptwerk *Allgemeine Theorie der Beschäftigung, der Zinsen und des Geldes* Bezug genommen oder gar daraus zitiert wird. Keynes' Werk kennt man scheinbar, ohne sich mit ihm zu beschäftigen. Damit erfüllt es Mark Twains Definition eines Klassikers: »ein Buch, das man gelesen haben möchte, aber nicht lesen will« bzw. »das man preist, aber nicht liest«. Dieses Missverhältnis zeigt, dass es in Wahrheit nicht das Produkt ist, das man bei Keynes kauft, sondern das Firmenschild. Schon das Aussprechen seines Namens hat magische Wirkung und ersetzt die Argumente: »Die Regierung sollte mehr Geld für den deutschen Steinkohlebergbau ausgeben.« – »Warum?« – »Keynes!« Die eigentlich von Keynes produzierte Ware – seine Zinstheorie, der Begriff »Liquiditätspräferenz« und eine Unmenge an mathematischen Formeln und Diagrammen (die Mathematisierung der ökonomischen Lehre, die Ökonometrie, setzte in den 1930er Jahren mit Macht ein) – hingegen liegt wie Blei in den Regalen. Das, was mit Keynes heute verbunden wird, eine Unterkonsumtionstheorie und der damit verbundene Ruf nach Staatsausgaben, stammt indessen gar nicht von Keynes, und das hätte er selbst auch nicht behauptet. Im Gegenteil enthält das

23. Kapitel der *Allgemeinen Theorie* eine Art geistige Ahnenreihe, die Keynes bis ins 15. Jahrhundert zurückverfolgen kann; der Leser erfährt, dass man sich schon im Italien des Jahres 1426 vor Billigimporten und »Geldknappheit« fürchtete. Es ist wie mit anderen Theorien, die nicht verschwinden, obwohl sie nicht nur durch die Logik, sondern auch durch die Wirklichkeit ständig widerlegt werden (wie etwa dem jahrhundertealten Vorurteil, dass »die Maschinen den Menschen die Arbeit wegnehmen«).

In der Neuzeit waren es die beiden Aristokraten Sismondi und der vor allem für seine (Über-)Bevölkerungstheorie bekannte Thomas Malthus, die die These von der »Überproduktion« bzw. »Unterkonsumtion« wieder ins Gespräch brachten. 1819 erschien Sismondis *Neue Prinzipien der politischen Ökonomie*, im folgenden Jahr Malthus' *Prinzipien der politischen Ökonomie*. Beide Bücher kamen also fast zur selben Zeit auf den Markt. Ein Zufall? Nein. 1815 waren die Napoleonischen Kriege zu Ende gegangen (die man im 19. Jahrhundert den »Weltkrieg« nannte) und mit ihnen eine lange Periode der Inflation. In Preußen kursierte Papiergeld (»Papiergeld ist in vielen Ohren ein so furchtbarer Ton, dass sie schon bei dem bloßen Namen desselben erschrecken«, heißt es im Brockhaus Conversations-Lexikon von 1820) unter dem Namen »Tresorscheine«. Auf die Inflation folgte eine Deflation. Eine solche allgemeine Wirtschaftskrise hatten die damaligen Menschen noch nicht erlebt, und da es niemanden gab, der sie ihnen korrekt erklärte, fiel der Mythos der »Überproduktion« bzw. der »Geldknappheit«, der bei einem gewissen Schlag von erfolglosen Fabrikanten (der meint, dass der Staat ihn vor der Konkurrenz schützen und Maßnahmen zum besseren Verkauf seiner Waren ergreifen müsse) ohnehin immer im Schwange ist, auf fruchtbaren Boden. Sismondi und Malthus wandten sich gegen das von Jean-Baptiste Say 1802 begründete Gesetz, wonach durch neue Produktion gleichzeitig neue Nachfrage geschaffen wird, weswegen es nie eine *allgemeine* Überproduktion geben kann – sehr wohl aber kann es eine Überproduktion *bestimmter* Güter geben, bei *gleichzeitiger Unterproduktion* anderer, also eine Disproportionalität der Produktion. (Keynes behauptete in seiner *Allgemeinen Theorie*, Says Gesetz zu widerlegen, nachdem er es in die aberwitzige Form gebracht hatte, die lautet: *Jedes* Angebot schaffe sich seine *eigene* Nachfrage, was klingt, als könne jeder Unternehmer seine Waren jederzeit kostendeckend verkaufen, unabhängig davon, was er produziert.)

Da Malthus und Sismondi erklären mussten, wo denn das Geld versickert, wenn es angeblich plötzlich zu wenig davon gibt, kamen sie auf das Sparen. Es führe nicht nur zu einem Ausfall an Nachfrage, sondern auch zu Investitionen, welche dann eine noch höhere Produktion nach sich zögen, die dann schon gar keiner mehr kaufen könne.

Die typischen Fehler der Überproduktionstheoretiker: Sie übersehen, dass die Nachfrage nach Kapitalgütern ebenfalls ein Teil der Gesamtnachfrage ist und dass, selbst wenn jemand jahrelang Geld unter seiner Matratze hortete, dies nicht zu einem Nachfrageausfall führen würde, da die Kaufkraft des verbleibenden Geldes steigen würde; vor allem aber leiden sie an einem katastrophalen Irrtum darüber, was eigentlich »Nachfrage« und »Ausweitung der Produktion« bedeuten. Sie stellen sich die Nachfrage als eine Konstante vor (während sie in Wirklichkeit durch die neue Produktion steigt) und glauben, dass Investitionen dazu führen, dass auf dieselbe Weise mehr produziert wird – zum selben Preis. Der kapitalistische Weg der Expansion ist aber das Einschlagen größerer Produktionsumwege – also höhere Produktivität –, was bedeutet, dass nicht nur *mehr* produziert wird, sondern *billiger*, was die *Reallöhne steigen* lässt und es automatisch mit sich bringt, dass eine größere Menge des betreffenden Artikels gekauft wird. »Der schnelle Verkauf von Waren, die dank schneller Produktionsmethoden zu einem niedrigen Preis angeboten werden, beweist, dass die Produktionskosten in Wahrheit das Hindernis für den Verkauf von Gütern sind«, schrieb Say an Malthus, und *»wann immer es eine Schwemme, ein Überangebot von vielen verschiedenen Gütern gibt, dann ist es, weil andere Artikel nicht in ausreichender Menge hergestellt werden, um gegen jene ausgetauscht zu werden; und wenn die, die die letzteren herstellen, mehr davon, oder andere Güter, produzieren könnten, würden die ersteren die Abzugsöffnung finden, die sie benötigen; kurz: der Überfluss der Güter der einen Sorte entsteht durch das Defizit der anderen.«*[204]

---

204 Jean-Baptiste Say: Erster Brief an Malthus, in: *Letters to Mr. Malthus, and a Catechism of Political Economy*, London 1821.

Say argumentierte, dass die Vereinigten Staaten von Amerika nur deshalb nicht alle angebotenen europäischen Manufakturwaren kaufen könnten, weil sie von ihren eigenen Produktionspotenzialen noch keinen vollen Gebrauch machten – zu einem Zeitpunkt in der Zukunft würden sie aber ein Vielfaches an Baumwolle, Tabak, Zucker und Reis produzieren und dann auch ein Vielfaches an europäischen Waren kaufen, prognostizierte er hellsichtig.

Malthus hingegen wollte die Wirtschaftskrise auf dieselbe Weise bekämpfen wie Regierungen gut hundert Jahre später – durch öffentliche Arbeiten: *»Es ist auch wichtig zu wissen, dass bei dem Bestreben, den arbeitenden Klassen in einer Periode wie der jetzigen beizustehen, es wünschenswert ist, sie in unproduktiven Arbeiten anzustellen oder zumindest in Arbeiten, deren Resultat nicht zum Verkauf auf den Markt kommt, wie etwa Straßenbau und andere öffentliche Arbeiten.«*[205] Das Lob unproduktiver Tätigkeit ist ein Kennzeichen aller keynesianischer, vor- und nachkeynesianischer, Lehre (Malthus meinte sogar, dass es »unproduktive Konsumenten« geben müsse, woran man die Überlegung knüpfen könnte, ob die Unterkonsumtionstheorie nicht eine Legitimationsideologie des Adels ist). Als die Nachkriegsdepression 1823 endete, sah Malthus seinen Irrtum ein, während Sismondi dabei blieb und sich auf einen Bauernhof zurückzog, wo er, wie Murray Rothbard in seiner Geschichte der ökonomischen Theorie schreibt, *»auf seine eigene schrullige Art gegen Überproduktion kämpfte: Er stellte sicher, dass die Produktion so niedrig wie möglich blieb, indem er die schwächsten Arbeiter auf dem Hof beschäftigte und sein Haus absichtlich von einem inkompetenten Handwerker reparieren ließ. Man fragt sich, warum er bei dem Versuch, das exemplarische Leben der Unterproduktion zu führen, nicht den ganzen Weg gegangen ist und das Arbeiten und Produzieren ganz eingestellt hat.«*[206]

Ein Jahrhundert später eroberte die Lehre von der angeblich fehlenden Nachfrage die USA. Es war aber nicht Keynes, der sie als Erster dorthin

---

205 Thomas Malthus: *Principles of Political Economy Considered With a View to Their Practical Application*, London 1820, S. 511.

206 Murray Rothbard: *An Austrian Perspective on the History of Economic Thought*, Auburn 2006, Bd. II, S. 34.

brachte, sondern zwei Leute, die Keynes in seiner Ahnenreihe auffälligerweise nicht erwähnt – die aber damals als die Erfinder der staatlichen Konjunkturpolitik galten: die amerikanischen Publizisten Waddill Catchings (1879–1967) und William Trufant Foster (1879–1950). Catchings war Jurist und Bankier und hatte sich vor dem Ersten Weltkrieg einen Namen als geschickter Sanierer von bankrotten Konzernen gemacht. Tätigkeiten in der Stahl-, der Elektro- und der Autoindustrie gaben ihm Einblicke in viele Bereiche des Wirtschaftslebens. Angeregt durch die Depression von 1920 begann er, sich mit Konjunkturzyklen zu beschäftigen, und gründete die *Pollak Foundation for Economic Research*. Catchings verfügte über großen Antrieb, Scharfsinn und auch viel Geld, es fehlte ihm allerdings literarisches Talent. Das hatte sein Freund Foster, mit dem er zur Jahrhundertwende in Harvard studiert hatte.

1925 veröffentlichten sie das Buch *Profits*. »Warum«, fragten sie im Vorwort, »ist es der Bevölkerung in ihrer Eigenschaft als Konsument nicht möglich, die Güter zu erwerben und zu genießen, die sie als Produzent fähig und willens ist zu produzieren?« Auch sie kamen auf das Sparen als den angeblichen Verursacher des angeblichen Übels – dabei hätte ihnen, wenn sie sich mit der Funktionsweise des Teilreservesystems der Banken befasst hätten, klar werden müssen, dass die Banken aus jedem gesparten Dollar mindestens zehn Dollar Kreditgeld machen. Die Lösung des fiktiven Problems präsentierten sie 1928 auf 200 Seiten in Form eines fiktionalen Textes: *Der Weg zum Überfluss. Grundlinien für den Wohlstand aller.*[207] Ein idealistischer Abgeordneter, ein kluger Geschäftsmann, ein vorwitziger Seidenwarenfabrikant, ein bornierter Ökonomieprofessor und ein Menschenfreund diskutieren während einer Eisenbahnfahrt die Ursache von Depressionen und kommen, da ihnen keine andere Erklärung einfällt, schnell auf »fehlende Nachfrage«. Dagegen lässt sich etwas tun, meint einer von ihnen. Auf Seite 175 kann sogar der bis dahin mit allerlei Einwänden auftrumpfende Professor davon überzeugt werden, »dass es einen Weg zum Überfluss gibt«, zwanzig Seiten später gibt der Geschäftsmann die Anweisung für die Politik: Wasserstraßen, Häfen, Staatsstraßen, Parkanlagen und Dämme

207 *Der Weg zum Überfluss. Grundlinien für den Wohlstand aller*, Leipzig 1929.

bauen. Die dafür aufzunehmenden Schulden schuldeten die Bürger ja nur »sich selbst«. Soweit die Theorie.

Die praktische Anwendung folgte prompt. Am 6. November 1928 wurde Herbert Hoover zum Präsidenten gewählt. Zwei Wochen später stellte Ralph Brewster, der Gouverneur von Maine, in Hoovers Namen den von Catchings und Foster ersonnenen Plan bei einer Gouverneurskonferenz in New Jersey vor. Dies sei sein Konzept für dauerhaftes Wirtschaftswachstum und die »Abschaffung der Armut«, verkündete Hoover und gab ihm den Namen »Jobreserve«. Schon vor den ersten Anzeichen eines Wirtschaftsabschwungs sollten die Bundesstaaten einen Fonds von drei Milliarden Dollar anlegen und einen Katalog, der aufführt, welche staatlich finanzierten Arbeiten (es handelt sich stets um Bauarbeiten) im Falle eines Abschwungs in Gang gesetzt werden sollten. Die Mittel sollten dann zur Verfügung gestellt werden, wenn die vom Staat zu erstellenden Indizes eine Abschwächung der Konjunktur anzeigten – genau so, wie Catchings und Foster es in ihrem Buch vorgeschlagen hatten.

Als Roosevelt 1933 sein Amt antrat, hatten die USA also das erste Stück des Weges, der zum Überfluss führen sollte, bereits zurückgelegt. Auch in der neuen Administration hatten Catchings und Foster Anhänger – obwohl Roosevelt noch 1928 in sein Exemplar von *Road to Plenty* die Notiz geschrieben hatte: »Zu schön, um wahr zu sein. Man kann nicht etwas für nichts erlangen.«[208] Doch Zeiten und Menschen ändern sich. Zu einem der wichtigsten Ingenieure von Roosevelts *New Deal* wurde Notenbankchef Mariner Eccles. In seinen Memoiren schrieb Eccles später, dass ihm klar geworden sei, dass es nur »einen einzigen Weg gab, um aus der Depression herauszukommen: durch staatliches Handeln, das Kaufkraft in die Hände derer brachte, die sie benötigten«. Wie Eccles' Biograph Sidney Hyman[209] schreibt, habe sich der konservativ erzogene Bankier und Mormone nur langsam mit dieser Idee angefreundet. Die gründliche Lektüre von *Road to Plenty* im Jahr 1931 habe dabei eine wichtige Rolle gespielt.

---

208 Vgl. Amity Shlaes: *The Forgotten Man*, a. a. O. S. 35

209 Sidney Hyman: *Beckoning Frontiers. Public and Personal Recollections. Mariner S. Eccles*, New York 1951.

Und was war mit Keynes? Dessen Hauptwerk erschien erst 1936, acht Jahre nach *Der Weg zum Überfluss*. Das, was heute landläufig in Parlamenten und Talkshows als »Keynesianismus« verkauft wird, geht in der Regel nicht über das hinaus, was Foster und Catchings schon 1928 sagten: »*When business begins to look rotten, more public spending.*« Man kann sagen: Erst durch Foster und Catchings wurde Keynes zum Keynesianer.[210] Den Kern seiner *Allgemeinen Theorie* haben andere ersonnen.

Anders als die heutigen Anhänger von staatlichen Konjunkturprogrammen sannen Foster und Catchings allerdings auch nach Wegen, wie man ihre Ideen in Krisenzeiten ohne Schulden oder neue Steuern verwirklichen könne, und schlugen vor, dass der Staat in guten Zeiten Rücklagen bilden solle, die er im Falle eines Abschwungs angreifen könne. So macht es ein Privatmann, der dann, wenn er mehr produziert, als er konsumiert, etwas auf die hohe Kante legt, um es später konsumieren zu können. Der Staat kann so nicht verfahren. Abgesehen davon, dass es sich längst eingebürgert hat, dass er auch in den besten Jahren Schulden macht, ist es eine Täuschung, im Staat einen *Deus ex machina* zu sehen, der von außen in die Wirtschaft eingreift, so, als hätte er Zugriff auf einen anderen Planeten, den er nutzen kann, um die Erde mit den nötigen Mitteln zu versorgen. In Wirklichkeit kann er nur auf die Ressourcen zugreifen, die er in der existierenden Wirtschaft vorfindet. Durch sein Eingreifen verschärft er die Knappheit an Kapital,

---

210 In seinem 1919 veröffentlichten Buch *The Economic Consequences of the Peace* hatte sich Keynes noch als entschlossener Kämpfer gegen Inflation präsentiert: Lenin, behauptet er darin, solle erklärt haben, dass der »beste Weg zur Vernichtung des kapitalistischen Systems« die »Zerstörung der Währung« sei. Durch einen »kontinuierlichen Prozess der Inflation« könnten Regierungen »insgeheim und unbeobachtet einen großen Teil des Reichtums ihrer Bürger konfiszieren«. Durch diese Methode »konfiszieren sie nicht nur, sondern sie konfiszieren willkürlich, und während dieser Prozess viele verarmen lässt, macht er andere reicher«. Jene, denen dieses System einen unverhofften Gewinn bringe, der weit über ihren Erwartungen liege, würden zu »Profiteuren« und für die »Bourgeoisie, die durch die Inflation ebenso verarmt ist wie das Proletariat«, zum Gegenstand des Hasses. *»Indem die Inflation voranschreitet und der Wert der Währung von Monat zu Monat wild hin- und herschwankt, werden alle permanenten Beziehungen zwischen Schuldner und Gläubiger, welche letztlich die Basis des Kapitalismus bilden, so in Unordnung gebracht, dass sie beinahe bedeutungslos werden und der Prozess der Vermögensbildung zu Glücksspiel und Lotterie degeneriert (...) Der Prozess bringt alle versteckten Kräfte der ökonomischen Gesetze auf die Seite der Zerstörung und tut dies auf eine Weise, die nicht einer von einer Million zu diagnostizieren in der Lage ist (...) Lenin hat sicherlich recht, es gibt keinen subtileren, sichereren Weg, die Basis der Gesellschaft umzustülpen, als die Währung zu zerstören.«* John Maynard Keynes: *The Economic Consequences of Peace*, New York 1920, S. 145.

das notwendig ist, um die zukünftige Produktionsstruktur zu errichten. Diese zukünftige Struktur muss eine an das geänderte Konsumpräferenzmuster angepasste sein und ist gleichzeitig produktiver als die vorherige (da die Zahl der Arbeitskräfte begrenzt ist, ist höhere Produktivität – durch Mehreinsatz von Kapital im Verhältnis zur Arbeit – ohnehin die einzige Möglichkeit, die Produktion zu steigern), was bedeutet, dass es nicht so ist, dass die alte Wirtschaftsstruktur einfach nur vergrößert werden müsste, ihrer Form nach aber beibehalten werden

»In Wirklichkeit bedeuten Konjunkturprogramme das künstliche Alimentieren von Fehlinvestitionen, auf Kosten des gesunden Teils der Wirtschaft, der dafür zahlt.«

könnte. Während der Krise findet eine notwendige Umsortierung von Kapital und Arbeitskräften statt. Ebendiesen Prozess versucht der Staat durch sein Eingreifen zu hemmen; er möchte die alte, von den Konsumenten nicht mehr gewollte Struktur »stabilisieren«, ebenjene, die die Krise überhaupt erst herbeigeführt hat. Schon seit den zwanziger Jahren wird dabei oft vom »Ankurbeln« der Wirtschaft gesprochen, eine Metapher, die von den damaligen Autos herrührt und suggeriert, dass die Konjunktur wie das Auto nach dem einmaligen Ankurbeln laufen wird. In Wirklichkeit bedeuten Konjunkturprogramme das künstliche Alimentieren von Fehlinvestitionen, auf Kosten des gesunden Teils der Wirtschaft, der dafür zahlt. Chronische Instabilität ist die Folge; da kein Konjunkturprogramm den erhofften Effekt hat, folgen immer weitere.

Politiker scheinen dabei zu glauben, »die Wirtschaft« wäre ein homogenes Gebilde, das man wie eine Pflanze durch Gießen und Düngen zu Wachstum anregen könne. Es ist klar, dass das nicht so sein kann. Das Problem der *arbeitsteiligen Produktion* ist eigentlich das offensichtlichste aller ökonomischen Probleme – doch wie die Polizisten in einigen Kriminalromanen neigen Politiker dazu, das Einfachste und Elementarste zu übersehen. Hätten Menschen nur einen einzigen Konsumwunsch, der von genau einem Produkt befriedigt würde, das auf eine Art hergestellt wird, die alle Mitglieder der Gesellschaft beherrschen, dann gäbe es niemals unfreiwillige Arbeitslosigkeit. Sie wird durch Arbeitsteilung und Spezialisierung überhaupt erst möglich. Denn Menschen haben unendlich viele und wechselnde Bedürfnisse, darum sind hochgradig spezialisierte Kapitalgüter und Fertigkeiten notwendig, um sie zu befriedigen. Um krisenfrei zu funktionieren, muss die gesamte, unendlich diversifizierte und über den ganzen Erdball verteilte Produktion kompatibel mit den Konsumpräferenzen sein. Entweder passt sich die Produktion immer wieder dem (sich ändernden) Konsum an, oder der Konsum müsste der Produktion angepasst, also rationiert und auf einer bestimmten qualitativen Stufe eingefroren werden, wie in einer Kriegswirtschaft. Heute zu versuchen, ökonomische Strukturen wiederzubeleben, die im Jahr 2007 unter der Illusion des unbegrenzten Kredits als optimal galten, wäre so, als hätte man in den USA des Jahres 1934 das Vorkrisenjahr 1928 als das anzustrebende Ideal auserkoren. (Natürlich gab es auch damals viele, die genau dies taten. Man stelle sich vor, es wäre ihnen gelungen.)

Was macht Keynes' Doktrin für Politiker aller Couleur so reizvoll? Ihre vielseitigen Anwendungsmöglichkeiten; dass er es nämlich ausdrücklich freistellt, wofür das Geld ausgegeben wird, solange es nur genug ist. Dadurch können alle Arten von Klientelinteressen bedient werden, immer im Namen des gesamtgesellschaftlichen Wohls. Dabei hat der Keynesianismus keinen einzigen Erfolg vorzuweisen. Im Gegenteil, dort wo eine solche Politik betrieben wurde, wie in den USA der dreißiger Jahre oder in Japan seit Beginn der neunziger Jahre, wurden dadurch überhaupt erst die nicht endenden Krisen geschaffen. Darum hätte man eigentlich schon Mitte der dreißiger Jahre sagen können: »Es wurde ausprobiert und hat nicht funktioniert.« Doch Keynesianer haben ein Standardargument, diesen Vorwurf zu parieren. Sie entgegnen stets, die Ausgaben seien eben immer noch zu gering gewesen. Ihr Glücksfall war der Zweite Weltkrieg. Ein Jahrzehnt staatlicher Konjunkturprogramme hatte die Krise nicht beendet, doch der Krieg, davon sind viele bis heute überzeugt, habe es geschafft. Mit ihm kam der Mythos auf, die Rüstungsausgaben hätten nicht nur den militärischen Feind, sondern auch die Depression besiegt. »New York Times«-Kolumnist Paul Krugman, der derzeit wichtigste Propagandist großflächigen staatlichen Geldausgebens, sagt: »Welche Rolle spielt es, dass das Geld in die Rüstung gesteckt wurde und nicht in zivile Investitionsprogramme? In wirtschaftlicher Hinsicht nicht die geringste: Die Ausgaben förderten die Nachfrage, und nur darauf kommt es an.«[211]

Was aber haben der Krieg und die dafür notwendigen Staatsausgaben in den USA tatsächlich ökonomisch bewirkt? Die Arbeitslosigkeit sank, weil zehn Millionen Menschen zum Militärdienst oder zur Arbeit in den Rüstungsfabriken herangezogen wurden. Die Wirtschaft wurde auf Kriegswirtschaft umgestellt und produzierte nicht mehr das, was die Konsumenten wünschten, sondern das, was der Staat brauchte: Panzer, Schiffe, Flugzeuge, Gewehre und Munition. Davon produzierte sie, das lässt sich nicht in Abrede stellen, eine nie da gewesene Menge. Aber mögen diese Güter auch die Nazis und Japaner besiegt haben, so besitzen die meisten von ihnen doch keinerlei zivilen Wert, weswegen es auch keine Basis für einen Vergleich zwischen der Wirtschaft vor und nach 1941 gibt. Während des Krieges arbeiteten die Amerikaner länger und konnten weniger kaufen; viele Konsumgüter waren nicht erhältlich oder rationiert und nicht für Geld, sondern nur gegen Bezugsscheine zu erhalten. Was es gab und was den Mythos vom die Depression beendenden Krieg in die Welt brachte, waren (militärische) Beschäftigung für vormals Arbeitslose, höhere Löhne (für die man aber weniger kaufen konnte) und patriotischer Elan statt des vorherigen Pessimismus. Es gab aber weniger zivile Güter, weniger Kapitalbildung und einen beschleunigten Verschleiß des bestehenden Kapitalstocks und der Immobilien. Was man in Friedenszeiten erneuert hätte, musste einfach noch etwas länger halten. Der ökonomische »Erfolg« des Krieges lässt sich also nicht in ökonomische Kategorien fassen, sondern war zuallererst psychologischer Natur. Er brachte keinen Wohlstand, sondern lediglich die Aussicht darauf: »Die Leute begannen zu denken: Wenn wir all diese Flugzeuge, Schiffe und Bomben produzie-

211 Paul Krugman: *Vergesst die Krise. Warum wir jetzt Geld ausgeben müssen*, Frankfurt a. M. 2012, S. 52f.

ren können, dann können wir auch ungeheure Mengen an Autos und Kühlschränken herstellen.«[212]

So kam es auch, aber erst *nach* dem Krieg; erst als das Staatsbudget zusammengestrichen wurde und dadurch wieder Kapazitäten für zivile Produktion freiwurden, war die Depression wirklich zu Ende.

Niemand hat je bestritten, dass der Staat über die Möglichkeit verfügt, alle Arbeitslosen auf eine vom Staat festgelegte Weise zu beschäftigen. Die Schwierigkeit besteht darin, die ökonomischen Ressourcen so zu nutzen, dass das Maximum der von den Konsumenten gewünschten Güter hergestellt wird. Das war während der Mangeljahre des Krieges eindeutig nicht der Fall. Aber zu solchen Überlegungen lassen Keynesianer sich nicht hinreißen. Wider jede Vernunft predigen sie nutzloses Geldausgeben, sehen in jedem Krieg, in jedem Terroranschlag, in jeder Naturkatastrophe eine Stützung der Konjunktur. Paul Krugman ist der Osama bin Laden der Wirtschaftstheorie. In einer Kolumne, die er drei Tage nach dem Terror des Elften September veröffentlichte, lobte er die Anschläge als wertvolle keynesianische Maßnahme: »*Die treibende Kraft hinter dem Wirtschaftsabschwung war der Einbruch der Unternehmensinvestitionen. Nun brauchen wir plötzlich einige neue Bürogebäude. Wie ich bereits angedeutet habe, ist die Zerstörung nicht groß im Verhältnis zur Gesamtwirtschaft, aber der Wiederaufbau wird zumindest einen gewissen Anstieg der Unternehmensausgaben bewirken.*«[213]

Das ist, in Reinform, der Trugschluss, den der französische Philosoph und Ökonom Frédéric Bastiat (1801–1850) in der »Parabel vom zerbrochenen Fenster« 1850 beschrieben hat, die Henry Hazlitt hundert Jahre später populär machte[214]: Ein Junge wirft die Fensterscheibe eines Bäckers ein und verschwindet. Eine Menschenmenge sammelt sich an dem mit Scherben bedeckten Ort. Zuerst schimpfen alle auf den Übeltäter, dann fangen sie an zu philosophieren: Hat die kaputte Scheibe nicht etwas Gutes? Was würde sonst aus dem Geschäft des Glasers? Der Glaser hat jetzt Mehreinnahmen; die wird er

---

212 Robert Higgs: *Depression, War, and Cold War. Challenging the Myths of Conflict and Prosperity*, Oakland 2006, S. 97.

213 Paul Krugman: »Reckonings; After the Horror«, »New York Times«, 14.9.2001.

214 In seinem brillianten Buch *Economics in One Lesson* (1946).

ausgeben, dann hat auch ein anderer mehr Geld. Die Sache zieht immer weitere Kreise; wenn man sie immer weiter denkt, profitieren schier unendlich viele von der Zerstörung der Fensterscheibe, und es wäre schlimm gewesen, wenn der Junge sie nicht eingeworfen hätte. Eigentlich ist die ganze Gesellschaft ihm zu Dank verpflichtet, oder? Es handelt sich um einen keynesianischen Trugschluss: Nur die *unmittelbaren, sichtbaren* Folgen werden in die Untersuchung einbezogen, nicht aber die indirekten oder weiter in der Zukunft liegenden schädlichen Konsequenzen.

Sie sehen den Gewinn des Glasers, und dieser Gewinn, das ist unbestritten, ist ein echter. Es gibt aber auch das, was man nicht sieht. Der Bäcker hätte das Geld, das ihn die neue Scheibe kostet, lieber für etwas anderes ausgegeben, z. B. für einen neuen Mantel, und der Schneider macht nun kein Geschäft. Dasselbe gilt für jede staatliche Ausgabe: Wann immer der Staat etwas baut oder auf andere Weise Geld ausgibt, entschließt er sich nicht nur *für* eine bestimmte Art, Ressourcen einzusetzen, sondern *gleichzeitig gegen* unendlich viele alternative Anwendungsmöglichkeiten. Jeden Euro, den der Staat ausgibt, hätte der Steuerzahler, dem er weggenommen wird, für seine Zwecke benützt, was nun nicht mehr möglich ist. Wenn der Staat für einen von ihm bestimmten Zweck Millionen Menschen mobilisiert und Ressourcen verbraucht, dann können diese Menschen und Ressourcen nicht mehr auf andere Weise eingesetzt werden, für Ziele, die die Konsumenten selbst setzen (also etwa Pkw statt Panzer).

Früher hörte man Keynesianer oft sagen, es sei ein von ihren Feinden gezeichnetes Zerrbild, dass sie bloß exzessive Verschwendung predigen würden. In Wirklichkeit sei Keynesianismus etwas intellektuell Anspruchsvolles, Ziseliertes, komplex auf eine Art, die nur sehr kluge Leute verstehen. Der heutige Keynesianismus benötigt kein Feigenblatt mehr. »Was wir wirklich brauchen, um uns aus der gegenwärtigen Krise zu befreien, sind neue staatliche Investitionen in gewaltigem Umfang. Sollte es wirklich so einfach sein? Ja, im Grunde ist es das«[215], sagt Krugman, wobei anzumerken ist, dass er im Original nicht von Inves-

215 Paul Krugman: *Vergesst die Krise. Warum wir jetzt Geld ausgeben müssen*, a.a.O., S. 53.

titionen, sondern von *spending* spricht, also Ausgaben jedweder Art, wie z. B. für die Aufrüstung im Weltall: »*Wenn wir herausfänden, dass Außerirdische planen, uns anzugreifen, und wir eine massive Aufrüstung bräuchten, um den Angriff der Außerirdischen abzuwehren, und Inflation und Haushaltsdefizit eine untergeordnete Rolle einnehmen würden, dann wäre diese Rezession in 18 Monaten vorbei.*«[216]

216 Paul Krugman: Fake Alien Invasion Would End Economic Slump, »Huffington Post«, 15.11.2011 (http://www.huffingtonpost.com/2011/08/15/paul-krugman-fake-alien-invasion_n_926995.html).

Was kann noch schlimmer werden?

Was kann eigentlich noch schlimmer werden? Viel. Einerseits werden sich die Trends der letzten Jahre weiter verstärken: Fallende Steuereinnahmen können in den europäischen Pleitestaaten zu noch höheren Haushaltsdefiziten führen; diese Länder müssen noch höhere Zinsen zahlen; die Banken kommen ebenfalls immer mehr unter Druck, EU und EZB reagieren auf beides mit immer mehr Inflation; es gibt vielleicht weitere Staatsbankrotte und eine immer höhere Arbeitslosigkeit vor allem in Südeuropa; die Aktienkurse und der Euro brechen wieder ein. Das alles wäre das Altbekannte, bloß auf einer höheren Stufe. Darüber hinaus aber gibt es Gefahren, von denen noch wenig gesprochen wird, die aber schon am Horizont sichtbar sind und zu einer gesellschaftlichen Krise führen könnten, die alles Bisherige rückblickend als bloßes Präludium erscheinen lässt. Der Staat hat die Macht, das weltweite Wirtschaftsleben komplett zum Erliegen zu bringen und allen noch verbliebenen Wohlstand an sich zu reißen. Er würde natürlich nicht sagen: »Wir haben soeben eine Maßnahme erlassen, die das weltweite Wirtschaftsleben komplett zum Erliegen bringen wird, und werden nun eine Tyrannei errichten.« Er würde es als eine weitere seiner angeblich gut gemeinten Ad-hoc-Maßnahmen zur Lösung eines akuten Problems darstellen. Die angeblichen Feinde werden heißen: »Währungsmanipulateure« und »Wucherer«. Die mögliche Antwort der Regierung: Protektionismus, Preiskontrollen und Despotismus.

»Währungsmanipulation«

Es ist paradox: Das jetzige System flexibler Währungen, das von Regierungen geschaffen wurde und prinzipiell derzeit von keiner Regierung der Welt in Frage gestellt wird, liefert ihnen permanent Anlass zu

Beschwerden. Die Währungen sollen sich zwar frei bewegen, aber bitte nicht zu schnell und immer dahin, wo die Regierungen glauben, dass sie stehen sollten. Der Euro z. B. gilt mal als »zu stark« gegenüber dem US-Dollar, wenige Monate später kann er wieder zu schwach sein. Und dann sind da noch die Streitereien mit den großen Handelspartnern, die ebenfalls ihre Ansichten darüber haben, wo Währungen richtigerweise notieren müssten. In regelmäßigen Abständen taucht darum das Gespenst der »Währungsmanipulation« bzw. des »Währungskrieges« auf (der brasilianische Finanzminister Guido Mantega etwa geißelt regelmäßig die FED wegen der von ihr betriebenen Schwächung des Dollars, die er für eine Form des Protektionismus hält. Im September 2012 drohte er Gegenmaßnahmen an). Es gerät zwischendurch immer wieder in Vergessenheit, was beweist, dass es eigentlich niemandem ernsthaft Angst macht, dann aber holt es doch wieder jemand hervor, vor allem dann, wenn gerade in einem Land Wahlkampf ist. Denn der Vorwurf der »Währungsmanipulation« eignet sich zur Demagogie, dazu, Emotionen zu schüren, parteiübergreifend Anhänger gegen den angeblichen äußeren Feind zu mobilisieren. Es ist kein bloßer Sturm im Wasserglas, denn die ökonomischen Folgen der aus politischen Gründen getroffenen Beschlüsse sind oft sehr weitreichend.

Was 1985 beschlossen wurde, wirkt immer noch nach. »Ich werde nicht warten und zuschauen, wie amerikanische Arbeiter ihre Jobs verlieren, weil andere Länder nicht nach den Regeln spielen«, schimpfte US-Präsident Ronald Reagan in einer Rede im September 1985. Bald darauf tagten die Finanzminister der USA, Japans, Großbritanniens, Frankreichs und der Bundesrepublik Deutschland im New Yorker Plaza Hotel und beschlossen einen Katalog von Maßnahmen, um die anderen wichtigen Währungen gegenüber dem Dollar aufzuwerten: den *Plaza Accord*. Japan, das der Vereinbarung nur unter Strafandrohungen zugestimmt hatte, leitete aus Furcht vor einem Konjunktureinbruch eine Niedrigzinspolitik ein, die, wie beschrieben, Ende der achtziger Jahre zu der berüchtigten Aktien- und Immobilienblase führte. Das US-Außenhandelsdefizit hingegen, dessen Verringerung ja das Ziel des Plaza Accords war, stieg trotz der Aufwertung des Yen noch zwei Jahre lang weiter – erst im Zuge der nach dem Börsencrash vom Oktober

1987 einsetzenden Phase wirtschaftlicher Abkühlung ging es zurück.

In den letzten Jahren wird vor allem China angegriffen, weil es seine Exporte durch eine künstlich niedrig gehaltene Währung verbillige. Die heftigsten Attacken kommen aus Washington. Immer wieder prangert US-Finanzminister Timothy Geithner Chinas »Währungsmanipulation« an.[217] Chinas Währungspolitik sei der »Stiefel an der Kehle unseres Aufschwungs«[218], dichtet der demokratische New Yorker Senator Charles Schumer, der bereits seit 2005 gegen China zu Felde zieht. »Sie betrügen, um unsere Jobs zu stehlen«[219], wettert Mike Rogers, ein republikanischer Kongressabgeordneter aus Michigan.

Präsident Obama gibt sich moderat und hat mit seinem Veto eine Verurteilung Chinas wegen »unfairer« Handelspraktiken gestoppt; gleichwohl teilt er die ideologischen Grundannahmen des Protektionismus: »Über tausend Amerikaner arbeiten heute, weil wir die steigende Einfuhr chinesischer Reifen gestoppt haben«, sagte er in seiner *State of the Union Address* im Frühjahr 2012.[220] Das ist das, was Obama mit dem Auge sehen kann (oder meint, aus einer Statistik lesen zu können). Doch wie uns Frédéric Bastiat lehrt, gibt es bei jeder ökonomischen Intervention der Regierung eine unsichtbare Kehrseite: Die Regierung subventioniert die Produzenten von Solarzellen? Schön für sie – aber es geht auf Kosten derer, die die Subventionen mit ihren Steuergeldern bezahlen und das Geld lieber für von ihnen selbst gesetzte Zwecke ausgegeben hätten, statt zu Spenden an von der Regierung willkürlich auserkorene Empfänger gezwungen zu werden. Im Fall von Obamas Reifenzöllen sieht die Rechnung so aus: Amerikanische Reifenhersteller profitieren von der Maßnahme, denn sie können nun für ihre Reifen höhere Preise verlangen; der Rest der Gesellschaft erleidet einen Verlust, denn er muss sie bezahlen.

Laut einer Studie[221] des gewerkschaftsnahen *Economic Policy Institute* hätte Chinas »Währungsmanipulation« zwischen 2001 und 2008

---

217 http://www.reuters.com/article/2010/09/16/us-usa-china-geithner-idUSTRE68F16420100916
218 Ebd.
219 http://mikerogers.house.gov/News/DocumentSingle.aspx?DocumentID=232721
220 http://www.whitehouse.gov/photos-and-video/video/2012/01/25/2012-state-union-address-enhanced-version#transcript
221 http://www.epi.org/publication/growing-trade-deficit-china-cost-2-8-million/

rund 2,4 Millionen amerikanische Jobs gekostet. Zu diesem Resultat gelangen die Autoren aufgrund der überraschenden Annahme, dass die Zahl der Arbeitsplätze durch Exporte erhöht, durch Importe aber gesenkt werde. »Computerexporte aus den USA nach China unterstützen amerikanische Jobs. Computerimporte aus China aber verdrängen amerikanische Arbeiter, die sie hier hergestellt hätten.«[222] Exporte sind gut, Importe sind schlecht – das ist eine Doktrin, die im 17. und 18. Jahrhundert im Schwange war und der Adam Smith den Namen Merkantilismus gab, unter dem sie bis heute bekannt ist. »Die Chinesen nehmen uns die Arbeitsplätze weg« ist eine Aussage, die auf demselben logischen Fehlschluss basiert wie »Die Maschinen nehmen uns die Arbeit weg«. Man kann es statistisch ausdrücken und sagen: Ohne chinesische Produktion wären die Konsumentenpreise in den letzten zehn Jahren in den USA viel schneller gestiegen. Anschaulicher ist: Das Geld, das ein Amerikaner dadurch spart, dass er ein billigeres Produkt aus dem Ausland kauft, kann er für etwas anderes ausgeben. Er kann z. B. ins Kino oder ins Restaurant gehen oder irgendeinen anderen Konsum betreiben, auf den er vielleicht ganz und gar verzichtet hätte, wenn er statt der chinesischen Waren teurere einheimische hätte kaufen müssen. Und vielleicht existiert eine solche einheimische Alternative nicht einmal. Zölle auf ausländische Produkte bedeuten dann einfach nur, dass Konsumenten höhere Preise zahlen müssen, sie sind also nichts anderes als eine Senkung des Reallohns.

Es gibt noch einen anderen Fehlschluss, dem die Chinahasser erliegen: der Aberglaube an ein Wettrennen zwischen zwei Staaten, hier USA, da China. Der amerikanische Ökonom Daniel Ikenson weist darauf hin, dass Fabriken und Arbeiter aus den USA in Wirklichkeit häufiger mit Fabriken und Arbeitern in China zusammenarbeiten, als dass sie mit ihnen in direkter Konkurrenz stehen.[223] *»Zahllose Ideen, die in amerikanischen Labors entwickelt worden sind und die zu Produkten geführt haben, an deren Design, Produktion, Vertrieb, Marketing*

---

222 Ebd.

223 Siehe Daniel J. Ikenson: »China Trade and American Jobs« (http://www.cato.org/publications/commentary/china-trade-american-jobs)

und Finanzierung hunderttausende amerikanische Jobs hängen, wären ohne den Zugang zu billigerer chinesischer Arbeit niemals umgesetzt worden. Stellen Sie sich vor, was ein Apple-iPod kosten würde, wenn alle Komponenten in den USA gefertigt werden müssten.« Ikenson hält den iPod übrigens für ein gutes Beispiel dafür, dass es falsch ist, anhand des Leistungsbilanzdefizits den wirtschaftlichen »Schaden« ermessen zu wollen, den China den USA angeblich zufügt. Ein iPod wird in der Handelsbilanz als ein 150-Dollar-Import aus China verbucht – und vergrößert so das Defizit –, obwohl nur vier Dollar seines Wertes in China geschaffen werden. Die restlichen 146 Dollar entfallen auf Komponenten und Arbeit aus anderen Staaten – inklusive der USA. In einer Welt mit globalisierten Produktionsketten sei das bilaterale Handelsdefizit »ein bedeutungsloses Konstrukt«. Dass es sich verringert, wenn der Yuan aufgewertet wird, bezweifelt er: »Zwischen Juli 2005 und Juli 2008 ist der Yuan von 0,1208 Dollar auf 0,1464 Dollar gestiegen, also um 21 Prozent. Im gleichen Zeitraum sind die Importe aus China nicht zurückgegangen, sondern um 38 Prozent gewachsen.«[224]

Wohin der ökonomische Nationalismus im schlimmsten Fall führen kann, hat die Welt vor 80 Jahren gesehen. Ein 1929 in den USA auf den Weg gebrachtes Schutzzollgesetz, das ursprünglich nur dazu gedacht war, der Landwirtschaft zu helfen, die seit Ende des Ersten Weltkrieges in der Krise steckte, mutierte im Kongress unter dem Einfluss zahlloser Lokal- und Partikularinteressen von Unternehmern und Gewerkschaften zum größten und drakonischsten Zollkatalog der amerikanischen Geschichte: der *Smoot-Hawley Tariff Act*.

Vergeblich hatten 1028 amerikanische Ökonomen Präsident Hoover in einem offenen Brief aufgefordert, ein Veto einzulegen: »*Wir sind überzeugt, dass es ein Fehler wäre, die Zölle zu erhöhen. Dies würde dazu führen, dass die einheimischen Verbraucher höhere Preise zu zahlen hätten. Durch höhere Preise würden Konzerne mit höheren Kosten dazu ermutigt, in die Produktion einzusteigen, und der Konsument auf diese Weise gezwungen, Verschwendung und Ineffizienz in der Industrie zu subventionieren. Gleichzeitig müsste er höhere Profitraten an die*

224 Ebd.

etablierten Unternehmen zahlen (...) Nur wenige könnten hoffen, von einer solchen Veränderung zu profitieren.«[225]

Die Wirtschaftswissenschaftler sagten weiterhin voraus, dass »viele Länder es uns gehörig heimzahlen werden«. Die Beschäftigung lasse sich nicht dadurch erhöhen, »dass wir den Handel einschränken«. Auch die Farmer würden verlieren: »Baumwolle, Schweinefleisch und Weizen sind Exportgüter und werden auf dem Weltmarkt verkauft.«

106 Telegramme der Auslandsvertretungen von General Motors erreichten Washington. Europadirektor Graeme K. Howard brauchte nur 14 Worte, um die Folgen des Gesetzes zu beschreiben: »PASSAGE BILL WOULD SPELL ECONOMIC ISOLATION UNITED STATES AND MOST SEVERE DEPRESSION EVER EXPERIENCED.«[226] Die Pariser Zeitung »Le Quotidien« schrieb in einem Leitartikel: Wenn »die Yankees« diesen Zoll einführten, »bleibt uns nichts anderes, als zu Vergeltungsmaßnahmen zu greifen, und das bedeutet Krieg«. Die Überschrift lautete: »Kann Mr. Hoover die Katastrophe begrenzen, die die amerikanischen Protektionisten vorbereiten?« Henry Ford verbrachte einen Abend im Weißen Haus, um Hoover zu einem Veto zu drängen. Doch kein US-Präsident hatte je ein Veto gegen ein Zollgesetz eingelegt, und Hoover wollte nicht der erste sein. »Sobald sich die Verhältnisse normalisieren, wird auch unser Handel wieder expandieren«, sagte er.

Andere Länder reagierten mit Vergeltungsmaßnahmen, der Welthandel wurde abgewürgt. Der Protektionismus war eine der Hauptursachen der amerikanischen Depression der dreißiger Jahre. Zwar machten die Exporte Ende der zwanziger Jahre weniger als zehn Prozent der amerikanischen Wirtschaft aus, aber in der Landwirtschaft war es ein Drittel. Durch den von den USA angezettelten Handelskrieg spitzte sich die Krise der amerikanischen Farmer zu, zu deren Wohl die Zölle ursprünglich auf den Weg gebracht worden waren. Ihre chronische Zahlungsunfähigkeit wiederum verschärfte die Krise der Banken und belastete die gesamte Wirtschaft. Die Geschichte könnte sich auch hier wiederholen. Jeder Wahlkampf in den USA führt zu einem Wiederaufflammen der Debatte über angeblich »unfaire Han-

225 Zitiert nach: Amity Shlaes: *The Forgotten Man*, New York 2007, S. 96.
226 Zitiert nach: Amity Shlaes: *The Forgotten Man*, a. a. O., S. 97.

delspraktiken«, und der republikanische Präsidentschaftskandidat Mitt Romney hat bereits angekündigt, im Falle eines Wahlsiegs den Weg für Strafmaßnahmen gegen China ebnen zu wollen. Auch Amtsinhaber Obama ist, wie gesehen, nicht frei von solchen Tendenzen. Es ist wie in Bastiats Satire »Petition der Kerzenmacher«[227], in der die Kerzenmacher von der Regierung verlangen, sie möge ein Gesetz erlassen, das alle dazu zwingt, ihre Häuser völlig abzudunkeln. *»Wir leiden unter einer ruinösen Konkurrenz eines Rivalen, der Licht offenbar unter weit günstigeren Bedingungen herstellt als wir und den heimischen Markt zu unglaublich niedrigen Preisen überschwemmt, so dass, sobald er auftritt, unsere Verkäufe stocken und alle sich zu ihm wenden.«* Die für die Wirtschaft so wichtigen Kerzenmacher müssten dringend vor der Billigkonkurrenz der Sonne geschützt werden. Das ist auch heute noch eine immer wieder aufs Neue emporkommende Argumentation.

Es sind nicht »unfaire Handelspraktiken« wie »Währungsmanipulation«, die in Zukunft zu weiteren schweren Verwerfungen in der Weltwirtschaft führen werden, sondern die politischen Folgen, die diese Annahme haben kann, eine Annahme, die man als die »Illusion des Konflikts im internationalen Handel« (Paul Krugman) bezeichnen könnte.

Staatsschuld und Preiskontrollen

Staatsschulden werden gemeinhin als ein vorrangig ökonomisches Problem betrachtet. Doch ihre Folgen gehen weit über die Sphäre des Ökonomischen hinaus. Jede Staatsschuldenkrise – die sich früher oder später einstellt, wenn der staatliche Konsum über einen langen Zeitraum schneller wächst als die Produktion – droht, die Reste bürgerlicher Freiheit zu erdrosseln und die Untertanen vollends zu Leibeigenen des Staates zu

227 »Pétition des fabricants de chandelles, bougies, lampes, chandeliers, réverbères, mouchettes, éteignoirs, et des producteurs de suif, huile, résine, alcool, et généralement de tout ce qui concerne l'éclairage«, in: Frédéric Bastiat: *Œuvres complètes*, Bd. IV, Sophismes Économiques, 1ère série, chapitre VII, S. 57ff.

machen. Es liegt in dessen Natur, immer weiter zu wachsen und immer mehr Dinge des täglichen Lebens zu kontrollieren, doch in einer Krise – ob national, international oder bloß in der Vorstellung existent – nimmt seine Macht und Willkür noch einmal sprunghaft zu; die Panik, die die Öffentlichkeit ergreift, begünstigt die Diktatur; das Gefühl entsteht, dass nur die Regierung – am besten eine mit »starker Hand« und blitzschnellen Entschlüssen – den Kalamitäten etwas entgegensetzen könne. Da es der Rhetorik nach um Sein oder Nichtsein (der Nation, Europas, des Friedens etc.) geht, heiligt der Zweck die Mittel, der offene Bruch von Verträgen und Gesetzen wird zur Norm; Regeln, die die Macht des Staates beschränken, gelten nur bei schönem Wetter. Bald schon berichtet die Regierung vom einen oder anderen Erfolg: Unter Aufbringung aller Kräfte sei es gelungen, irgendetwas zu »stabilisieren« oder bei einigen Personen noch mehr blindes »Vertrauen« zu wecken. Doch die Bilanz ist gefälscht, da dem angeblichen Nutzen niemals alle – oft unsichtbaren – Kosten gegenübergestellt werden. Am Ende steht der Staat als der große »Retter« da; er allein kann die »Rettungspakete«, »Rettungsnetze« und »Rettungsfonds« bereitstellen, ohne die alle Männer, Frauen und Kinder vor die Hunde gehen würden. Nachdem die Probleme, die ohne den Staat oft gar nicht existieren würden, trotz dessen Einmischung überwunden wurden, spricht er zu seinen Untertanen: »Da seht ihr, dass ihr nicht allein zurechtkommt; was würdet ihr ohne mich nur machen?«

Treibt der Staat es aber zu weit, dann steht irgendwann nicht nur seine eigene Existenz, sondern die Zivilisation selbst auf dem Spiel, wie die Geschichte des Römischen Reiches zeigt. Gehen wir ins 3. Jahrhundert und schauen, was es uns lehren kann.

Diokletian, der von 284 bis 305 regierte, ist bekannt als der letzte Kaiser, der Christen verfolgen ließ. Er kam zu einer Zeit an die Macht, als das Reich bereits durch die Regentschaften einer Reihe inkompetenter, aus den Offiziersrängen des Militärs stammender Kaiser (»Soldatenkaiser«) zerrüttet war. Bürgerkriege, Aufstände und politische und wirtschaftliche Unsicherheit waren die Folge. Mit der Begabung, andere für die Folgen seiner Verschwendungssucht haftbar zu machen, war Diokletian seiner Zeit weit voraus. Sein Zeitgenosse Lactantius (* um 250; † um 320) beschreibt ihn so:

»Zur Habsucht gesellte sich eine grenzenlose Baulust und eine nicht minder schrankenlose Ausplünderung der Provinzen, von denen Werkleute, Künstler, Lastwagen und alle Erfordernisse zur Herstellung der Bauten zu liefern waren. Hier gab es Gerichtshallen zu errichten, hier eine Rennbahn, hier eine Münzstätte, hier eine Waffenwerkstätte, hier ein Haus für die Gemahlin, hier für die Tochter. Plötzlich wurde ein großer Teil der Stadt Nikomedien niedergerissen. Alles wanderte mit Weib und Kind, als wäre die Stadt vom Feinde erobert. Und waren dann die Gebäude mit dem Untergang der Provinzen hergestellt, so hieß es: ›Sie sind nicht recht ausgefallen, man muss sie anders machen.‹ So musste man wieder niederreißen und ändern, was vielleicht wieder nicht Bestand haben sollte. Zu so törichtem Beginnen verleitete ihn immerfort das Streben, Nikomedien zur Größe der Stadt Rom zu erheben.«[228]

Der keynesianischen Theorie zufolge hätte das alles eigentlich die Wirtschaft ankurbeln müssen, weil es die »Nachfragelücke« schloss; überraschenderweise war das nicht der Fall. Der römische Geschichtsschreiber Aurelius Victor (* um 320; † um 390) ergänzt:

»[Diokletian] *war der erste, welcher ein Kleid aus Goldstoff trug und an seidener, purpurner und mit Edelsteinen besetzter Fußbekleidung Gefallen fand. Ist schon dies ein Beweis von Aufgeblasenheit, Hochmut und von einer über dem Römischen Bürger sich dünkenden Gesinnung, so ist es doch noch eine Kleinigkeit gegen das, dass man ihn, wieder den ersten seit Caligula und Domitian, öffentlich ›Herr‹ nennen, sich vor ihm niederwerfen und ihn wie eine Gottheit anreden musste.«*[229]

Kaum notwendig zu erwähnen, dass Diokletian ständig mit einer hartnäckigen Schuldenkrise zu kämpfen hatte, zumal seine Vorgänger ebenfalls nicht gut gewirtschaftet hatten. Die Steuern zu erhöhen half nichts; beleidigt musste man feststellen, dass immer höhere Steuersätze nicht zu höheren, sondern zu niedrigeren Steuereinnahmen führten – ein Teufelskreis. Der Herrscher suchte sein Heil zunächst in einer Verstärkung der ohnehin seit Beginn des 3. Jahrhunderts grassierenden

---

228 Lactantius: *De mortibus persecutorum*, 7, in: *Des Lucius Caecilius Firmianus Lactantius Schriften* (übersetzt von Aloys Hartl), München 1919.
229 Sextus Aurelius Victor: *Liber de Caesaribus Aurelii Victoris historiae abbreviatae*, Kap. 39 (übersetzt von August Cloß, Stuttgart 1838).

Inflation. Diokletian ergriff, wie ein Historiker des 20. Jahrhunderts es ausdrückt, »den Stier bei den Hörnern und gab einen neuen Denar heraus, der ganz offen aus Kupfer bestand und nicht vorspiegelte, etwas anderes zu sein. Damit etablierte er einen neuen Wertstandard. Der Effekt, den das auf die Preise hatte, benötigt keine Erklärung. Es gab eine Anpassung nach oben, sehr weit nach oben.«[230] Konfrontiert mit den Folgen seines Handelns setzte er auf Demagogie und drakonische Maßnahmen. Er setzte für hunderte von Waren und Löhnen Höchstpreise fest; im Vorwort zu dem entsprechenden Edikt geißelte er die »Habgier« und den »zügellosen Wahnsinn«, den »maßlose« und »boshafte« Menschen an den Tag legten:

»Denn wem kann es so an Verstand und Sinn für Menschlichkeit mangeln, dass er nicht wahrnimmt, dass in dem Handel, der auf den Märkten und im täglichen Warenverkehr zwischen den Städten stattfindet, maßlose Preise sich so verbreitet haben, dass eine unkontrollierte Sucht nach Profiten weder durch den Überfluss des Angebots noch durch reiche Ernten gemindert wird und dass es klar ist, dass diejenigen, die diese Geschäfte betreiben, darauf versessen sind, durch das Studium der Bewegung der Sterne den Wind und das Wetter zu kontrollieren und in ihrer unübertroffenen Bosheit nicht ertragen können, wenn die fruchtbaren Felder vom Regen zu reicher Ernte gebracht werden, weil sie argwöhnen, dass es ihre Gewinne schmälert, wenn eine Besserung des Wetters für einen Überfluss an Gütern sorgt?«[231]

Die Strafe für Händler, die sich nicht an die Höchstpreise hielten: Todesstrafe. Für solche, die Waren vom Markt zurückhielten: Todesstrafe. Für Käufer, die höhere Preise zahlten: Todesstrafe.

Lactantius schreibt:

»Durch mannigfache Ungerechtigkeiten hatte er eine ungeheure Teuerung hervorgerufen, und nun unternahm er es, den Preis der Lebensmittel durch Gesetz zu bestimmen. Jetzt kam es wegen geringfügiger und unbedeutender Dinge zu vielem Blutvergießen. Aus Furcht brachte man

230 Roland Kent: »The Edict of Diocletian Fixing Maximum Prices«, zitiert nach: Robert Schuettinger, Eamon Butler: *Forty Centuries of Wage and Price Controls. How not to Fight Inflation*, New York 1979, S. 26.
231 Allan Chester Johnson u.a.: *Ancient Roman Statutes*, Clark, New Jersey, 2003, S. 299.

nichts Verkäufliches mehr auf den Markt, und die Teuerung nahm in weit schlimmerem Grade zu, bis die Notwendigkeit selbst das Gesetz nach dem Untergange vieler außer Gebrauch setzte.«[232]

Diokletians Nachfolger aber hatte keine besseren Ideen. Edward Gibbon, der berühmteste Chronist des Untergangs des Römischen Reiches, schreibt über ihn:

»Der Kaiser unternahm einen sehr gefährlichen und zweifelhaften Schritt: Durch Kraft des Gesetzes setzte er den Preis des Getreides fest. Er bestimmte, dass es zu einer Zeit der Knappheit zu einem Preis verkauft werden sollte, der selbst in den allerreichsten Jahren selten erreicht wurde.«

Um die Maßnahme zu untermauern, sandte er einen Schwung Getreide auf den Markt.

»Die Folgen hätten vorhergesehen werden können und wurden bald spürbar«, schreibt Gibbon.

»Der kaiserliche Weizen wurde von den reichen Händlern gekauft, die Besitzer von Land oder Getreide stellten die gewohnte Versorgung ein; und die kleinen Mengen, die auf dem Markt auftauchten, wurden insgeheim zu einem höheren und illegalen Preis verkauft. Julian rühmte trotzdem seine erfolgreiche Politik und behandelte die Beschwerden der Bevölkerung als leeres und undankbares Geraune.«[233]

Bald war das Ende gekommen, die Untertanen desertierten. Bei Adrianopel fügten die Goten den Römern im Jahr 378 eine ihrer schlimmsten Niederlagen zu; auf ihrem Weg hatten sie Feindaufklärung von thrakischen Schürfern erhalten, die vom römischen Staat wie Sklaven gehalten wurden und ihre Grundstücke nicht verlassen durften. »Sie waren geschickt im Aufspüren von Goldadern, aber nicht in der Lage, die hohe Steuerlast zu ertragen«, schreibt der zeitgenössische römische Historiker Ammianus Marcellinus über die *metallarii*.[234]

Die Staatsverschuldung – in diesem Fall verursacht durch die Armee, die Bürokratie und den Despotismus, der die Wirtschaftsleistung und

---

232 Lactantius, a.a.O.

233 Edward Gibbon: *The History of the Decline and Fall of the Roman Empire*, London 1820, Vol. IV, S. 147f.

234 Ammianus Marcellinus: Römische Geschichte XXXI, 6, 6. Übersetzung in: Das Römische Weltreich vor dem Untergang, übersetzt v. Otto Veh, Zürich 1974, S. 727

mit ihr die Steuereinnahmen immer weiter schmälerte – beendete ein fast tausend Jahre währendes Weltreich. Damals wurde der noch heute praktizierte Dreischritt zur Zerstörung der Gesellschaft durch Inflation etabliert.

Am Anfang steht die Geldvermehrung, die sich im Lauf der Zeit immer stärker beschleunigt; zum einen durch die wachsende Verschwendungssucht des Staates (es werden immer höhere Dosen Geld benötigt, um denselben Rauscheffekt zu erzielen), zum anderen dadurch, dass um die von der kleiner und kleiner werdenden Wirtschaft produzierten Güter ein immer härterer Kampf entbrennt, der von Seiten des Staates mit immer mehr Geld geführt wird, so dass all das, wonach es den Staat gelüstet, für die Untertanen immer weniger erschwinglich wird (das bezeichnet man als *Crowding-out* oder Verdrängungseffekt). Im zweiten Schritt folgt die Demagogie: Der Staat macht »Spekulanten« und »Wucherer« für die von ihm verursachte Misere verantwortlich. Bald darauf folgen Preiskontrollen, die zwangsläufig Lohnkontrollen nach sich ziehen müssen. Ist damit einmal angefangen, gibt es kein Halten mehr. Hat etwa eine Regierung in einer Zeit der Milchknappheit den Preis von Milch festgesetzt, muss sie auch den von Milchprodukten und Rindfleisch festsetzen, sonst würden die Bauern die Maßnahme einfach umgehen. Da die Bauern nicht lange mit Verlust produzieren können, wird in einem nächsten Schritt der Futtermittelpreis festgesetzt, der Lohn der Landarbeiter gesenkt – und so fort. *Nixonomics* nannte man die Lohn- und Preiskontrollen in den USA unter Präsident Richard Nixon. Man braucht kein Prophet zu sein, um vorherzusagen, dass der Wahnsinn, der zum Untergang des Römischen Weltreichs führte, in den nächsten zehn Jahren eine Renaissance erleben wird. Die ersten beiden Schritte sind schon getan, nun folgt der dritte.

Gesetze gegen »zu hohe« Benzinpreise, wie sie immer wieder debattiert werden – und das, obwohl 60 Prozent des Benzinpreises Steuern sind, der Benzinpreis ohne Steuern in Deutschland also bei weniger als 70 Cent pro Liter läge –, könnten der Anfang eines umfassenden Systems von Preis- und Lohnkontrollen sein. Schauen wir uns an, was der Staat mit Benzinpreiskontrollen erreichen könnte. Die Raffinerien werden das Benzin ins Ausland verkaufen. Ein Ausfuhrverbot muss her. Deutschland muss folglich aus der EU austreten und an der Grenze Soldaten postieren, die Schmuggel unterbinden. Nun stellt sich heraus, dass die Raffinerien zu dem festgesetzten Preis gar nicht produzieren können. Als Nächstes muss die Regierung auch den Ölpreis »deckeln«. Da sie das nicht kann (denn das Öl ist im Ausland), ist ihr grandioser Plan schon hier zu Ende. Das soll aber nicht heißen, dass es allein saudische Intransigenz wäre, die sie daran hindert. Was würde passieren, wenn der Außenminister alle OPEC-Staaten bereist, um sie zu einer Senkung der Ölpreise zu bewegen? Erst einmal würden sie ihm natürlich erklären, dass sie die Preise nicht festlegen, sondern dass sie in Rotterdam und an anderen Ölmärkten durch das Feilschen der Kauf- und Verkaufswilligen ermittelt werden. Dann würden sie ihn wissen lassen, dass auch ihre Kosten in den letzten zehn Jahren explodiert sind, weswegen die Gewinne keineswegs so schnell gestiegen sind, wie er wohl meint. Zu einem viel niedrigeren Preis könnten viele von ihnen gar nicht mehr produzieren.[235] Die Regierung macht sich nun daran, mit den Kostenverursachern zu reden. Auch die klagen ihrerseits über gestiegene Kosten – und so geht die Reihe immer weiter.

Wäre die Regierung allgegenwärtig, allwissend und allmächtig, könnte sie rund um den Globus alle Preise auf einem niedrigeren Niveau neu festsetzen, wobei sie natürlich zu beachten hat, dass jedes Glied der Produktionskette ein Auskommen haben muss, weil es anderenfalls verschwinden würde. Schließlich hätte man vielleicht sämtliche Preise und Löhne um die Hälfte gesenkt. Oha, jetzt hätte sich die reale Last der Schulden verdoppelt, auch die müssen also halbiert werden. Am Ende wäre man wieder beim Ausgangspunkt angelangt, beim Marktpreis. Weil Politiker aber nicht einmal zwei Schritte vorausdenken können, sondern immer nur bis zu ihrer jeweiligen Nasenspitze blicken, gab es in den letzten 4000 Jahren mehr Zeiten mit staatlichen Preiskontrollen als ohne, und die Idee stirbt niemals aus.

---

235 Deutsche Bank-Analyst Robert Burgess berechnete in einer im Juni 2012 in einer an Kunden verschickten Analyse, dass Saudi-Arabien im Jahr 2006 einen Ölpreis von 38 Dollar benötigte, um einen ausgeglichenen Staatshaushalt zu erzielen; 2011 waren es 82 Dollar. Im Falle Russlands waren es 21 Dollar im Jahr 2006 und 102 Dollar 2011. – »Breakeven Oil Estimates«, EM Monthly, 13.6.2012.

Der »Europäische Stabilitätsmechanismus«

Im totalitären Staat Oceania in George Orwells Dystopie *Nineteen Eighty-Four* gibt es vier Ministerien, die über die Gesellschaft herrschen: das Ministry of Love, das durch Repression und Folter die Liebe zur Regierung sicherstellt; das Ministry of Truth, das ständig damit beschäftigt ist, die Geschichte umzuschreiben und dem gerade aktuellen Feindbild anzupassen; das Ministry of Peace, zuständig für die äußere Kriegsführung; und das Ministry of Plenty, zu Deutsch: Ministerium für Überfluss, das die Wirtschaft kontrolliert. Nach dem Vorbild des letzteren hat die EU den »Europäischen Stabilitätsmechanismus« (ESM) kreiert. Schon die Benennung folgt den in Oceania üblichen Euphemismen: »Stabilitätsmechanismus« soll harmlos klingen, als etwas unbedingt Wünschenswertes (wer kann etwas gegen Stabilität einzuwenden haben?) und als etwas, das, einmal eingerichtet, von allein und ohne großen Aufwand funktioniert; ein von klugen Ingenieuren ersonnener *Mechanismus*, der für Sicherheit sorgt, eine Art Airbag. Hätte man die neue Institution »Geheime Europäische Staatsbank« genannt, hätte das vielleicht Misstrauen provoziert.

Der ESM wird von einem geheim tagenden »Gouverneursrat« mit Sitz in Luxemburg gesteuert und verfügt über ein Stammkapital von 700 Milliarden Euro (Deutschlands Anteil: 190 Milliarden). Der Gouverneursrat kann diese Summe jederzeit beliebig erhöhen und von den Mitgliedsländern entsprechende Nachschüsse anfordern. Gleichzeitig kann er Kredite in unbegrenzter Höhe aufnehmen. Mit dem eingesammelten Geld darf er nach Belieben schalten und walten: Er darf es direkt den Mitgliedstaaten zukommen lassen, deren Anleihen erwerben, Aktien und Derivate kaufen und verkaufen und mit privaten und staatlichen Akteuren Verträge schließen. Eine Banklizenz benötigt er laut Vertrag nicht, auch ohne diese darf er alle möglichen Bankgeschäfte betreiben. Dazu genießt er völlige Immunität: Niemand darf den ESM kontrollieren oder für seine Taten zivil- oder strafrechtlich belangen. Seine Dokumente dürfen nicht eingesehen, seine Räume nicht betreten werden. Die Haushaltsautonomie der Parlamente wird völlig abgeschafft. Ausgestattet mit unbeschränkter Macht, geheim, unwiderruflich und niemandem verantwortlich, ist der ESM das Tyrannischste, was in Westeuropa seit 1945 geschaffen wurde. Symptomatisch war die Lesung des ESM-Gesetzentwurfs im Bundestag im April 2012. Wie die »Süddeutsche Zeitung« berichtete, standen an der Stelle, wo es um die Rechte des Parlaments ging, bloß zwei Klammern und drei Punkte, also: (...).[236] Wozu überhaupt noch ein Parlament, wenn es weniger zu sagen hat als unter Kaiser Wilhelm?

Mit dem wirtschaftlichen und politischen Zerfall geht die Beseitigung der letzten Reste von Freiheit einher – wie im Römischen Reich. Kurz vor dessen Ende waren die Barbaren unter den Römern beliebter als der eigene Staat. »Obwohl sie sich in Sitten und Sprache von denen unterscheiden, zu denen sie fliehen«, schrieb der aus dem heutigen Köln stammende christliche Priester Salvian im Jahr 440, *»obwohl sie anders sind, was die stinkende Kleidung und Körper der Barbaren betrifft, würden sie lieber eine fremde Zivilisation unter den Barbaren ertragen als die grausame Ungerechtigkeit unter den Römern. Also wandern sie zu den Goten oder den Bagauden oder einem anderen der Stämme der Barbaren aus, die überall herrschen, und bedauern ihr Exil nicht. Denn sie leben lieber frei unter dem Anschein der Sklaverei denn als Gefangene unter dem Anschein der Freiheit. Die Bezeichnung Römischer Bürger, einst so hoch geschätzt und so teuer erkauft, ist jetzt etwas, das man verleugnet und vor dem man flieht.«*[237]

---

236 Simone Boehringer: »Bundestag und ESM-Gesetz: Ärger mit dem Lückentext«, in: »Süddeutsche Zeitung«, 29.3.2012.

237 Zitiert nach James Harvey Robinson: *Readings in European History*, Bd. I, Boston, New York, London 1904, S. 29

Das Zeitungsorakel warnt: Warum Sie auf keinen Fall Ihr Papiergeld gegen Gold tauschen sollten

2. Juli 1999. Der Goldpreis notiert auf einem Allzeittief, und der Preis wird immer weiter fallen, heißt es.

Die »Welt« schreibt:

»Der Glanz des Goldes ist matt geworden. Seit Anfang der 80er Jahre hat sich der Wert des gelben Edelmetalls mehr als halbiert. Der Preis für die Unze steht mit 257,3 Dollar mittlerweile sogar auf einem Zwanzigjahrestief. Nur die wenigsten Experten rechnen mit einer nachhaltigen Erholung. Die Zeiten, in denen das Edelmetall eine wichtige Rolle in der Geldpolitik spielte, sind längst vorbei. Selbst die Zentralbanken, die lange große Mengen zur Absicherung der eigenen Währung hielten, wollen nun zumindest Teile verkaufen. Das Finanzinstitut Barclays Capital hat der britischen Notenbank jüngst vorgerechnet, 3,4 Mrd. Dollar durch das Halten der Goldreserven anstelle von US-Staatsanleihen verschwendet zu haben.«[238]

Um aus den Wörtern »US-Staatsanleihe«, »Verschwendung« und »Gold« einen solchen Satz zu machen, muss man wohl bei einer Bank wie Barclays arbeiten. Der Artikel geht weiter:

»›Gold ist auch für private Investoren als Anlagemedium nicht mehr attraktiv‹, meint Gianni Hirschmüller von der Deutschen Bank. Das Edelmetall werfe nicht nur keine Zinsen ab, sondern verursache noch Lager- und Verwahrungskosten. Jetzt allein vor dem Hintergrund des rapide verfallenen Preises einzusteigen, sei fundamental nicht gerechtfertigt.«

Die Lager- und Verwahrungskosten! Sie dürften inzwischen jeden ruiniert haben, der sich 1999 das Lager mit Gold gefüllt hat. Der Autor des Beitrags stimmt dem Experten zu:

238 »Welt«, 12.7.1999.

»Tatsächlich spricht gegenwärtig wenig für einen steigenden Goldpreis. Zwar übersteigt die Nachfrage nach dem Edelmetall – größter Abnehmer mit jährlich 3 200 Tonnen oder 80 Prozent ist die Schmuckindustrie – das Angebot deutlich. Doch die Lücke wird sowohl durch Produzenten als auch Notenbanken mehr als kompensiert.«

Interessant: Die Produzenten fördern zwar weniger Gold, als nachgefragt wird, können aber gleichwohl die »Lücke kompensieren«.

»Diese planen sogar eine Beschleunigung ihrer Verkäufe, und auch der Internationale Währungsfonds tat am vergangenen Freitag den ersten Schritt hierzu. ›Weltweit lagern die Zentralbanken noch das 13- bis 15-fache einer Jahresproduktion in ihren Tresoren‹, zeigt Wolfgang Wrzesniok von der Dresdner Bank die Dimensionen auf. Ein Blick in die Vergangenheit zeigt darüber hinaus, dass das Gold auch seine Funktion als Krisenmetall weitgehend eingebüßt hat. Weder während der Irakkrise 1991 noch bei anderen Konflikten wie in Serbien konnte der Preis nachhaltig zulegen.«

Drei Jahre später. Der Goldpreis ist auf über 300 Dollar gestiegen. Das kann nur eines bedeuten:

»Der Gold-Hafen ist nicht mehr sicher (…) Seit einigen Tagen beobachten Experten massive Verkäufe von Fonds (…) Vom Jahreshöchststand bei 327,25 Dollar im Juni ist der Markt damit wieder weit entfernt.« Er werde *»bis auf 290 Dollar pro Feinunze fallen, glauben technische Analysten.«*[239] Auch die Edelmetallexperten des »Stern« sind sich sicher: »Der Gold-Blase entweicht allmählich die Luft.«[240]

9. September 2002. Der Goldpreis steht bei 322 Dollar. Warum so hoch? Es muss an der Kalenderspekulation liegen:

»Gold-Analystin Ingrid Sternby von Barclays Capital sagte, die Marktteilnehmer seien vor dem 11. September nervös. Und auch wegen eines möglichen Irakkonflikts sei Gold als Fluchtwährung in Krisenzeiten wieder ins Bewusstsein gerückt. ›Das zieht Spekulanten an und lässt den Preis weiter steigen.‹«[241]

Januar 2003. Der Goldpreis ist zeitweise auf über 360 Dollar gestiegen. Die »Berliner Morgenpost« meint: »Wer als Anleger derzeit auf

---

239 »Welt«, 26.7.2002.
240 »Stern«, 20.6.2002.
241 AFX, 9.9.2002.

Gold setzt, könnte ebenso gut beim Roulette auf Rot oder Schwarz setzen.«[242]

Dezember 2005:

»Die Rallye an den Edelmetallmärkten nimmt ungeahnte Ausmaße an. Der Goldpreis schloss am Freitag oberhalb der Marke von 530 Dollar je Feinunze. Erst eine Woche zuvor hatte er erstmals nach 24 Jahren wieder die 500-Dollar-Barriere geknackt.«[243]

Lauter Roulette-Spieler. Was sagen die Strategen?

»›Ich bin seit 21 Jahren in diesem Geschäft, aber so etwas habe ich noch nicht gesehen‹, sagte Wolfgang Wrzesniok-Roßbach, Marktstratege des Edelmetallkonzerns Heraeus. ›Zwar gibt es einige gute Gründe, die mittel- bis langfristig für steigende Edelmetallpreise sprechen. Aber die Entwicklung der vergangenen Wochen ist komplett übertrieben.‹ So ist der gemeinhin wenig volatile Goldpreis innerhalb eines Monats um rund 75 Dollar in die Höhe geschossen. Derartige Kurssteigerungen gab letztmals 1980, als das Metall zeitweise bis zu 850 $ je Feinunze kostete. Kurz darauf brach der Markt zusammen.«[244]

Dann wird er das wohl wieder tun. Wer würde auch Gold für einen Preis von 500 Dollar kaufen?

»Jetzt ist der Markt total überkauft. Die Gefahr ist groß, dass er nach unten wegbricht«[245]

September 2010:

»Neuer Rekord: Erstmals ist der Preis für eine Feinunze Gold am Montag zeitweise über die 1 300-Dollar-Marke gesprungen. Seit Anfang August ist der Preis für die Feinunze um mehr als zehn Prozent gestiegen. Das liegt unter anderem an enttäuschenden Konjunkturdaten der USA. Gold gilt vielen Anlegern als krisenfeste ›Ersatzwährung‹ und Schutz gegen Inflation. Experten warnen allerdings davor, dass die Blase irgendwann platzen könnte (…) Das aktuelle Rekordhoch könne das Ende der Rekordjagd einläuten, denn für den Goldpreis sei ›die Luft etwas dünner geworden‹.«[246]

---

242 »Berliner Morgenpost«, 25.1.2003.
243 »Financial Times Deutschland«, 12.12.2005.
244 Ebd.
245 Ebd.
246 »Spiegel online«, 27.9.2010.

»Glänzt Gold immer?« Diese intelligente Frage stellt die »Rheinische Post« einem Sparkassenberater, der sie, in vielen Worten, mit »Nein« beantwortet. Nicht etwa, weil er für jeden verkauften *Global-Structured-Ultra-Enhanced-Leverage-Credit-Fonds* eine Provision erhält, sondern aus folgendem Grund:

»Gold-Spekulanten – ich sage bewusst nicht Anleger – müssen berücksichtigen, dass es sich um eine Spekulation auf einen Sachwert handelt. Ein Investment in Gold bringt keine Erträge, wie zum Beispiel Zinsen. Ein Gold-Spekulant ist also allein auf den ungewissen Kursgewinn von Gold angewiesen. Eine Anlage vorwiegend in Gold ist daher grundsätzlich nicht ratsam. Als Vermögensbeimischung und Spekulationsobjekt sind allenfalls verschiedene Arten von Wertpapieren, die in Gold investieren, überlegenswert. Hier zahlen Sie den sogenannten Prägeaufschlag nicht. Der ist beim Kauf ›echten‹ Goldes nicht unerheblich.[247]

Wer meine, »er brauche Gold, um ruhig schlafen zu können«, der müsse hoffen, »dass es kein böses Erwachen gibt«.[248]

Also: Wenn schon Gold kaufen, dann bitte kein echtes! Nur mit Wertpapieren schläft man gut, das müssten die letzten zehn Jahre doch gelehrt haben. Zum Schluss noch ein Schmankerl vom Januar 2010, kurz vor Ausbruch der Ouzokrise. Die »Frankfurter Rundschau« vergleicht Aktien und Gold, der Vergleich fällt zuungunsten des Goldes aus. Während »es am Aktienmarkt seit dem Tiefpunkt im März stetig nach oben« ging, habe Gold »ein echtes Wechselbad erlebt, der Preis schwankte heftig«.[249] Eugen Weinberg, Goldspezialist der Commerzbank, sieht darin »ganz klar ein Zeichen für eine riskante Anlage«: »Sicher ist nur etwas, was weniger volatil ist.«[250] So wie – europäische Staatsanleihen?

»Ulrich Kater, Chefvolkswirt der Deka-Bank, spricht im Zusammenhang mit Gold denn auch von einer Blase: ›Wichtigster Punkt ist das Anlageinteresse, das den Goldpreis so stark getrieben hat. Es ist eine Blase, die sich hier aufbaut, allerdings kann die Preisbewegung beim Gold noch einige Zeit nach oben laufen.‹ Also noch ist nicht klar, wann

---

247 »Rheinische Post«, 20.10.2010.
248 Ebd.
249 »Frankfurter Rundschau«, 25.1.2010.
250 Ebd.

die Blase platzt, denn auch das neue Jahr steckt voller Unsicherheiten.«[251]

Darauf könnte man sich einigen: Sobald es in der Welt keine Unsicherheit mehr gibt, wird der Goldpreis nachgeben. Sicherheitshalber hat die »Rundschau« aber auch noch ein bekanntes Krisenorakel gefragt:

»Nach Ansicht von Nouriel Roubini, Professor an der New Yorker Stern School of Business, der wegen seiner häufig korrekten Prognosen auch als Krisenorakel bekannt ist, muss man sich derzeit eher Sorgen vor einer Deflation, also einer Preisspirale nach unten, machen als vor einer Inflation. Roubini sieht die jüngste Rallye beim Gold skeptisch, glaubt, dass der Goldpreis nur dann zulegt, wenn Papierwährungen aufgrund von Inflation an Wert verlieren.«[252]

Papierwährungen, die aufgrund von Inflation an Wert verlieren? Wann hätte es so etwas je gegeben? (Nachricht an angehende Wirtschaftsstudenten: Lieber nicht zur New Yorker Stern School of Business gehen, das dortige Orakel ist völlig überbewertet.)

---

251 Ebd.
252 Ebd.

Schlusswort

Zwei Männer sitzen an einem Tisch. Der eine hat einen Eimer mit Pflaumen. Er nimmt immer wieder eine Frucht und umschließt sie in seiner Faust. Der andere muss raten, ob die Pflaume intakt ist oder zerquetscht. Wenn er richtig rät, bekommt er einen Euro, wenn er falschliegt, muss er einen Euro zahlen. Doch jedes Mal, wenn er sagt: »Die Pflaume ist intakt«, zerquetscht der andere sie, und wenn er rät: »Sie ist zerquetscht«, zeigt er ihm die unversehrte. Ein dritter Mann kommt hinzu, beobachtet die beiden eine Weile und flüstert dann dem Wettenden zu: »Bei dem Spiel können Sie gar nicht gewinnen.« – »Ich weiß«, sagt der Mann, »aber ich kann nicht aufhören, ich habe schon zu viel verloren.«

So ungefähr geht die Debatte über das bevorstehende Ende der Europäischen Währungsunion (EWU). Der Euro müsse erhalten bleiben, heißt es, weil Deutschland schon zu viel bezahlt habe. Würde die EWU aufgelöst, dann würde dieses Geld *auf keinen Fall* zurückgezahlt, was die deutschen Steuerzahler soundsoviel kosten würde – etwa dadurch, dass die Target-2-Forderungen in den Wind geschrieben werden müssten. Aber müssen sie das nicht ohnehin? Wer glaubt schon, dass die jetzigen Krisenländer eines schönen Tages plötzlich Export- *und* Haushaltsüberschüsse erwirtschaften, die ausreichen, um ihre Gläubiger auszuzahlen? Der Satz »Ich kann nicht aufhören, denn ich habe schon zu viel verloren« ist das verzweifelte Argument eines Spielsüchtigen, der auf ein Wunder hofft, kein auf Abwägung von Fakten basierender Plan. Meist wird irgendeine dreistellige Milliardensumme genannt, die Deutschland verlöre, wenn das Euroexperiment beendet würde, manchmal geht es über eine Billion. Relativ günstig ist dagegen ein Ausscheiden Griechenlands aus dem Euro, laut Berechnungen von Gregor Gysi, dem Chef der Bundestagsfraktion der Linken. In einem ARD-Interview im Sommer 2012 sagte er: »Dann tritt die Haftung Deutschlands in Kraft, das kostet uns mindestens 80 Milliarden Euro.« 80 Milliarden für das Ende dieses Theaters? Das wäre ein echtes Schnäppchen. Im Ernst: Ob etwas »teuer« oder »billig« ist, lässt sich doch nur durch einen Vergleich mit Handlungsalternativen entscheiden. Dabei fällt auf, dass in der Debatte niemals jemand die Kosten eines *Erhalts* der Union beziffert. Das geht auch gar nicht, weil keiner sagen kann, ob und wann die Probleme jemals gelöst werden und wie viel Geld bis dahin als Pflaster auf die klaffenden Wunden geklebt werden muss. Es ist eine Tragödie ohne Ende – oder sagen wir lieber: mit *open end.* Denn dass der Euro nicht erhalten werden kann, steht fest, fraglich ist allein, wann die Politiker dies eingestehen werden und wie viel er bis dahin noch an Leid verursacht haben wird.

Schon jetzt gibt es eigentlich keine Währungsunion mehr. Ein Unternehmen, das seinen Sitz in Spanien hat, muss für einen Kredit weitaus höhere Zinsen zahlen als eines mit vergleichbarer Bonität aus Deutschland. In einer echten Währungsunion gäbe es so etwas nicht. Es ist nicht vorstellbar, dass amerikanische Banken einen Schuldner diskriminieren würden, weil er aus dem falschen Bundesstaat kommt, also beispielsweise von einem Unternehmen aus Florida höhere Zinsen verlangen als von einem mit Sitz in Texas – oder ein Darlehen ganz verweigern, wenn die Firma in Colorado ansässig ist. Zu einer Währung gehört, dass man damit nicht nur den Espresso in der Bar bezahlen, sondern auch langfristige Geschäfte tätigen kann. Das ist vielen Unternehmen und Privatpersonen in den Krisenländern bereits jetzt nicht mehr möglich. Der Euro ist dort eine dysfunktionale Währung. Dies wiederum führt zu einer weiteren wirtschaftlichen Schwächung: Investitionen unterbleiben, weil die Banken Unternehmern keine Kredite mehr geben. Das ist der Eurofluch: Da viele damit rechnen, dass der Euro bald durch neue nationale Währungen abgelöst werden wird, die sehr viel schwächer sein werden, als es der Euro jetzt ist, will niemand längerfristige Risiken eingehen, und das Geld fließt aus Griechenland, Spanien, Italien, Portugal – und bald wohl auch aus Frankreich – heraus wie aus löchrigen Eimern. Es mag paradox klingen, ist aber zweifellos wahr: Erst wenn das Ende der Währungsunion, das scheinbar Schlimmstmögliche, vor dem sich alle fürchten, eingetreten ist, ist eine Lösung der Probleme möglich. Weil dann zumindest die Unsicherheit beseitigt sein wird, die jetzt alles lähmt.

Das andere Schreckgespenst, mit dem die Eurofans die Diskussion über eine Abschaffung beenden wollen, ist noch harmloser: das einer starken Aufwertung der neuen deutschen Währung. »Da käme ein richtiger Aufwertungs-Tsunami auf uns zu«, warnt etwa Michael Burda von der Berliner Humboldt-Universität in der »Welt am Sonntag«[253]. Er rechne »mit einer Aufwertung von 20 bis 30 Prozent« – dies sei das »Ende des deutschen Exportwunders«, kommentiert die Zeitung. Rechnen wir nach: Im September 2012 steht der Euro gegenüber dem US-Dollar bei 1,25 USD. Eine Aufwertung um 30 Prozent würde einen Stand von ungefähr 1,62 bedeuten, das wäre in etwa die Notierung von Frühjahr 2008. Gegenüber dem japanischen Yen würde eine 30-prozentige Aufwertung nicht einmal ausreichen, um den Wertverlust auszugleichen, den der Euro seither erlitten hat. Vergessen wir auch nicht, dass ein stärkerer Außenwert einer Währung unmittelbar allen zugutekommt, die etwas im Ausland kaufen – z. B. Erdöl. Konsumenten hätten somit eine erheblich höhere Kaufkraft, Unternehmen würden niedrigere Preise für eingekaufte Rohstoffe und Vorleistungen bezahlen. Das alles »vergessen« die, die vor der angeblichen Katastrophe einer Abschaffung der Währungsunion warnen. Dass es einige ernsthafte Probleme geben wird – auch solche, die sich gar nicht vorhersehen lassen –, soll nicht bestritten werden. Aber die werden ohnehin irgendwann zu ertragen sein, die Frage ist bloß, ob sich das Ende mit Schrecken sehr bald einstellt oder erst nach weiteren jahrelangen Euroqualen, deren Kosten sich nicht allein in Geld berechnen lassen, sondern langfristige soziale Verluste sind. Seit 2010 verlassen jedes Jahr zehntausende oft sehr gut ausgebildete Portugiesen ihre Heimat und ziehen nach Übersee, meist in die ehemaligen portugiesischen Kolonien Brasilien, Angola und Mosambik, um dort lukrative Jobs in der boomenden Bauwirtschaft anzunehmen oder selbst ein Unternehmen zu gründen. Auch aus Spanien

253 »Welt am Sonntag«, 10.6.2012.

und anderen Krisenländern fliehen Facharbeiter und Akademiker. Das wäre noch kein Grund zur Sorge, im Moment nutzt diese Entwicklung allen: den Heimatländern der Emigranten, die keine Arbeitslosenunterstützung zahlen brauchen; den Zielländern, in denen die Neuankömmlinge einen Beitrag zum Wirtschaftswachstum leisten; und den Auswanderern selbst, die in Rio de Janeiro, Luanda oder Maputo nicht selten ein Vielfaches dessen verdienen, was sie in ihrer Heimat bekämen, wenn sie denn dort überhaupt einen Job fänden. Doch auf lange Sicht könnte dieser Trend für Länder wie Spanien, Portugal oder Griechenland eine der größten Gefahren der Eurokrise sein. Es droht sich zu wiederholen, was sich in Ostdeutschland seit der Währungsunion 1990 zugetragen hat: ein großflächiger Bevölkerungsschwund. Manche könnten sagen, dass Deutschland von einer solchen Entwicklung sogar profitieren würde, weil ein permanenter Zuzug junger Leute aus dem europäischen Ausland den durch die niedrige Geburtenrate verursachten Arbeitskräftemangel kompensieren kann. Aber für die Südländer wäre das eine echte Tragödie. Das ist die langfristige Seite der Eurokatastrophe: Heute wird vor allem über Finanzen gesprochen, was aber auf dem Spiel steht, ist nicht weniger als die Zukunft ganzer Gesellschaften.

Für ein möglichst schnelles Ende des Euro spricht auch die Gerechtigkeit: Wenn es schon nicht möglich ist, dass diejenigen die Suppe auslöffeln, die sie eingebrockt haben – die politisch Verantwortlichen –, dann ist es doch immer noch gerechter, wenn die, zu deren Lebzeiten die Gemeinschaftswährung eingeführt wurde, auch für die Beseitigung dieses Giftmülls sorgen und die etwaigen Folgen tragen, statt diese Altlasten der nächsten Generation zu vererben. In der Sprache unserer Zeit: Der Euro ist eine Technologie, die nicht beherrschbar ist, darum ist ein sofortiger Ausstieg unumgänglich.

Da die Last privater und öffentlicher Schulden in der Europäischen Währungsunion auch von Deutschland nicht zu stemmen ist – selbst wenn Finnland, Luxemburg und die Slowakei mithelfen –, wird auch eine Haftungsgemeinschaft die Probleme nicht lösen können. Stattdessen zöge sie zwangsläufig einen Ausbau der Eurokratie zum totalen Staat und noch mehr Fremdbestimmung nach sich: Wer die Musik zahlt, bestimmt, was gespielt wird. Ein Land, dessen Haushalt von einem anderen Land oder einer zentralistischen Geheimorganisation wie dem geplanten Europäischen Stabilitätsmechanismus finanziert wird, ist davon abhängig und kann jederzeit in die Situation geraten, sich dem Willen des Geldgebers unterwerfen zu müssen. Wenn aber eine Regierung von außen gezwungen wird, etwas zu tun, das sie für falsch hält, ist von Demokratie rein gar nichts mehr übrig. Das wäre eine neue Art der Kolonialherrschaft. Den ersten Schritt in diese Unterwerfung haben allerdings alle jetzt in Not geratenen Regierungen selbst getan. Für Staatsverschuldung gibt es keinerlei Rechtfertigung. Sie ist ein Betrug an der Bevölkerung, der suggeriert wird, dass der Staat Ausgaben tätigen könne (was bei der jeweiligen Klientel der Politiker beliebt ist), ohne dafür Steuern erheben zu müssen (was unpopulär ist), dass er also dauerhaft über seine Verhältnisse leben könne. Schon lange werden Schulden ja nicht mehr bloß gemacht, um ein Jahr mit niedrigeren Steuereinnahmen zu überbrücken, sondern es ist zu einer Angewohnheit geworden. Wie bei anderen Lastern auch, geht das eine Weile gut, bis es irgendwann nicht mehr geht. Jedes Jahr müssen alte Schulden durch neue ersetzt werden, was heißt, dass sich die Regierungen bei ihren Gläubigern präsentieren und eine Art Beliebtheitstest absolvieren müssen. Fallen sie durch, stecken sie plötzlich tief im Schlamassel. Dann verschwinden plötzlich die vermeintlichen Vorteile, und statt ihrer stellen sich die bis dahin unsichtbaren – bzw. *übersehenen* – Nachteile ein.

Demokratisch wäre es, alle Staatsausgaben durch Steuern zu finanzieren. Dann könnten die Bürger darüber abstimmen, ob sie gewillt sind, für die vom Staat erbrachten Leistungen den geforderten Preis zu bezahlen. Staatsverschuldung hingegen ist ein Mittel, das Ausstellen der Rechnung so lange hinauszuzögern, bis dann plötzlich alles »unvermeidlich« und »alternativlos« ist, weil dem Staat das Wasser bereits bis zum Hals steht. Wer – zu Recht – die Erosion der Demokratie beklagt, die in Europa allenthalben zu beobachten ist, der soll nicht verschweigen, dass Staatsverschuldung die zersetzende Kraft ist. Nicht umsonst steht das englische Wort für Staatsanleihe *(bond)* in semantischer Nähe zu dem für Knechtschaft *(bondage)*.

Wie bei anderen Blasen auch hatte man sich lange eingebildet, dass »diesmal alles anders« sei und Schulden nicht zum Bankrott führen. Und wenn doch, dann erst in der Zukunft. Das nämlich ist das Allheilmittel, das die Finanzalchimisten im Dienste des Staates immer reichen: Probleme durch Inflation verbergen und auf morgen verschieben. »Auf lange Sicht sind wir alle tot«, pflegen Keynesianer ihrem Meister nachzusprechen. Das Zitat wird fast immer falsch interpretiert; Keynes schrieb diesen Satz 1927, lange bevor er sich dem Inflationismus verschrieb, in einem unpolitischen Zusammenhang. Gedeutet wird er von Keynes' Jüngern aber als Billigung des »Nach uns die Sintflut«-Prinzips. Dabei hatte Keynes ja tatsächlich recht, als er sagte: »Auf lange Sicht sind wir alle tot«: Er starb 1946 an einem Herzinfarkt. Wir aber leben in der Periode, die damals – und für viele auch noch in den 1980er und 1990er Jahren – die »lange Sicht« war.

Mit 36 Milliarden Euro sind Zinszahlungen heute der zweitgrößte Posten im Bundeshaushalt. 2012 nimmt der Bund zehn Milliarden Euro mehr an Steuern ein als im Vorjahr, 59 Milliarden Euro mehr als 2005. Trotzdem will er 26 Milliarden Euro an neuen Krediten. Die Faustformel scheint zu lauten: Jeder Euro an Steuermehreinnahmen wird mit 2,50 Euro an Fremdkapital gehebelt. Wie ein Hedgefonds wird der Staat finanziert. Auf diese Weise ist garantiert, dass niemals Schulden zurückgezahlt werden. Zinsen auf alte Schulden werden mit neuen Schulden bezahlt, das alte Ponzi-Schema. Wie lange so etwas gut geht, ist pure Glückssache und lässt sich nicht vorhersagen. In Südeuropa ist das Schema an seine Grenze gestoßen, und den dortigen Regierungen fällt nichts Besseres ein, als sich über angeblich »zu hohe Zinsen« zu beschweren, obwohl diese viel niedriger sind, als sie es vor der Euroeinführung je waren. Dass die Europäische Zentralbank den Zunder für den Brand lieferte, indem sie die Leitzinsen nicht auf das Niveau der Hoch-, sondern das der Niedrigzinsländer festlegte, verdient, ständig wiederholt zu werden. Der Staat hat diese Krise zu verantworten, sie ist die Kehrseite und notwendige Folge des inflationären Booms, den die EZB zu Beginn des letzten Jahrzehnts in Südeuropa entfacht hat.

Geld ist ein Mittel, um den Tausch von Waren gegen andere Waren zu vereinfachen. Mehr davon in Umlauf zu bringen, schafft keinen zusätzlichen Wohlstand. Es wäre doch komisch, wenn der Pizzaverkäufer in der Frankfurter Kaiserstraße Mario Draghi fragen würde, ob er die Pizza in sechs oder in acht Stücke schneiden solle, und der EZB-Chef antworten würde: »Heute bin ich besonders hungrig, schneiden Sie sie in acht.« So aber handelt er, wenn er seinem Job nachgeht, der darin besteht, so zu tun, als würde er Probleme lösen. Die Notenbanken sind selbst das Problem (und sollten darum abgeschafft werden). Die Geldpolitik der EZB ist ebenso wie die der Federal Reserve und der Bank of England allein darauf ausgerichtet, eine neue Blase zu schaffen.

Dass ein großer Teil der Bevölkerung durch Inflation enteignet wird, wird billigend in Kauf genommen. Bürger sollen, da der überschuldete Staat dazu nicht in der Lage ist, privat für ihre Rente vorsorgen. Aber wie sollen sie das anstellen, wenn die von der EZB dekretierten Zinsen unterhalb der Inflationsrate liegen? Wenn Sie tausend Euro zu einem jährlichen Zinssatz von fünf Prozent anlegen, haben Sie nach 30 Jahren 4321 Euro. Bei einem Realzins (Zins minus Inflationsrate) von derzeit, sagen wir: minus 0,5 Prozent, sind es am Ende nur noch 860 Euro. Durch Sparen wird man also *ärmer*. Jeder, der sparen will oder muss, ist der Verlierer. Dass viele, die heute 20, 30 oder 40 Jahre alt sind, im Alter arm sein werden, ist nicht in erster Linie eine Folge der demographischen Entwicklung, sondern der Geldpolitik. Aus Sicht des Staates, der Sie zu frugalem Leben im Alter zwingt, ist das kein zu großes Opfer. Bringen die niedrigen Zinsen nicht einen super Wirtschaftsaufschwung? Nicht ganz.

Unternehmungen, die es verdienen, werden auch zu höheren Zinsen finanziert. Was die Kreditexpansion bewirkt, sind Blasen und Scheinblüten, immer mehr Ressourcen werden in immer schlechtere Kanäle gelenkt, Fehlinvestitionen werden getätigt, die zu ihrem Erhalt immer mehr neues Geld benötigen. So kommt es, dass immer größere Schuldenexzesse immer spärlichere Ergebnisse zeitigen. Die Wirtschafts- und Finanzturbulenzen 1997 und 1998 konnte die US-Notenbank mit moderaten Zinssenkungen tatsächlich schnell lindern. Nach dem Platzen der von ihr provozierten Börsenblase 1999/2000 waren schon drei Jahre niedrigster Zinsen notwendig, bis die Immobilienblase in den USA so groß geworden war, dass sie der ganzen Welt einen kurzlebigen Boom bescherte. Heute führen die »Bazookas«, »Dicken Berthas«, *Quantitative-Easing*-Programme, und wie die Inflationsmaßnahmen alle heißen, zu kaum noch merklichen Resultaten. Die Schulden sind so groß geworden, dass immer gigantischere neue notwendig wären, um einen Unterschied auszumachen. Und die Zinsen haben den Boden erreicht, was soll danach noch kommen?

Konnten bei einer Senkung von fünf auf vier Prozent alle diejenigen Projekte finanziert werden, die bei fünf Prozent nicht rentabel genug waren, so werden inzwischen die »Investoren« angesprochen, deren Rentabilität um die null liegt. Selbst das aber führt nicht zu dem von Draghi und Bernanke gewünschten Ergebnis. Denn die Banken können gar nicht mehr verleihen, ihre Eigenkapitalbasis im Verhältnis zu den vergebenen Krediten ist viel zu gering. Als Nächstes wird der Staat darum selbst zur Bank und flutet die Welt über die EZB und den ESM mit immer mehr frisch gedrucktem Geld, in der Hoffnung, dass dies die ersehnte neue Blase bringen könnte, die für ein paar Jahre als »Wirtschaftswachstum« durchgeht – die Sintflut kann danach kommen.

Alle Übel haben eine gemeinsame Wurzel: das Recht bzw. die Fähigkeit der Banken, unter dem Teilreservesystem Geld aus dem Nichts zu schaffen. Dadurch entstehen Booms und Krisen. Der Goldstandard vor 1914 schaltete das Teilreservesystem nicht aus, und das Bretton-Woods-System in den zweieinhalb Jahrzehnten nach dem Zweiten Weltkrieg war nur noch ein Nachbild des Goldstandards; und doch funktionierte beides unendlich viel besser als das nachfolgende Chaos, in welchem es den Banken freigestellt ist, unendlich viel Geld zu schaffen, und der Staat sie vor dem Ruin beschützt. Staat und Banken bilden ein Syndikat: Die Banken finanzieren die Staatsverschuldung, dafür garantiert der Staat ihre Existenz und ihre Profite.

Das hat für den Rest der Gesellschaft einen hohen Preis. Die Elastizität der (Kredit-)Geldmenge verursacht nicht nur den Zyklus von Boom und Krise, sondern setzt den Preisfindungsmechanismus außer Kraft. Wären die Banken bloße Makler von Ersparnissen, und würden die Zinsen durch das Angebot aus freiwilligen Ersparnissen und der Nachfrage nach Krediten entstehen, gäbe es einen optimalen Punkt, nach dessen Überschreiten das Geschäft unprofitabel würde, so wie in allen anderen Bereichen der Wirtschaft auch. Würden Raffinerien ohne Rücksicht auf die Nachfrage Benzin produzieren, dann würde der Preis des Rohöls immer weiter steigen und der Preis des Benzins immer weiter fallen. Die Verluste, die sie machen würden, verhindern das. Wären

---

»Staat und Banken bilden ein Syndikat: Die Banken finanzieren die Staatsverschuldung, dafür garantiert der Staat ihre Existenz und ihre Profite.«

Banken den Gesetzen des Marktes unterworfen, wären sie in derselben Lage: Irgendwann würden die Zinsen für freiwillig angebotene Ersparnisse durch deren Knappheit auf ein Niveau steigen, bei dem die Nachfrage nach Krediten versiegen würde. Das wäre das gesamtgesellschaftlich optimale Resultat, bei dem Ressourcen dort verwendet würden, wo sie den aus Sicht der Konsumenten größten Wert schaffen. Eine sich selbst verstärkende Blase wäre unmöglich.

Bei einer elastischen Geldmenge hingegen, wie sie das Teilreservesystem mit sich bringt, entstehen den Banken keinerlei Produktionskosten. Das Geschäft der Kreditgeldproduktion ist *immer* profitabel, und die Schranke ist allein die Drohung des Bankrotts, ein Limit, das durch die Existenz der Zentralbanken weit hinausgeschoben wurde. Die elastische Geldmenge führt dazu, dass der Preis des Geldes nicht durch das Feilschen auf dem Markt ermittelt wird, sondern von den Zentralbanken willkürlich festgelegt werden kann. Wie Henry Thornton vor 200 Jahren sagte: »Als Folge des vom Gesetz gegen Wucher geschaffenen artifiziellen Zustands erhalten die Schuldner ihre Kredite zu billig. Das, was sie zu billig erhalten, verlangen sie in zu großer Quantität.«

Würde der Staat die Preise anderer Waren ebenfalls zu niedrig festsetzen, wären sie nicht mehr erhältlich – überall leere Regale. Das kann bei Krediten nicht passieren, eben weil sie, wie gesagt, den Banken keine Produktionskosten verursachen. Stattdessen steigen die Preise all jener Güter und Vermögenswerte, die mit dem neuen Geld gekauft werden. Dort bilden sich Blasen, deren Platzen dann beklagt wird.

Der Kreditgeldversuch gerät an sein Ende. Die Notenbanken, die das Vertrauen in das staatliche Geld sichern sollen, sind selbst die größten Käufer von Gold. Der Kapitän verlässt als Erster das sinkende Schiff, das er gegen den Eisberg manövriert hat, und steigt in das Rettungsboot. Künftige Schiffe werden haltbarer sein müssen. Gold hat seine Rolle als Geld deshalb 5 000 Jahre lang gehabt, weil es sich am besten dazu eignete. Jeder Stoff eignet sich gut für bestimmte Anwendungen, schlecht für andere. Aluminium ist sehr gut, um Flugzeuge oder Autos zu bauen, taugt aber nicht zum Bauen von Häusern. Papier ist gut für Bücher, aber schlecht als Geld. Man hat es probiert, aber es war keine gute Idee.

Beide großen Experimente, die der Staat in den letzten 40 Jahren unternommen hat – das Experiment eines reinen Papiergeldes (seit 1971) und das Euroexperiment einer staatlich verordneten Papiergeldunion – sind gescheitert. Ob es der Flughafen Berlin-Brandenburg ist, die Hamburger Elbphilharmonie, das Bonner »World Conference Center«, die bankrotte Nürburgring GmbH oder eben das Geldsystem: Wann immer man den Staat nach seinem Belieben schalten und walten lässt, endet es im Desaster.

Es ist Zeit, sich darauf zu besinnen, dass die Forderung nach nicht vom Staat manipuliertem Geld historisch in einer Reihe steht mit der *Magna Carta*, der *Habeas-Corpus-Akte*, der *Bill of Rights* und der Erklärung der Menschenrechte von 1789: Es geht um die Beschränkung der Macht und Willkür des Staates.

Bildnachweis

Die Bilder auf den Seiten 9, 56, 70, 77, 78, 81, 88, 90, entstammen dem Archiv des Autors. Sie wurden *commons.wikimedia.org* entnommen und sind entweder gemeinfrei oder unter einer *GNU Lizenz* oder *fair use Linzenz* für diese Veröffentlichung verwendbar.
Darüber hinaus haben Autor und Verlag sich bemüht, die Urheber aller Abbildungen ausfindig zu machen und zu kontaktieren. Wer dennoch Rechte an einer Abbildung besitzen sollte, wird gebeten, sich zu melden.